U0729079

教育部人文社会科学研究青年基金项目
“惩戒教育的理论与实践研究"（09YJC880024）终期成果

惩戒教育的理论与实践

CHENGJIE JIAOYU
DE LILUN YU SHIJIAN

蒋一之　等著

ZHEJIANG UNIVERSITY PRESS
浙江大学出版社

前　言

惩戒是人类社会的一种普遍现象，大到法律制裁，小至家长训斥，惩戒存在于每一个社会组织。惩戒具有悠久的历史，从原始社会的习俗惩戒到当代社会的制度惩戒，方法虽不尽相同，但只要有违反规则的地方，就有惩戒的发生。

在人类已有的教育实践中，惩戒也是一个极为普遍的现象。无论中外，惩戒一直是一种常规的教育方式。然而，不知从何时起，我国教育界的许多一线教师极力回避这种教育方式，对犯错学生一味宽容、迁就，甚至不敢批评，以至于教育部在2009年颁发的《中小学班主任工作规定》中确认“班主任在日常教育教学管理中，有采取适当方式对学生进行批评教育的权利”。这一规定在有些人看来也许有多此一举之嫌，因为他们认为惩戒权是教师身份自然包含着的教育权，无须发文明确。再说，此一规定确认了批评教育权，那其他的惩戒教育权呢？难不成也要一一发文确认？但这恰恰说明了教育实践中惩戒教育问题存在的严重性，教师为什么不敢批评，不敢惩戒？作为学理上获得认可的常规教育方式，惩戒的合法性何在？其教育价值如何体现？应该如何应用？

与不敢批评、不敢惩戒形成鲜明对比的是，教育实践中又存在着极少部分教师对学生进行体罚或变相体罚的现象。一些个案经媒体披露后在社会上引起极大反响。体罚是惩戒吗？是教育的一种常规方式吗？怎样算体罚？凡是触及学生身体的都是体罚吗？怎样才是合理的惩戒？

种种问题，都亟须回答。而六年前，一位法律学专业的研究生请我指导他的硕士学位论文一事直接促成了我将这些问题作为一个课题来研究，因为他的论文正是以教育中的惩戒问题为主题的。很有意思的是，我自己的两位教育学专业的研究生又接连将惩戒教育相关问题作为自己的硕士学位论文的选题，尽管我在意识到惩戒教育受到极大误解，哪怕在教育学术界亦不能幸免后，出于对他们论文盲审命运的担忧而劝阻过他们。果不其然，有一位盲审老师打了低分，理由竟然是“反对惩戒，我给你一个低分，看你的导师如何惩戒你”，完全误解惩戒，将惩戒用错了地方，令人啼笑。这也从一个侧面提示我们深入研究的必要性。而其他五位盲审老师打的全优良的高分肯定了该课题研究的价值，给了我们很大的鼓励和继续研究的信心。

本书作为课题研究的最终成果，主要包含下述内容：惩戒与惩戒教育的含义，体罚的界定，惩戒与体罚的区别；探讨了惩戒教育的理论基础，主要从与教育关系密切的学科论证了惩戒教育的合法性、合理性，提供的理论依据涉及哲学、心理学、社会学、史学、法学和教育学；对中小学惩戒教育的现状作了调研，总结出存在的问题，提出相应的对策；由于深感于当前惩戒教育的无序性，特设专章讨论了中小学惩戒教育的制度化问题，提出了一些新的设想；为帮助读者更好地理解和把握惩戒教育的原则和方法，又设一章对收集到的中小学惩戒教育的优秀案例作了分析。

需要说明的是，由于大学生已经成年，对他们的惩戒教育与对中小学生的有所不同，因此本研究成果中所指的惩戒教育的对象不包括大学生；同理，由于对学前儿童的教育管理也有异于中小学生，因此本研究成果中所指的惩戒教育的对象亦不包括学前儿童，而专指中小学生，所称的学校均指普通中小学校。本书写作希望兼顾理论性与实践操作性，在原则、原理部分结合相关案例进行说明，也介绍了一些国外的成熟做法，特别是对美国的惩戒教育制度作了分析，并择个案作为附录。

课题研究的任务早几年便已完成，作为研究成果的书稿至今才整理出版，从客观上讲有我高龄育女，精力不济之故，从主观上讲是想精益求精造成的拖延，虽则由于前面的客观原因目前看来并没有精进多少，却不得不在规定结题的最后期限与大家见面。感谢几位研究生一路相随。感谢杭州市十多所中小学校的师生在课题组调研过程中给予的大力支持，由于调研反映的基本是问题，恕不将这些学校名称一一列出。感谢对教育中的惩戒问题进行过先期研究的学者，为本研究提供了丰富的参考资料和良好的基础，而他们的人数众多亦难以枚举。感谢浙江大学出版社阮海潮老师的大力支持和帮助。感谢父母不顾年迈拼力助我育儿，感谢小女增加我生命的厚度，感谢先生辛苦奔忙允我宅家安宁。

本书写作的分工如下：第一章　蒋一之　戚　敏
第二章　蒋一之　朱映婷
第三章　戚　敏　蒋一之
第四章　朱映婷　蒋一之
第五章　吴　华　蒋一之　沈珏敏

全书由蒋一之设计、统稿。

本书不足之处，敬请读者批评指正。

蒋一之
2015 年 10 月
于上林湖

目　录

第一章　惩戒教育界说

第二章　惩戒教育的理论基础

第三章　学校惩戒教育的实施

第四章　学校惩戒教育的制度化

第五章　学校惩戒教育优秀案例

附　　录

第一章
惩戒教育界说

惩戒教育是一种怎样的教育？惩戒的本质是什么？惩戒一定意味着体罚或是变相体罚吗？回答这些问题首先需要明确惩戒的基本含义。

第一节　惩戒的基本含义

一、惩戒的含义

《汉语大词典》对“惩”的解释为“惩罚”、“克制；制止”、“鉴戒”、“苦于”、“恐惧”、“告诫”；把“惩戒”解释为“以前失为戒”、“惩罚之以示警戒”。①

《辞海》对“惩”的解释是：“戒止”、“惩罚”、“惩戒”、“苦于”。对“戒”的解释是：“防备；准备”、“谨慎”、“命令；告请”、“斋戒”、“禁制”、“通‘界’”、“戒指的省称”。把“惩戒”视为“惩罚”的同义词，意即“惩治过错，警戒将来”。②

《现代汉语词典》（汉英双语）把“惩戒”解释为“punish sb. to teach them a lesson; discipline sb. as a warning”，意即“通过处罚来警戒”。③ 可见，“惩戒”是对待违规或错误行为的方式。“惩戒”内含一定的价值取向，针对违规者作出惩罚，同时防止违规者及其他人再犯，有报应和预防的价值取向。

在我们的日常生活中，惩戒有很多同义词，如惩罚、处罚、惩处等。人们在生活中习惯用“惩罚”，而很少用到“惩戒”，只是在学校、军队、少管所等地方偶尔用到。

---

① 罗竹风．汉语大词典：第七卷[M]．上海：汉语大词典出版社，1991：769.

② 夏征农．辞海：下[M]．上海：上海辞书出版社，1999：4546.

③ 中国社会科学院语言研究所词典编辑室．现代汉语词典（汉英双语）：2002年增补本[M]．北京：外语教学与研究出版社，2002：253.

在英语国家中，在各级学校、各种组织、军队里用 discipline（惩戒），在法院则用 sentence（惩罚、判处），基督教教堂用 penance，在其他大部分地方则用 punish（惩罚）。不管是惩罚，还是惩戒，它们与违反规则总是逻辑地联系在一起。违反规则是惩戒的前提，不违反规则，就不存在惩戒。

在有些辞典中，并没有出现“惩戒”一词，只有与之意义十分接近的“惩罚”。在某种情况下，“惩罚”所表达的含义正是“惩戒”。因此，我们也有必要对“惩罚”一词有一个清楚的了解。

《麦克米伦高阶英语词典》（英语版）对“punish”的解释是：“使某人遭受痛苦，因为他们触犯了法律或违反了规则。”①而《新牛津英语词典》对“punish”的解释则是：“作为报应而对违法行为施加的刑罚。”②

《教育大辞典》对“惩罚”的解释是：“对个人或集体所进行的戒责，旨在控制某种行为。学校德育的辅助方法之一。可以使学生分清是非、善恶，对受惩行为作出回避、退缩、改变的反应，削弱受惩行为的动机，达到改正的目的，也有助于学校维护校规、校纪。惩罚的方式有：表示否定的语气与表情，口头指责，施以某种强制性措施，给予警告、记过、留校察看、开除学籍等处分。”③

《教育管理辞典》对“惩罚”的解释是：“对学生不良思想行为给予否定的评价。目的是使学生克服缺点和错误，帮助学生分清是非，明确努力方向。有警告、严重警告、记过、留校察看和开除学籍等方式，可以根据学生所犯错误的严重程度和对错误的认识慎重决定。基本要求是：(1)明确惩罚目的，反对侮辱学生人格的体罚和变相体罚。(2)公正合理，符合实际，并得到集体舆论的支持。(3)根据具体情况机智地加以运用。(4)开除学籍是对学生最严重的惩罚，不宜用于义务教育阶段的学生，对非义务教育阶段的学生，也不要轻易使用。”④

《教育辞典》对“惩罚”的解释是：“对受教育者的品行进行否定性评价的一种高层次方式。属于处分性质。有警告、严重警告、记过、留校察看、勒令退学和开除学籍等形式……惩罚的目的是对受惩罚者的一种挽救。在较低层次上常留有改过的余地。如警告、严重警告、记过、留校察看的处分，如果当事人真正认识错误，在实际行动中经过考察表明确实已经改正，在一定时间后，可以作出取消处分的决定，以鼓励其在新的起点上不断进步。”⑤

沃克尔（Walker）曾对惩罚的含义进行过规范性考察。⑥ 国内研究者曾在他研

① 麦克米伦出版有限公司. 麦克米伦高阶英语词典：英语版[M]. 北京：外语教学与研究出版社，2003：1143.

② Judy Pearsall. 新牛津英语词典[M]. 上海：上海外语教育出版社，2001：1504.

③ 顾明远. 教育大辞典：第一卷[M]. 上海：上海教育出版社，1990：135.

④ 李冀. 教育管理辞典[M]. 海口：海南人民出版社，1989：179.

⑤ 朱作仁. 教育辞典[M]. 南昌：江西教育出版社，1987：762-763.

⑥ Nigel Walker. Why punish? [M]. Oxford：Oxford University Press，1991：1-2.

究的基础上归纳出惩罚的含义具有以下特征:“(1)惩罚意味着施加某种东西,这种东西对被惩罚者来说被假定为不受欢迎的东西。比如,取消某种资格带来的不便;身体监禁带来的痛苦。(2)惩罚是由人故意施加的,施加是有根据和理由的。(3)在社会、家庭或者组织成员看来,惩罚的施加者有权力施加惩罚。(4)惩罚的理由是某个行为(包括作为和不作为)违反法律、规则或者习惯。惩罚的对象是行为,思想是不能被惩罚的。(5)被惩罚者从事了某个自愿性(voluntary)行为,或者,至少惩罚者是这么认为或者假装这么认为的。(6)惩罚者实施惩罚的理由必须是正当的。(7)一种对待是不是惩罚,取决于惩罚者的信仰或意图,而不考虑被惩罚者的信仰或意图。我们不能因为一个罪犯认为对他的监禁是不公正的,就认为这个监禁不是惩罚。”①

参照上述有关惩戒与惩罚的解释及特征分析,我们认为惩戒是“通过对不合范行为施予否定性的制裁,从而避免其再次发生,以促进合范行为的产生和巩固。”②它必然有以下几个特征:

(1)惩戒必须是因为违犯行为规范或纪律而被实施。惩戒的对象是行为,不是个体。不能因为讨厌或者惧怕某个人,就对其实施惩戒,这是缺乏充分理由的。惩戒必须是针对违犯行为而实施的。

(2)惩戒必须涉及痛苦挫折或者其他结果,而这些结果通常被被惩戒者认为是不快乐的、痛苦的,除了身体的不适,还包括心理的不适,如羞耻感、挫折感,或如前文所述,取消某种资格带来的不便,或是严厉批评造成的心理痛苦。只有对被惩戒者造成了身心痛苦,才是惩戒。如果有的人愿意接受批评,或者对一些惩戒措施习以为常,对他来说不是痛苦,就不是惩戒。例如,有的孩子就是不想上学故意捣乱,学校作出开除的处分,对这个孩子来说并不是惩戒。

(3)惩戒必须是因为这个违犯行为而施加于实际的违犯者。惩戒意味着施加给违犯者的是痛苦、不快乐的东西,这种痛苦、不快乐东西的实施是不考虑违犯者的感觉的。如果惩戒的对象不是实际的违犯者,而是被冤枉的,就会让大多数人,特别是被冤枉者感到不舒服、不公平,惩戒者的权威地位就会受到质疑,引起双方的对立。正当的、公平的惩戒必须是针对实际的违犯者。

(4)惩戒必定是由他人而不是违犯者有意地执行。人们常常所说的“恶有恶报”、“苍天有眼”、“报应”等不是惩戒。惩戒必须是人实施的,而不是“老天爷”,不包括意外伤害。而且,实施惩戒者必须有正当的理由。

(5)惩戒必须是由一个权威来实施,这个权威根据法律、规章制度或习惯来建

① 王立峰.惩罚的哲理[M].北京:清华大学出版社,2006:12-13.

② 劳凯声.变革社会中的教育权与受教育权:教育法学基本问题研究[M].北京:教育科学出版社,2003:375.

立；不是人人都享有惩戒的权力。在社会组织中，惩戒的实施者由法律、组织规章制度确定。在学校，惩戒者一般是教师或学校管理者。

（6）惩戒的目的不仅仅是惩罚、让被惩戒者承担相应的责任，更应是戒止、预防违犯行为的再次发生，使被惩戒者规范自己的行为。

正如有些学者指出："惩戒的作用不仅仅是保证良好的秩序，还具有其他方面的意义和作用：对于学生而言，惩戒不仅仅是对其不良行为的限制，还意味着掌握知识、培养性格的一种训练，意味着自我控制以及良好的行为习惯；对于教师来说，惩戒则意味着教师必须进行必要的组织和管理以限制各种违规行为的发生以及潜在的混乱，目的在于创造一个有益于学生学习和发展的环境。对于教育这一复杂的育人系统来说，惩戒是一种促进积极行为、抑制消极行为的激励系统，公正而有效的惩戒可以在维持纪律的刚性和保护学生个性自由发展之间达成平衡。"①

二、惩戒与相关概念辨析

1. 惩戒与惩罚

惩戒与惩罚是容易被混淆的一对概念，因为惩戒与惩罚关系密切，在一般情况下，惩戒与惩罚是通用的，可相互替代。在现实生活中，常用"惩罚"一词表达"惩戒"的意思。不仅是在学校，在学校以外的其他地方，当我们要表达"惩治过错，警戒将来"这一意思时，通常使用的是"惩罚"一词，而"惩戒"一词较少地出现在我们的日常生活中。

在诸多学科领域中，较常用"惩罚"一词。在教育学研究中，文献中出现较多的是"惩罚"这一术语，在少数文献中才把"惩罚"与"惩戒"作了明确区分。同时，教育学中研究"惩罚"或是"惩戒"，必须借鉴哲学、心理学、社会学、法学的研究成果，但是在以上这些学科领域的研究中，很少出现"惩戒"一词，大多数是用"惩罚"一词。因此，本文在引用前人研究成果时，为与前人表述一致，在行文中沿用"惩罚"一词。

正因为如此，学校、教师在教育教学实践中更常用的是"惩罚"这一概念。但是，仔细辨析，"惩戒"与"惩罚"两者还是存在区别的。我们认为，在学校层面，在表达"惩治过错，警戒将来"的含义时，"惩戒"比"惩罚"更贴近、更准确，更能体现教育的本质目的，原因正在于两者的区别。

"惩戒"与"惩罚"的区别首先在于"戒"与"罚"二字含义的不同。"戒"的含义比"罚"的含义更深一层。《辞海》对"罚"的解释为："罪"、"处分犯罪或犯规的人"、"出钱赎罪"、"鞭挞"、"诛伐"。②《汉语大字典》把"罚"解释为："过错"、"罪过"、"处罚；

① 赵明录，江雪梅. 中小学教师惩戒权的正当性分析[J]. 江西教育科研，2007(7)：57.

② 夏征农. 辞海：下[M]. 上海：上海辞书出版社，1999：4786.

惩治”、“伐；杀”、“出钱赎罪”。[①] 可见，“惩罚”的“罚”是处罚、处分的意思。“罚”的目的是报应、报复，表现的是报应的内在价值取向。而“戒”根据前文所述，是“禁止”、“防备”的意思，它表现的是震慑、预防的内在价值取向。“戒”的目的是威慑、预防。《汉语大词典》把“惩戒”解释为“以前失为戒”、“惩罚之以示警诫”。“惩戒”更强调所采用的否定性评价的教育效果，注重其戒除目的的达成，因而“‘惩戒’中所含的教育性目的更强，更易于被人理解并付诸实践，因而也就更符合中小学情境下教育制裁的实质目的。”[②]

不仅仅在汉语语境中是如此，在英语语境中也是如此。英文中，“惩罚”是用“punish”表示，而惩戒则用“punish sb. to teach them a lesson”或者是“discipline sb. as a warning”表示，不仅有处罚的意思，更含有一种教育的意蕴。显然，在两者的意义上，“惩戒”比“惩罚”更深一层，“惩戒”的意义更接近教育的意义。

此外，“惩”与“罚”在汉语语境中是同一个意思，“惩”在汉语中的解释之一就是“罚”，而“惩”与“戒”的意义则不尽相同。

“惩戒”与“惩罚”一字之差，而且在过往的实践和研究中，大多数人习惯用“惩罚”而甚少用“惩戒”。我们使用“惩戒”和“惩戒教育”并不是哗众取宠、咬文嚼字、特立独行，而是因为“惩戒”一词能更好地表达出教育学生的含义。“惩罚”虽然在目的上同“惩戒”一样，是使学生改过迁善，但是经常使用“惩罚”一词，久而久之，会使教师偏重于行为本身，而不顾行为所带来的效果，学生改过迁善的目的难以达到。因此我们认为，“惩戒”比“惩罚”更适合于在学校中，表达“惩治学生过错，警戒将来”的意思。

2. 惩戒与体罚

体罚作为一种教育手段历史悠久，在相当长的时间里都是惩戒学生的主要方式之一。中国俗语“不打不成器”、“棍棒底下出孝子”，西方谚语“spare the rod, spoil the child”（省了棍子，惯了孩子）等都说明了体罚在古今中外教育中的盛行。

在学校教育中，教师、家长、学生一般理解的体罚，是指通过对人身体的责罚，对其身心造成痛苦，来进行惩罚或教育的行为，如用手脚殴打，用器物打。对于何为体罚，有研究者提出了质疑：是否所有令学生生理上感到不适的身体惩罚行为都是体罚呢？对于故意不值日、逃避做教室清洁的学生，教师处罚其打扫教室，教师的行为是体罚吗？又或是学生故意不参加早锻炼，教师罚其跑步 500 米或 800 米，这种行为是体罚吗？对于一个平时不参加劳动、不参加锻炼的学生，教师适当罚其

---

① 汉语大字典编辑委员会. 汉语大字典：第四卷[M]. 武汉：湖北辞书出版社，成都：四川辞书出版社，1988：2923.

② 劳凯声. 变革社会中的教育权和受教育权：教育法学基本问题研究[M]. 北京：教育科学出版社，2003：375-376.

劳动、罚其跑步的行为，不仅不会伤害学生的身体，还利用这种方法给学生补上了一课。但是，诸如古罗马、古埃及的鞭打，就是名副其实的体罚。两相比较，就会发现两种行为虽然都是作用于学生的身体，而且对于学生来说都造成了一定的痛苦，但是，前者不能称之为体罚，后者却可称之为体罚，为什么呢？这就涉及体罚的标准问题。“体罚所造成的身心的痛苦程度应是超过学生所能承受之界限”，除此，“有辱人格的身体惩罚措施，如轻微的殴打、不让学生上厕所等，即使在学生承受范围之内，亦应视为体罚。”①

综上所述，体罚是指造成学生难以承受的身心痛苦或是有辱学生人格的诉诸身体的惩罚。如何判断惩戒行为是否是体罚？体罚者与受体罚者是不同的个体，不同的个体，对于痛苦的认知是不相同的，而且同一种体罚行为，不同的受体罚者，对于行为所造成痛苦的认知也是不同的。也就是说，体罚者难以感知受体罚者的痛苦，而且不同受体罚者对于痛苦的感知也是不同的。这个界限如何界定？国外已有规定。在日本，“判断是否造成学生肉体痛苦从而导致体罚，则应结合教师行为的程度、学生年龄和健康状况及实施的场合与持续时间等各种因素予以综合判断，看此种行为是否超过学生所能承受的界限。”②

除了体罚，学校教育中还经常出现变相体罚的现象，如罚站、罚跪、罚面壁、罚抄写、威胁、呵斥、讽刺、挖苦、辱骂等。变相体罚是体罚的一种，是指用体罚以外的方式对学生身心造成难以承受的痛苦的惩罚。

体罚很容易对儿童的身心发展造成伤害，在注重儿童权利的今天，世界上大多数国家都反对各种形式的体罚。③

惩戒与体罚的相同之处是：惩戒与体罚都是对违规者的处罚，特别是体罚，必须是为惩罚而实施的，如完不成作业罚跑步，否则就不是体罚，如在上体育课时长跑。而且惩戒与体罚都会对学生造成身心上的痛苦。

两者的不同之处是：首先，惩戒在本质上与体罚是不同的。惩戒最根本的目的是发展人，它以促进学生身心发展为其根本目的。虽然体罚有时也是以促进学生身心发展为目的，但是它对学生身心的伤害极大，而且明显，往往适得其反，造成师生关系紧张，乃至师生对立。其次，惩戒不必诉诸学生的身体，而体罚必须诉诸身体，不诉诸身体的惩罚不是体罚。最后，也是最关键的不同之处在于两者给学生造成的痛苦程度不同，惩戒所造成的痛苦在学生可承受的范围内，体罚所造成的痛苦

---

① 郑重. 学生惩戒之法律问题研究——以公立中小学为中心[D]. 北京：中国政法大学，2009：28.

② 劳凯声. 变革社会中的教育权与受教育权：教育法学基本问题研究[M]. 北京：教育科学出版社，2003：405.

③ 除了韩国、新加坡，世界主要的工业国家都已在学校教育中禁止体罚。我国《未成年人保护法》也做了禁止体罚的规定。

超出了学生可承受的界限。

总之，惩戒和惩罚虽然确实有一些共同的地方，例如都会给“被惩者”造成一定的不舒服感，但是两者的落脚点有所不同。惩罚的侧重点是“罚”，惩戒则是为了通过“惩”而达到“戒”的目的。从词语的构造上来说，“惩”由两部分组成，即“征”和“心”，惩戒就是通过征服自己内心不良的欲望以戒除不良的行为习惯。因而，“惩戒”不仅包括对已经实施在外的错误行为进行消除，也包括对在心里还未付诸实践的“心理错误行为”进行戒除，以达到预防的目的。从惩戒的含义来看，体罚、惩罚也算是惩戒的一种。在许多国家，体罚是合法的惩戒教育手段，但是在我国是教育法律禁止的惩戒方式。惩戒本质上是一种强制性的手段。学生天性地爱好自由，不喜欢被约束，不乐意按照教师的规范型文化来约束自己，而教师的职责就是将规范型的文化教导给学生，这使得师生之间的冲突成为一种必然。冲突一旦形成就需要解决的机制，惩戒就是解决冲突的一种手段。因此惩戒既是通过惩罚而戒除不良行为的手段，也是人际关系冲突的解决办法。

第二节　惩戒教育的基本含义

一、惩戒教育的含义

学校施行惩戒的目的是为了戒除学生的不良行为，使学生具有良好的品行，因而惩戒具有教育性。可以说惩戒是以教育为目的，借助惩罚手段来戒除学生的不良行为。惩戒教育在实施过程中可能会让学生觉得不舒服、不快乐，但是从长远来看，却能使学生更好地成长。

向葵花在《重新审视惩戒教育》中认为：“惩戒教育，作为一种正面教育，主要是指通过实施批评、处罚手段使受罚者感到痛苦，但又不损害其身心健康，从而使其认识并改正自身过失的一种教育方式。其出发点在于对学生的关怀爱护、不侮辱学生人格和不损害学生的身心健康，而最终目的则在于教育。惩戒教育的具体实施方式主要有：言语责备、隔离措施、剥夺某种特权、没收、留校、警告与记过等处分。”①

郭建耀在《当前学校惩戒教育及其完善策略》中指出：“惩戒教育就是对学生由于思想上存在的偏差，而出现的不符合规范的行为给予否定性评价和相应惩罚，并

① 向葵花.重新审视惩戒教育[J].中国教育学刊，2004(2)：24.

杜绝类似行为的再次发生的有针对性的教育活动。其出发点在于对学生不良行为或偏差行为进行纠正，保证学生身心健康和个性的和谐发展。”①

从以上学者对惩戒教育的界定中，我们可以概括出惩戒教育具有以下四个特征：

第一，惩戒教育对学生会造成一种痛苦。如同惩戒一样，惩戒教育必须给学生造成痛苦，否则达不到惩戒教育的目的。

第二，惩戒教育针对的是学生的过失。惩戒教育是教师行使惩戒权纠正学生不良行为的教育方式，它针对的是学生的不良行为，不是学生本人。在日常的教育中，教师因自己的喜好故意惩罚学生的不是惩戒教育。

第三，惩戒教育实施的依据是相关法律及学校、班级的规章制度。本文所说的惩戒教育是一种制度性惩戒教育，为了惩戒的公平性、正当性、合理性，这种制度性惩戒教育会依据国家法律及相关条例制定出相应的规章制度。

第四，学校惩戒教育不同于一般的学校教育教学活动。学校的教学活动一般有固定的场所、固定的时间、固定的教科书和教材，而学校惩戒教育却与之大不相同。学生失范行为的发生时间、地点不固定，惩戒教育的实施时间、地点也不固定，而且惩戒教育的内容不是以教科书的形式呈现，通常是以学校规章制度或班级管理条例的形式呈现在学生面前。

根据上述特征分析，可以将惩戒教育界定为：惩戒教育是在不损害失范者身心健康的前提下，依据已有的规章制度，通过实施相应的强制性处罚措施，使失范者感受到痛苦，从而纠正其不良行为和思想观念的教育活动。学校惩戒教育就是在不损害违规学生身心健康的前提下，依据学校、班级已有的规章制度，通过实施相应的强制性措施，使违规学生感受到痛苦，从而纠正其不良行为和思想观念的教育活动。内含三大要素：首先，惩戒教育是一种教育活动，它的根本目的是促进人的发展。学校惩戒教育的对象是学生，大部分是青少年儿童，他们具有很强的可塑性，因此，惩戒教育的首要目的是纠正学生的不良行为，提高道德认知水平，促进学生身心健康发展。其次，惩戒教育必须依据学校、班级制定的规章制度进行，学校管理者、教师不得任意惩戒，而且这些规章制度不得与国家现行的法律法规相矛盾。最后，惩戒措施是对违反规章制度的行为作出的公开裁判，必须产生一种公认的对学生而言不利的后果。

上面回答了惩戒教育是什么的问题，我们还可以从惩戒教育不是什么的角度来进一步理解惩戒教育。

惩戒教育不是体罚，也不是变相体罚。在当前的教育实践中，有些教师通常会

① 郭建耀.当前学校惩戒教育及其完善策略[J].教学与管理，2008(10)：29.

用体罚的方式对学生进行教育，纠正他们的不良行为。但是，根据本文的定义，体罚、变相体罚不是惩戒教育。体罚和变相体罚违背了惩戒教育的前提条件，且体罚、变相体罚都会产生不利后果，对学生造成痛苦。事实上，体罚与变相体罚因为违背了教育内在的善，根本就不能被称为教育。

惩戒教育不是罚劳动。惩戒教育中，有些教师经常使用罚劳动的方式对学生进行惩戒，以罚劳动代替教育。这样做，会使学生产生错误的劳动观念，认为劳动是可耻的，做错了事的人才会被要求劳动，与劳动教育所要培养的热爱劳动的观念相悖。劳动是一种美德，它不应成为对学生而言公认的不利后果。恰恰相反，在教育过程中，我们要想方设法培养学生爱劳动、会劳动的美德。

二、惩戒教育与教育惩戒辨析

在教育理论探讨与实践活动中，存在着惩戒教育与教育惩戒两个概念混用的现象，有人使用惩戒教育一词，也有人使用教育惩戒一词，但在表达的意思上并无多大差异，往往都指在教育活动中要对学生的错误行为进行惩罚，以达到使其改过迁善，健康发展的目的。那么惩戒教育与教育惩戒究竟有无差异？鉴于上文已对惩戒教育作了界定，要回答此问题恐怕主要是需厘定教育惩戒的词义。

“教育惩戒”从构词法来看，“惩戒”是中心词，“教育”是修饰词。既可以将“教育”理解为惩戒的出发点，也可以解释为是惩戒发生的领域，还可以看作是惩戒方式的属性。

当“教育”是惩戒的出发点时，“教育惩戒就是为了实现教育管理的需要，通过惩罚的方式或手段，帮助学生戒除不良习惯的策略。换言之，教育惩戒是学校为了实现教育学生的目的，对违反规章制度的‘失范’学生实施惩罚，使受罚者身心感受痛楚，强制性帮助受罚者不再重复违规，以此戒除错误行为。”①“教育惩戒是针对学生的不合范行为给予否定评价或相应惩罚的一种教育手段。其出发点在于对学生的关怀爱护，不损害学生的身心健康，其最终目的是为了学生的发展进步。合理的教育惩戒与单纯的体罚与变相体罚有明显的区别。体罚是使学生肉体感到痛苦或极度疲劳的惩罚，如殴打、罚站等。而变相体罚是使学生心理上受折磨、剥夺学生的学习权利或增加额外劳动负担的惩罚，如侮辱、罚劳动、罚作业等。”②这时，教育惩戒是教育的一种策略或手段。

当“教育”是惩戒发生的领域时，教育惩戒就是“在教育领域，法定的教育惩戒主体依法对不合范行为实施否定性制裁，以避免其再发生，从而促进合范行为产生

---

① 陈洁丽. 学校教育惩戒权的国际比较[D]. 南宁：广西师范学院，2010：9.

② 董新良，李玉华. 关于基础教育阶段教育惩戒的实践与思考[J]. 教育理论与实践，2006(8)：18-19.

的行为。”[①]根据惩戒主体不同，教育惩戒可分为三类：教育主管部门惩戒，即教育行政机关对学校、校长以及教师的惩戒（行政处分）；学校惩戒，可分为学校对教师的惩戒（处分）和对学生的处分；教师惩戒，即教师为实现教育教学目的，依法对学生不合范行为实施否定性制裁，以避免其再发生，从而促进合范行为产生的行为。[②]

当“教育”是用来表明惩戒方式的属性时，教育惩戒往往指教师在日常的教育活动中对学生实施的惩戒行为，它区别于需要报请学校批准的行政惩戒和需要公安机关、司法机关介入的司法惩戒。尽管教师的惩戒行为、学校的行政惩戒以及司法惩戒对学生都有教育作用，但人们在争议是否需要教育惩戒时显然只指教师日常的惩戒行为。因为学校行政惩戒和司法惩戒都对需要惩戒的行为及其惩戒程度做了明确的规定，具有较强的操作性；唯教师惩戒是否必需、何时可用何种方式极其灵活，应结合教师本人的特点、教师行为方式、学生失范行为的类型、学生的个性和年龄特征、学生的健康状况及实施的场合与持续时间等各种因素予以综合考虑。

可见，教育惩戒从根本上说是发生在教育领域的以惩罚为手段的教育行为或策略。而惩戒教育是一种教育活动，它可以包含各种教育行为或策略，其中包括教育惩戒。

三、惩戒教育的手段

学校惩戒教育的手段可以分为教育惩戒、行政惩戒和司法惩戒三个部分。

教育惩戒指的是在学校或校外的教育活动中教师对学生的惩戒行为，如教师对学生所做的言语责备、罚站、罚做额外作业、课后留校等行为。按照惩戒实施的行为方式，可以分为精神惩戒和行为惩戒；按照实施惩戒的时间，可以分为及时惩戒和延时惩戒；按照实施惩戒的程度，则可分为适度惩戒和过度惩戒等。行政惩戒指的是当学生的过错行为比较严重，违犯了学校的规章制度时，学校给予学生的一定的处分，如现行法律规章中规定的警告、严重警告、记过、留校察看、开除学籍等。司法惩戒指的是学生的违犯行为已经涉及法律层面，需要公安机关、司法机关介入的惩戒。

教育惩戒、行政惩戒和司法惩戒三者之间相互区别：第一，惩戒的严重程度不同。教育惩戒最轻微，司法惩戒最严重。第二，惩戒实施主体不同。教育惩戒通常由个别教师，如班主任、科任教师、教育管理人员等实施，无须报请学校；行政惩戒的实施主体是学校，不可由个别教师完成，而必须以学校的名义形成处分决定；司法惩戒由司法机关实施。第三，惩戒形式不同。教育惩戒由教师根据教育的实际需要随时实施，无须形成书面决定；行政惩戒则由校方根据规章制度作出，需要形

① 付兴．法治视野中的教育惩戒研究——以公立中小学为背景[D]．北京：中国政法大学，2010：11.

② 付兴．法治视野中的教育惩戒研究——以公立中小学为背景[D]．北京：中国政法大学，2010：13-14.

成书面决定，并记入学生档案；司法惩戒需司法部门以判决书的形式作出公开决定，同样记入个人档案（见图1.1）。第四，惩戒实施的程序不同。教育惩戒往往无须固定程序，甚至很难通过程序来控制惩戒实施主体的权力；行政惩戒通常需要按照程序进行，其处分程序随着教育法治的进步而日益完善；司法惩戒实施的程序更为严格，有法定的步骤和执行机构。第五，惩戒结果对学生产生的法律效果不同。教育惩戒不会对学生的法律地位产生影响。行政惩戒会对学生的法律地位产生一定影响，受行政处分的学生可能会丧失某种权利，如不能参加优秀学生的评比，如果受到的是开除学籍的处分则会丧失学生身份；司法惩戒对学生法律地位的影响最大，受司法惩戒的学生可能被限制自由、剥夺某些法律权利等。

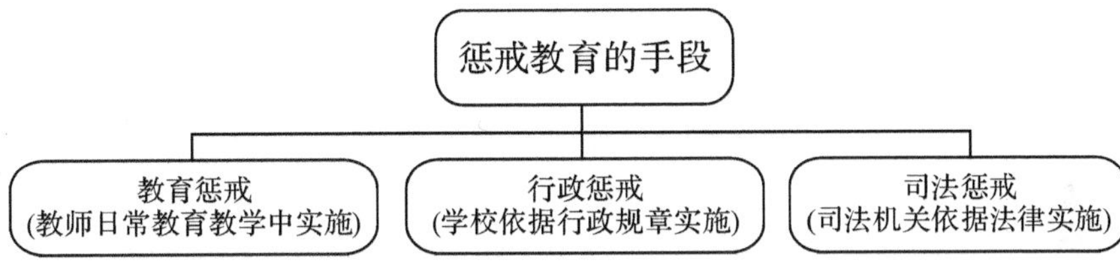

图1.1 惩戒教育的手段

教育惩戒、行政惩戒和司法惩戒三者之间又相互联系：三者都具有教育性，都以教育为目的，在一个规范的惩戒教育制度中，它们构成前后相衔的体系。因此，从惩罚手段的角度来描述，惩戒教育还可以界定为：惩戒教育就是以教育为目的，以惩罚为手段，以戒除学生不良行为的教育活动，通常包括教育惩戒、行政惩戒和司法惩戒三个层面。

第二章

惩戒教育的理论基础

惩戒教育一直饱受争议，主要是因为惩戒教育对于学生会产生痛苦或者某种不利后果，而这种痛苦和不利后果有时是人为强制性施加给学生的，不考虑学生的意志。边沁（Jeremy Bentham）甚至指出："所有惩罚都是损害，所有惩罚本身就是恶。"①既如此，实施惩戒教育这一以惩戒为手段的教育活动有何依据呢？

第一节　惩戒教育的哲学依据

从哲学角度分析惩戒教育，要解决的是惩戒教育的正当性、必要性问题，其核心是论证惩戒的正当性、必要性。

罗尔斯（John Rawls）在《两种规则概念》一文中写道："惩罚问题一直是一个令人困惑的道德问题。关于惩罚的困惑不在于人们在惩罚是否具有正当性上持有不同意见……很少有人完全拒绝惩罚……困难在于如何证明惩罚的正当性：道德哲学家们为此进行了各种各样的争论，提出了各种各样的理论，但没有一种理论获得普遍的接受，没有一种理论能够远离嫌恶。"②哈特（H. L. A. Hart）也提出了相同的困惑："现在，很多人被一种怀疑所困惑，这种怀疑来自一种观点，就是在关于惩罚正当性的所有问题的回答上，只有一个合适的最高价值或目的（如威慑、报复、改造），而不知怎么，这个观点是错的……这些不同的价值或目的是什么，或者，在惩罚的正当性证明上，这些不同的价值或目的如何协调一致，没有一个理论能够说清楚。"③尽管如此，我们还是可以从不同的理论中找到惩戒教育的哲学依据。

---

① 边沁. 道德与立法原理导论[M]. 时殷弘，译. 北京：商务印书馆，2005：216.

② 王立峰. 惩罚的哲理[M]. 北京：清华大学出版社，2006：3-4.

③ 王立峰. 惩罚的哲理[M]. 北京：清华大学出版社，2006：4.

一、人性有缺陷但可超越

人性观是教育的前提和基础，也是论证惩戒之正当性的理论依据。

人性为“人类共同具有的本质属性”[①]。可是，这种共同具有的本质属性是什么？在此问题上，有不同的理解。有的认为人性是指人自然的、自有的东西、特征、特性或者资质，也就是人的天赋或天生的资质。[②] 美国早期著名学者查尔斯·霍顿·库利(Charles Horton Cooley)则认为，人性至少有三个意义：“第一个意义是人类的由种质产生的严格的遗传特性，即我们推论的在人类出生时即具备的各种无形的冲动和潜能。……第二个意义是人类在亲密联系的简单形式或称‘首属群体’中，特别是在家庭和邻居中发展起来的社会本质。……第三个意义……涉及了特殊的环境和风俗的作用。”[③]马克思主义认为，人性是人的自然性、社会性和精神性三者的统一体。自然性或称自然属性，是人作为自然动物的属性，也是人性中最基础的属性。社会性和精神性也称社会属性和精神属性，是人与其他动物最大的区别所在。这些见解，有的揭示了人性的来源(如天赋)，有的揭示了人性的内容(如理性、利己性等)，有的揭示了人性表现的不同方面(如自然性、社会性等)，概括起来，人性即人作为一个类属而具有的以天赋遗传的方式传承的特性，包含自然性、社会性和精神性。它们既有好的一面，也有不好的一面，在历史上表现为有关人性善恶的主张。

孟子和西方的卢梭(J. Rousseau)是性善论的代表。孟子认为，人性中有四种善端，即“恻隐之心”、“羞恶之心”、“辞让之心”、“是非之心”，分别是“仁、义、礼、智”的根源。卢梭在《致克里斯多夫的信》里写道：“我在所有著作中，并以我所能达到的最清晰的方式所说明的道德的基本原则是，人是本性为善的存在者，他热爱正义和秩序；人心中没有原初的堕落；自然的原初运动总是正确的……一切加诸人心的邪恶都不出于人的本性。”[④]荀子是性恶论的代表，他认为人性是好利恶害的：“目好色，耳好声，口好味，心好利，骨体肤理好愉佚，是皆生于人情性者也，感而自然，不待事而后生之着也。”(《荀子·性恶》)西方基督教的“原罪说”认为人生而有罪，也是性恶论的代表。

不论性善论，还是性恶论，抑或亦善亦恶论[⑤]，实际上都不否认人性中同时存在优良与缺陷之处，不过是在强调不同的方面罢了。这种“恶”或者说是缺陷，是否

---

① 黄希庭.简明心理学辞典[M].合肥：安徽人民出版社，2004：307.

② 廖其发.先秦两汉人性论与教育思想研究[M].重庆：重庆出版社，1999：6.

③ 查尔斯·霍顿·库利.人类本性和社会秩序[M].包凡一，王源，译.北京：华夏出版社，1989：19-20.

④ 赵敦华.人性和伦理的跨文化研究[M].哈尔滨：黑龙江人民出版社，2004：50.

⑤ 不善不恶、亦善亦恶是我国古代人性论争议的另两种观点。

就是惩戒教育的起点呢？不然，如果人性中缺乏自我更正、自我发展的特性，任何教育手段都将无法起效，因为外因必须通过内因才能起作用，而这个内因就是人的超越性。

人的超越性来自人对自我的否定。"'否定'所指的是一种'内在的超越'与'辩证的发展'，它不是一种知性规定对另一知性规定的取消与替代，而是指'对立面的统一'与'内在的和解'，它不是一种单纯的'否认'，而是一种包含以往发展成果的'继承'与'扬弃'。"①人性虽然有缺陷，但人并不甘受制于这些缺陷，而总是在不断的辩证统一、否定之否定的超越过程中力争完善。例如，人作为自然界生命的存在，虽受制于自然环境供给的物质与能量，却并不满足于自然生存状态，不屈服于食色本能的冲动，而努力用意志支配自己的本能，实现对自然属性的超越。这种不断的自我否定，使得人能够处于无止境的完善和学习过程中，表现出过程性存在的特性。"人是永恒的'浮士德'……与包围着它的现实永不休战，永远在想方设法打破他的此时—此地—以此方式的存在和他的周围世界的樊篱，其中也包括他自己当时的自身现实。"②

人的这种超越性，使得惩戒教育能够以一种否定性的力量完成对人性缺陷的克服，使人实现从自然性向社会性超越、物质性向精神性超越、实然向应然超越。③"人直接地是自然存在物。人作为自然存在物，而且作为有生命的自然存在物，一方面具有自然力、生命力，是能动的自然存在物；这些力量作为天赋和才能、作为欲望存在于人身上；另一方面，人作为自然的、肉体的、感情的、对象性的存在物，和动植物一样，是受动的、受制约的和受限制的存在物。"④因此，"人是惟（唯）一必须受教育的被造物。""规训和训诫把动物性转变成人性。动物通过其本能已经是其全部，一个外在的理性已经把一切都为它安排好了。人却要运用自己的理性。他没有本能，而必须自己给自己的行为制定（订）计划。但因为他不是一生下来就能这样做，而是生蛮地来到这个世界，所以就必须由别人来为他做这个事。"⑤这个"由别人来为他做"的事就是教育，是康德（Kant）所说的"规训和训诫"，是我们所说的惩戒教育。所谓"抑恶扬善"、"化性起伪"，正是主张借助后天的环境与教育力量对人进行改造，适时地采用惩戒手段达到超越自身缺陷的目的。

二、惩戒是有利于受罚者的"善"

惩戒会使受罚者感到痛苦，边沁等人因此认为它是伤害，是一种恶。这种观点

① 高清海，胡海波，贺来. 人的"类生命"与"类哲学"[M]. 长春：吉林人民出版社，1998：43.
② 马克斯·舍勒. 人在宇宙中的地位[M]. 李伯杰，译. 贵阳：贵州人民出版社，2000：42.
③ 李艾洁. 教育惩罚的人性基础[D]. 长春：东北师范大学，2011：31－35.
④ 马克思，恩格斯. 马克思恩格斯全集：第四十二卷[M]. 北京：人民出版社，1979：167.
⑤ 伊曼努尔·康德. 论教育学[M]. 赵鹏，何兆武，译. 上海：上海人民出版社，2005：3.

很容易为人接受，因为惩罚最初的基本功能便是报复，是对伤害他人的人造成伤害。在人类社会早期，法律法规和司法体系均不完善，人们在受到伤害后，最普遍的反应就是报复那些侵犯自己利益的人，使侵犯者感到痛苦、遭受损失。随着时代的进步，由个人实施的惩罚虽然逐步转向由国家特定机构实施，但其报复功能仍然存在。报应论即主张惩戒的正当性在于惩戒是被惩戒者应得的，错误行为应得到惩戒，一个做了错事的人应该为此承受相应比例的痛苦。显然它强调的是以恶报恶。然而，“认为一种恶能够补偿或抵消另一种恶，这显然是荒唐的想法”①，惩戒的正当性不在于以恶制恶，而在于以惩罚手段帮助受罚者克服自己的弱点，达到灵魂上的善。对此，柏拉图(Plato)早在 2000 多年前就已做了论述。

柏拉图认为以伤害为目的的惩罚是不正义的，因为即使平等的伤害也不能保证惩罚的道德性(正义)。在他看来，受过伤的马变坏，是马之所以为马变坏了，而不是狗之为狗变坏了，人受了伤害，就是人之所以为人变坏了，就是人的德性变坏了，也就是人受了伤害变得更不正义……而正义的人不能用他的正义使人变得不正义，换言之，好人不能用他的美德使人变坏；伤害人不是好人的功能，而是和好人相反的人的功能，所以伤害任何人无论如何总是不正义的。②

柏拉图主张正义的即道德的惩罚是治疗，是帮助受罚者改过迁善，因此“正义的”(道德的)惩罚非但不以伤害为目的，不是带来“坏事”(“恶”，evils)，反而是有利于受惩罚者的“善”(或“好”，good)。这是因为在柏拉图伦理学中，道德既是规范和义务，同时又是内在于人的生活目的，是人的“优秀”。有道德的人应该是幸福的，而邪恶的人应该是不幸的。③“任何事物，无论是器具、身体、灵魂，还是某种活物，它们的好在这些事物中的出现肯定不是偶然的、杂乱无章的，而是通过某种公正和秩序……任何事物的好都要归结为秩序和安排，出现在每个事物中并与之相适应的秩序是使一切事物成为好事物的原因，那么那些有与其自身相宜的秩序的灵魂比毫无秩序的灵魂要好，进一步，拥有秩序的灵魂是有序的，有序就是有节制，所以有节制的灵魂是好的灵魂，那些愚蠢和不守纪律的灵魂是坏的。”④违规者使自己的灵魂处于没有节制和秩序的状态，是不好和不幸福的。惩罚帮助他恢复灵魂的秩序从而恢复幸福。

对于违规者或者作恶者，柏拉图认为他们应该积极接受惩罚而不是逃避惩罚。因为“恶人和作恶者在任何情况下都是不幸福的，如果他没有遇上正义和受到惩罚，那么他就更加不幸福，如果他付出了代价，从诸神和凡人那里受到惩罚，那么他

---

① 爱弥尔·涂尔干.道德教育[M].陈光金，沈杰，朱谐汉，译.上海：上海人民出版社，2006：121.

② 柏拉图.理想国[M].郭斌和，张竹明，译.北京：商务印书馆，1986：13-15.

③ 吴新民.柏拉图的惩罚理论[D].杭州：浙江大学，2007：69.

④ 柏拉图.柏拉图全集：第一卷[M].王晓朝，译.北京：人民出版社，2002：401.

就要好些了。"[①]柏拉图写道："一个人做了坏事没被发现并逃避了惩罚对他能有什么益处呢？他逃避了惩罚不是只有变得更坏吗？如果他被捉住受了惩罚，他的兽性部分不就平服驯化了吗？他的人性部分不就被释放了，自由了吗？他的整个心灵不就在确立其最善的部分的天性获得了节制和正义（与智慧一起），从而达到了一种难能可贵的状态吗？虽然人的身体在得到了力和美（和健康结合在一起的）时，也能达到一种可贵的状态，但心灵的这种状态是比身体的这种状态更为可贵得多的，就象（像）心灵比身体可贵得多一样。是吗？"[②]

总之，"一个人的最高的善……乃是尽可能成为有美德的人，并且终身如此。"[③]惩罚对于违规者或作恶者，"也许意味着当下身体的痛苦，但对灵魂则意味着改善，进而意味着幸福。所以正义的惩罚实际是一种深刻的'好'，是对受罚者的恩惠，甚至是最大的恩惠。如同医药可以治愈身体上的疾病，接受惩罚则可以让人摆脱心灵的罪恶。因为，灵魂的恶是所有恶中最大的恶，所以惩罚对具有罪恶的灵魂的人是最大的善。"[④]

显然，柏拉图强调的是惩罚的改造功能。这也正是惩戒教育的根本功能。教育教人向善，惩戒教育以惩罚为手段，会造成受罚者的痛苦，但其着眼点不在于痛苦，不是为了痛苦而痛苦，更不是报应论者所主张的报复，而是希冀通过痛苦促使受罚者认识到自己的过错，启发他们对道德规则的内部认知，认识到道德与个体自身的善是一致的，以进一步内化道德规则，培养相应的道德情感与道德意志，达到道德上的"好"，即善。

第二节　惩戒教育的心理学依据

从心理学角度分析惩戒教育，论证的是惩戒对于行为养成的有效性问题，由此说明惩戒教育的可行性。

在心理学研究中，国外心理学家常常用"punish"这个单词来表达与"惩戒"基本相同的含义，国内通常把它翻译为"惩罚"。惩罚是学习理论的一个研究重点，在心理学流派的学习理论中都少不了关于惩罚的论述。

---

① 柏拉图．柏拉图全集：第一卷[M]．王晓朝，译．北京：人民出版社，2002：353．

② 柏拉图．理想国[M]．郭斌和，张竹明，译．北京：商务印书馆，1986：384-385．

③ 柏拉图．法律篇[M]．张智仁，何勤华，译．上海：上海人民出版社，2001：111．

④ 吴新民．柏拉图的惩罚理论[D]．杭州：浙江大学，2007：70．

一、惩戒是对不良行为的抑制

行为是怎么产生的？行为主义认为，行为是学习者对环境刺激所作出的反应。行为主义者把环境看成是刺激，把有机体行为看作是反应，认为所有行为都是习得的。

华生(J. B. Watson)认为，行为是可以通过学习和训练加以控制的，只要确定了刺激和反应(即 S-R)之间的关系，就可以通过控制环境而任意地塑造人的心理和行为。古斯里(E. R. Guthrie)认为，刺激的某一组合如果曾伴同过某一动作，那么当它再次出现时，这一动作也会随之发生。而且他认为动作本身就是一种刺激的来源，产生动作的刺激是上一反应的残余刺激。行为主义学派最负盛名的代表人物斯金纳(B. F. Skinner)认为人是没有尊严和自由的，人们作出某种行为，不作出某种行为，只取决于一个影响因素，那就是行为的后果。他提出了一种"操作条件反射"理论，认为人或动物为了达到某种目的，会采取一定的行为作用于环境。当这种行为的后果对他有利时，这种行为就会在以后重复出现；当这种行为的后果对他不利时，这种行为就减弱或消失。斯金纳认为行为之所以发生变化，是由于强化作用的结果，人的学习是否成立关键在于强化。班杜拉(Albert Bandura)是新行为主义的代表，社会学习理论的首要人物。在行为习得上，班杜拉强调观察学习和替代性强化。他的社会学习理论指出，儿童通过观察他们生活中重要人物的行为而学得社会行为，这些观察以心理表象或其他符号表征的形式储存在大脑中，来帮助他们模仿行为。他指出，个体、环境和行为是相互影响、彼此联系的。

在行为主义看来，惩罚作用于儿童，如同给儿童一个新的刺激，儿童得到新刺激后作出反应，在这种刺激—反应的反复作用下，儿童就形成了行为习惯。例如，学生上课不守纪律，影响别人学习，教师惩罚他不能参加课外活动，经过反复几次惩罚，该学生上课遵守纪律，不再影响他人。在这里，教师的惩罚措施就是一个新的刺激，这个刺激作出后，学生因为不能参加课外活动而感受到痛苦，上课不守纪律的行为得到了抑制。

古斯里认为，惩罚就是在行为人原有的刺激—反应之后安排一个厌恶性刺激，借此厌恶性刺激所激起的反应使得行为人主动避开原有的刺激情境。斯金纳用实验证明，强化在反射形成和消退过程中有着重要作用，惩罚的结果是抑制行为，而不会消除行为。"惩罚是抑制反应发生的概率"。[①] 惩罚不是强化，不能强化行为，只能阻止某种行为。与古斯里不同的是，斯金纳所指的惩罚的"阻止"不是消除行为，而仅仅是暂时抑制行为的发生，也就是说，惩罚不能根除不良行为。如果运用

① 施良方.学习论[M].北京：人民教育出版社，2001：124.

惩罚不当,很可能引起逃避、攻击性行为等负效应。尽管如此,“当惩罚看来是减轻危险反应的惟一可行的方法时,惩罚的害处可能要比让儿童自身发展下去产生的后果要小一些。”①

从以上论述可以看出,避免惩罚是人类行为的一个基本准则,因为惩罚后果的存在,且通常这种后果是痛苦的、不利的,个体的某种不良行为出现的可能性将会减少,所以对于改变不良行为来说,惩戒是必要的。

虽然惩罚是有效的,但是为了使惩罚能达成更好的行为塑造和教育目的,行为主义者指出惩罚要慎重,当其他措施无效后,才可选择惩罚。也就是说,当其他不使儿童反感的干预措施在减少问题行为低效或无效时,惩罚才有使用的必要。华生尤其不赞成教师和家长使用体罚来矫正儿童的不良行为,他认为用体罚来教育儿童是一种不科学的做法,这是因为:第一,惩罚不及时,不能抑制儿童的不良行为;第二,教师或家长体罚儿童主要是为了发泄各自的怨气,根本无助于矫正儿童的不良行为;第三,行为犯规以后,立即给予体罚似乎是最为有效的,然而轻重也难以合乎尺度,体罚太轻不足以造成消极反应,体罚太重有害于儿童的身体健康;最后,教师或父母体罚儿童会使他们将体罚的情境作为体罚系统的一部分,儿童长大后会厌恶体罚情境,同时对父母或老师怀恨在心。②

二、避免惩戒作为外部动机影响行为

认知主义在惩罚如何才能发挥更好的作用方面提出了新的见解。

认知主义认为惩罚能否取得良好的效果,与儿童自身对惩罚的认知具有很密切的关系。认知主义认为,惩罚必须考虑到儿童的身心发展规律及对惩罚的认知状况。例如,有时候一个眼神、一个肢体动作,对某些儿童来说就是一种惩罚;相反,即使体罚某些学生,他们也不认为这是惩罚。为什么会出现这种情况呢?这就是因为儿童对惩罚的认知不相同。因此,在惩罚的时候,必须充分考虑到儿童对惩罚的认知状况,这样惩罚才会有效。

例如,皮亚杰(Jean Piaget)采用“对偶故事法”对儿童关于惩罚的公正等问题的看法进行了分析。皮亚杰把成人对儿童过失的惩罚分为三类:批评性惩罚、抵罪性惩罚和回敬性惩罚。研究表明,前运算阶段的儿童认为抵罪性惩罚是合理的,在具体运算阶段,儿童逐渐放弃抵罪性惩罚而赞成回敬性惩罚。皮亚杰认为,儿童随着年龄的增长对惩罚方式的选择都有一个从抵罪性惩罚向回敬性惩罚转变的过程。这说明,惩罚在儿童道德的阶段性发展中发挥了一定的作用,但并不总是有效的。因此,皮亚杰强调,应该适当地多奖励儿童,即使在有必要惩罚儿童时也最好

① 施良方:学习论[M].北京:人民教育出版社,2001:125-126.

② 高峰强,秦金亮.行为奥谜透视——华生的行为主义[M].武汉:湖北教育出版社,2000:268-269.

是建立在回敬性惩罚原则而不是抵罪性惩罚原则之上。如对于乱扔玩具的儿童，可以用没收他的玩具来惩罚他；对于伤害小动物的儿童，则可以用禁止他和小动物玩耍来惩罚他。

在认知发展上，布鲁纳(J. S. Bruner)对皮亚杰的理论既有继承又有发展。布鲁纳认为儿童的认知结构是连续性的阶段性发展，具有从具体到抽象的趋势。但是，布鲁纳反对皮亚杰以儿童的生理年龄划分儿童的认知发展阶段。布鲁纳指出，学习的最初刺激乃是对于所学材料的兴趣，即主要是内在动机，而不是诸如奖赏、惩罚之类的外在目标。[①] 布鲁纳认为，成功与失败是眼前工作本身内部存在的，因此它们构成内在动机；而奖励和惩罚是由父母和教师控制的，它们构成外部动机。成功与失败所构成的内部动机足以保证学习或工作的动力需要。而外部动机只能在某些特殊行为的激发上起一定作用，个人行为的发展控制，更多的是受个人的认知结构影响。因而，布鲁纳建议慎用惩罚，但是他也没有否定惩罚的作用。在提供学习动力方面，惩罚虽然低效乃至无效，但在行为塑造上，避免惩罚却可以作为外部动机发挥重要的作用。

来维龙分析后认为，避免惩罚作为外部动机影响行为的机制在于受罚者出于自我保护避免惩罚而产生了改过迁善的内在动机。“学生犯错后就要受到教育惩罚的威胁，这种威胁主要体现在两方面：一是惩罚会使学生身心承受一定痛苦的威胁，二是惩罚会使学生的合理需要不能得到满足的威胁。……如罚学生劳动，其休息需要就不能满足，公开批评学生，其自尊需要就会受到影响等。总之，教育惩罚的痛苦就是以学生的需要暂时不能得到满足或受到伤害为基础的。这种情况下，学生自然会产生一种自我保护的需要，以保护自己身心少受痛苦和保护自己合理需要能得到满足。在这种自我保护需要的推动下，学生就会改过迁善，以换取身心少受痛苦和合理需要得到满足的结果。”[②]

三、惩戒满足个体的心理需要

人类有意识的活动均称为行为，对于行为的原因心理学界主要有三种观点：第一种认为行为是“人的本能”；第二种认为行为受外在环境的影响；第三种是“相互作用论”，即认为人的行为是环境和个体相互作用的结果，最具有代表性的就是勒温(Kurt Lewin)的场论，公式表示为 $B=f(P,E)$，B 代表行为，P 表示个人，E 表示环境，f 表示函数关系。大部分心理学家都支持勒温的观点。根据这种观点，人的行为是由动机决定的，动机是内驱力和外在诱因共同作用的结果，内驱力就是内在需要，是人体内部环境和外部生活条件的要求在人脑中的反应。美国道德心理

---

① 陈琦.当代教育心理学[M].北京：北京师范大学出版社，1997：85.

② 来维龙.基于学生改过迁善内在动机的教育惩罚研究[D].济南：山东师范大学，2006：29-30.

学家和道德教育理论家科尔伯格(Lawrence Kohlberg)认为,大多数青少年仍然处于"道德他律阶段",所以按照道德自律阶段的特点来对他们提出要求是不恰当的,需要一个"他律"的过程帮助青少年过渡到自律阶段。惩戒教育根据人的需要设置某些目标,并通过具体的规则、规范引导个人或者团体出现或者避免某些行为,就是通过他律帮助青少年实现道德的自律。

美国人本主义心理学家马斯洛(A. H. Maslow)认为人的需要分为五个层次,即生理的需要、安全的需要、爱与归属的需要、尊重的需要和自我实现的需要。有研究表明,对于正在发展中的少年儿童来说,设置严格的"界限"反而更使他们有安全感。惩戒教育告诉学生哪些事可为,哪些事不可为,其本质也是出于对学生的关爱,以实现学生更好的发展。若教师对学生听之任之,反而是对教育工作的不负责,对学生的不尊重。因而惩戒教育是满足安全、爱、尊重以及自我实现等需要的表现。

第三节　惩戒教育的社会学依据

从社会学角度分析惩戒教育,论证的是惩戒教育对于社会控制和个体社会化的必要性。

费孝通曾这样描述乡土礼教对人的教化:"我们长大了的人觉得在这世界上做事能应付自如,左右逢源。须知这是从十多年种种不自由中挣得的自由。社会的桎梏并不是取消了,只是我们熟习了。苟其我们真能非礼勿视,非礼勿言,非礼勿动,则我们在这些社会的重重规则下,自能如一个熟练的球员在球场上,往来奔驰,随心所欲而不逾规了。我们得把和社会生活发生矛盾的本能检点收藏,另外养成一套应对的习惯,自由世界才能实现。在养成这套习惯时,一路有碰壁的机会,被呵责,被鞭策,被关在黑房子里,被停止给养的威胁,种种不痛快,不自由的经历是免不了的。"①从中我们看到成功的社会控制——个体"把和社会生活发生矛盾的本能检点收藏",成功的个体社会化——"我们长大了的人觉得在这世界上做事能应付自如,左右逢源",而实现这一切的手段是惩戒教育——"被呵责,被鞭策,被关在黑房子里,被停止给养的威胁,种种不痛快,不自由的经历"。这其中提到的惩罚方式有些虽不符合当代惩戒教育的理念与原则,但其惩戒的精神实质于今仍未改变。

---

① 费孝通.生育制度[M].北京:商务印书馆,1999:141.

一、惩罚是社会控制的手段

任何一个社会都需要通过社会控制来对其成员的行为进行有效的引导和约束，使其符合一定的规范和价值，以保证社会的存在和正常运转。作为社会学的专门术语，社会控制有广义和狭义两种含义。广义的社会控制是指社会及其组织、群体为了达到维护社会秩序、保障社会生活正常进行的目的而采取各种手段、措施来约束和引导其成员行为的过程，包括正面的引导，如对"好行为"的嘉奖、鼓励，也包括负面的禁止，如对越轨行为的惩罚、制裁。狭义的社会控制则主要是指社会及其组织、群体针对越轨行为而采取的防范、制止、制裁措施、手段及其实施过程，主要包括负面的禁止。①

社会控制在形式上可分为内在控制和外在控制。内在控制的直接控制力量来自社会成员本身，指其接受和内化了他生活于其中的社会或群体的价值规范之后，能够自觉地实践角色规范。它是一个人高度社会化的结果。外在控制的控制力量则来自行动者之外，有的来自正式的社会组织或机构，如专司社会控制的军队、警察、法院、监狱，以社会控制为部分职责的学校、教会、社会工作机构、精神病院等，也有的来自非正式的组织，如小群体；有的是正式的控制力量，如法律法规，也有的是非正式的控制力量，如道德、舆论等。不论是内在控制还是外在控制，正式的控制还是非正式的控制，其手段不外乎习俗、道德、纪律、法律、法规等行为规范及与之相应的或正面引导激励或负面惩罚制裁的一系列措施。

学校正是一个社会实现外在控制的一个重要的社会组织，它承担的培养学生的任务，从社会学角度来看正是帮助学生完成社会化，从而实现内在控制的过程。为完成这个任务，它自然少不了借助正面的引导、激励与负面的惩罚、制裁措施。因而，学校中的惩罚和惩戒教育正是社会控制的必要手段。

学校是一个兼具规范性和强制性的正式组织。吴康宁借鉴美国组织社会学家爱兹奥尼（A. W. Etzioni）提出的社会组织性质分析框架，认为学校组织的性质，对教师而言，学校是兼具规范性与功利性的组织；其次，对于学生而言，学校是规范性与强制性兼而有之的组织。② 学校的教育活动依据的是一系列规章制度，对学生而言，在学校中，学生必须合乎行为规范。当学生不能按照要求规范自己的行为时，规范性需要强制才能实现。当学生违反行为规范时，教师如果一味地晓之以理、动之以情，往往难以达到规范学生的效果，在这种情况下，适当采用某种惩戒手段会更直接、有效。"当教师采用精神的监督手段来说服学生服从和参与而未能收到应有效果时，往往会自觉地或不自觉地辅之以乃至完全转而采用命令与训斥等

① 冯钢. 社会学[M]. 杭州：浙江大学出版社，2004：243.

② 吴康宁. 教育社会学[M]. 北京：人民教育出版社，1998：252-254.

强制的手段。"[①]教育在本质上是一种权威性的活动,作为社会代表者,教师权威是制约教育活动最重要的因素,它来自社会赋予的合法权威。"合法权威是一种权力关系,其中掌权者拥有公认的发布命令的权利,而权力对象有公认的服从义务。是任一特定命令的来源而不是其内容赋予合法性并引起接受命令之人的自愿遵从……合法权威以共同规范为先决条件。这些规范并不规定权威发布命令的内容,而是规定在一定范围内的服从,不管内容如何……构成合法权威关系的共同规范并非专门为关系双方所共有,而是为双方所属的更大群体或社区所共有。"[②]教师权威的源泉归于五种势力,即奖赏力、强制力、示范力、专业力及合法力[③],其中强制力就是指教师对学生实施惩戒的权限。可见,惩戒教育在学校中是必要的,它是构成教师权威的一个要素。

在学校这个社会组织中,社会活动主要是在师生交往中展开的,师生交往形成的相互间的关系必然形成相应的制度和纪律,"没有规矩,不成方圆"。因此,学校中存在着各种比较严格的规章制度。规章制度是维护学校开展正常教育教学活动的保证。学生违反规章制度的行为必然要受到处罚,教师惩戒学生也就成为必需,否则,学校的规章制度就成了一纸空文。对违规者予以必要的惩罚与处分,既需要教师的谆谆教导,又需要纪律、制度的严格约束,这是达到学校教育目标的必要手段,也是帮助学生完成社会化从而实现社会控制的必要手段。

二、惩戒教育是个体社会化的必要途径

儿童或其他社会新成员学习他们那个社会的生活方式的过程被称为社会化。[④] 简单地说,社会化主要包括三个方面的内容:"第一,促进个性形成和发展,培养完善的自我观念;第二,内化价值观念,传递社会文化;第三,掌握生活技能,培养社会角色。"[⑤]通过社会化,个体才能适应社会生活中不断更新变化的外部环境,才能具备遇到困难时解决问题的自身能力。社会化的实现有赖于人强大的学习能力。人不是本能动物,无法依靠本能来获得社会行为模式和生活方式,但人有很强的学习能力,这也是人能够接受社会化的最重要的条件。社会学家一般都认为,婴儿一出生,社会化便开始了:他从一个生物学意义上的人,通过学习他所属社会团体的文化,到长大后变成一个具有一套价值观、态度、好恶、生活目标、反应模式,以及自我观念的人。

---

① 吴康宁.教育社会学[M].北京:人民教育出版社,1998:256.
② 丹尼斯·朗.权力论[M].陆震纶,郑明哲,译.北京:中国社会科学出版社,2001:56.
③ 吴康宁.教育社会学[M].北京:人民教育出版社,1998:208.
④ 安东尼·吉登斯.社会学[M].赵旭东,齐心,王兵,等译.4版.北京:北京大学出版社,2003:26.
⑤ 袁方.社会学百科辞典[M].北京:中国广播电视出版社,1990:9.

个体社会化的核心是内化社会价值观念，达到个人与社会态度、社会价值整合一致。爱弥尔·涂尔干(Émile Durkheim)分析后认为，这一过程与个体纪律精神的养成有关，与个体是否树立起对规则规范的信念有关。涂尔干首先肯定了学校在这一过程中的重要作用，他说："尽管这种家庭教育对道德生活来说是很不错的初步准备，但是它的用处却很有限——在纪律精神方面尤其如此。对纪律精神来说至关重要的东西，也就是对规范的尊重，几乎无法从家庭环境中发展出来。……但是，与此同时，儿童却必须学会尊重规范：他必须学会履行他的义务，因为这是他的义务，他感到有义务这么做，即便这项任务看起来可能不是轻而易举的。这样一种训练，在家庭中只能是非常不完善的，必须转交给学校。事实上，学校有一种能够预先决定儿童行为的完整的规范体系。儿童必须定期上课，他必须守时，还得有适当的举止和态度。在课堂上，他决不可以捣乱。他必须学完他的功课，做完他的家庭作业，而且要做得相当好，等等。因此，有许多的义务，需要孩子去承担。所有这些合在一起，就构成了学校纪律。正是通过对学校纪律的实践，我们才能够在儿童心中灌输纪律精神。"①

在涂尔干看来，纪律的真正功能"并不是旨在使儿童能够从事工作、刺激他渴望受教导或节省教师精力的简单程序。就其本质而言，它是一种道德教育的工具，一种难以复制的工具。"②为了培养纪律精神，即培养对规范的尊重，惩罚是必要的，因为违规行为的存在会降低他人遵守规则的信心。"惩罚的本质功能，不是使违规者通过痛苦来赎罪，或者通过威胁去恐吓可能出现的仿效者，而是维护良知，因为违规行为能够而且必然会搅乱信念中的良知，即使它们本身并没有意识到这一点；这种功能需要向他们表明，这种信仰仍然是正当的：如果具体地说说学校的情况，就是要表明这种信仰总是能被教师感受到，孩子们则从教师那里接受这种信仰。""为纪律赋予权威的，并不是惩罚；而防止纪律丧失权威的，却是惩罚，如果允许违规行为不受惩罚，那么纪律的权威就会逐渐为违规行为所侵蚀。"③

总之，学校教育的主要功能和目的是促进人的社会化。学生处于从一个"自然人"到"社会人"转变的过程当中，行为规范的内化是社会化很重要的一个方面内容。科尔伯格认为儿童道德发展遵循从"他律"到"自律"的轨迹。学生要把外在的行为规范内化为自身的行为准则，不仅需要教师言传身教，还需要来自外界的强制性影响，也就是学校的强制性规范。个体社会化的进程中不可能纯是自发的内在要求，在学生逐渐发展到"自律"阶段之前，"他律"是一个不可逾越的阶段、必经的阶段。在社会化过程中，个性形成、价值观形成、技能学习都一定会出现偏离社会

---

① 爱弥尔·涂尔干. 道德教育[M]. 陈光金，沈杰，朱谐汉，译. 上海：上海人民出版社，2006：109-110.

② 爱弥尔·涂尔干. 道德教育[M]. 陈光金，沈杰，朱谐汉，译. 上海：上海人民出版社，2006：111.

③ 爱弥尔·涂尔干. 道德教育[M]. 陈光金，沈杰，朱谐汉，译. 上海：上海人民出版社，2006：123.

要求的状况，是一个不断试误的过程。惩戒教育正是“他律”的一个重要手段和教育方式，可以遏止个性的过分膨胀、矫正学生非社会性行为。教师以社会代表者身份对未成年学生进行引导和矫正，向学生传递符合社会要求的信念、价值观、态度和行为方式，促使学生按照社会的要求逐步社会化，成为遵循社会规范的社会人。在这个传递过程中，教师运用自己的权威，只有这样，作为未成年人的学生才能把社会普遍认同的行为规范内化为自身行为准则，并依照准则作出相应的社会行为，完成社会化。

第四节　惩戒教育的教育学依据

从教育学角度分析惩戒教育的目的是从教育系统内部提供惩戒作为教育手段在学生培养中之所以不可或缺的理由，从而论证惩戒教育的合理性。

教育是一种客观存在，但由于教育理论的每一步进展都有赖于其他学科的推动，使得“我们无法否认教育学科作为缺乏原动力的‘低档’学科这一事实。我们只能在其他高级学科的庇荫下面生存，并作为被告而接受带有鄙视、怜悯的目光的哲学家们的审判。”[①]因此，即便是教育学角度的探讨也将无形中带有哲学、心理学、社会学等其他学科的痕迹。从教育哲学的首要任务是探寻教育意义出发，我们对惩戒教育合理性的论证也需从探寻其意义开始，而这无外乎要论证惩戒教育作为工具和作为生活的价值，并从个体身心发展的角度阐释这种价值得以实现的原理。

一、惩戒教育帮助个体获得自由

教育是什么？从工具意义上看，它就是“社会借此可以保存、延续、进步，个体借此得以获得某种素质而在未来过上‘幸福’‘完满’的生活的工具。”[②]这实际上揭示的是教育的两大功能：社会功能和个体发展功能。而社会功能是通过培养符合规格的人来实现的，因此两大功能的核心是同一的，即人的培养。而培养怎样品质的人，才能让社会得以保存、延续、进步？具备怎样品质的个体才能在未来过上幸福完满的生活？答案可能很多，但其中必然包含的是善（道德上的优秀），教育要引人向善。由于惩戒教育容易被误解为是出于社会规范的要求而对个体实施的约束，因此特别有必要指出这种善包含着人的自觉自由。惩戒教育不是剥夺个体的自由，恰恰相反，它是要帮助个体获得真正的自由。

---

① 周浩波.教育哲学[M].北京：人民教育出版社，2000：41.

② 周浩波.教育哲学[M].北京：人民教育出版社，2000：35.

前已论及，柏拉图认为道德内在于人，善是最高的幸福，惩罚是利于人的善。类似的观点在康德那儿得到进一步阐发。康德在司法惩罚观上是报应论（或称报复论）的代表，但在教育上他并不持报应观，因为教育惩罚不同于司法惩罚。“经典报复论辩护的是司法惩罚，并不是教育惩罚：其一，经典报复论是通过诉诸应得，将犯罪与惩罚联系起来。其应得是指罪犯的应得，不是指犯错误儿童的应得。其二，它的罪责概念是以罪犯有理性、有完全行为责任能力为前提的。而儿童的理性尚未健全，或尚不具有完全行为责任能力。从这两点看，将经典报复论直接运用于教育惩罚的辩护，或者认为有一种经典报复论式的教育惩罚，不是误解了经典报复论的哲学基础，就是曲解了经典报复论。……与教育惩罚有直接关系的，不是经典报复论，而是它的哲学基础——康德哲学。”[①]

康德认为个体天性中包含两大元素，一为“野性”，二是“理性”。“野性”来自人天生的动物性动机，使人不守法则。“理性”是人天性中那种可以发展或培养为自律、自我立法的禀赋。在个体的童年时代，理性的发展尚不成熟，尚不能压制野性，因此需要教育来帮助，它包含着训诫和强制，包含着惩罚。“对学校法则的任何触犯都不得不受惩罚，尽管惩罚必须总是与触犯相当。”[②]需注意的是，教育惩罚中所体现的强制性来源于法则，而不来源于教育者或领导者的主观意志，否则儿童将在主观意志的强制下养成奴性，所以“教育必须是强制性的，但不可以因此而是奴役性的。”[③]教育惩罚中所体现的强制性也不是对自由的压制，相反，它是为了培养真正自由的人。康德认为，“人天生对自由有一种如此强烈的趋向，以至于他只要有一段时间习惯于自由，就将为它牺牲一切。”[④]但是，不受规则约束的自由不是真正的自由，它其实是任性，而任性实际上是意志屈从于动物性，是不自由的。教育借助训诫、强制、惩罚努力帮助儿童养成按照准则行动的能力。借此，理性得到培育，儿童逐渐能自觉地认识和服从道德法则，学会如何运用自由。在自由即自主、自制和自律的意义上，懂得正确运用自由首先得服从道德律，最终获得真正的自由。

可见，在康德那里，教育惩罚是个体发展理性，成为真正的理性人、自由人的必要手段。要运用好这个手段，达到培养理性人的教育目的，需得有公正的法则、正确的方法，以及相关的原则、程序，凡此种种，便构成了我们所说的惩戒教育，而这些，在康德教育学中也有回答。因而可以说，康德早就确认了惩戒教育引人向善的个体发展功能和工具价值。这个善，在康德这儿是理性、是自由。

到了涂尔干那儿，善即道德，其首要要素是纪律精神，其次是对群体的依恋，最

---

① 江峰. 康德教育学中的惩罚理论及儿童心灵学说[J]. 教育学报，2014(2)：5.

② 康德. 教育学[M]//李秋零. 康德著作全集：第九卷. 北京：中国人民大学出版社，2010：481.

③ 康德. 教育学[M]//李秋零. 康德著作全集：第九卷. 北京：中国人民大学出版社，2010：472.

④ 康德. 教育学[M]//李秋零. 康德著作全集：第九卷. 北京：中国人民大学出版社，2010：442.

后是自主性。涂尔干强调社会对个体的影响，认为社会性是个性的源泉，道德的起点亦是社会，道德规范不仅维系着整个社会的运转，而且维系着个体对社会的依恋感。为了防止道德违犯行为，有必要采取一定的道德惩罚，以恢复道德规范的权威性。皮克林(Pickering)评论道："纪律在强化学校的道德性方面起着重要的作用。惩罚防止纪律丧失其权威性。重要的不仅仅是儿童应该受到惩罚，而且他的行为应该受到仔细的审查。惩罚是对特定行为的否定性表达。涂尔干希望通过这种方式使违犯者在道德上受到教育，这就是教育的全部。"①

在强调纪律精神(即对规范的尊重)之外，涂尔干还要求培养儿童在认识并接受纪律约束和道德规范之上的自由自觉，即自主性，与康德所说的理性与自由相通。他认为"自由是得到确切理解的权威的女儿。因为所谓自由，并不是去做人们喜欢做的事情，而是要成为自己的主人，知道怎样合乎理性地行动，履行自己的义务"②。因此，"惩戒作为个人对违反规范、规则的责任的承担，并不是对个人自由的约束，也不是对追求自由的放弃，这只是个人对天然自由的放弃，这种放弃恰恰是为了追求更大的自由活动空间"③。"一种教育，只有它能够帮助个人获得自由，才是真正的教育；相反，如果教育仅仅是帮助个人去适应社会，适应他人，这就不是好的教育"④。惩戒教育以约束的手段引导个体自我修正、自我完善，追求真正的自由，在此意义上它完全是正当而合理的。

二、惩戒教育帮助个体建构生活经验

教育的工具价值在个体层面上可以概括为"对未来生活的准备"，然而教育的意义并不只是生活的准备，它还是儿童真正的生活的过程。那么，作为生活的惩戒教育又有怎样的价值呢？简要地说，它能促进个体生活经验的建构。

杜威(J. Dewey)指出："青少年在连续的和进步的社会生活中所必需(须)具有的态度和倾向的发展，不能通过信念、情感和知识的直接传授发生，它要通过环境的中介发生。"⑤这个环境就是生活。至于"生活"，有时与经验相当，"我们使用'生活'这个词来表示个体的和种族的全部经验……我们以同样丰富的含义使用'经验'这个词。"⑥经验"与它类似的'生活'和'历史'一样，既包括人们所做的、所遭遇的事情，人们所追求的、所爱的、所相信的、所忍受的事情，也包括人们怎样活动和接受活动，人们行动和遭受、意欲和享受、观察、信仰、想像(象)的方式——总之，包

① 黄学军.个性限度内的教育惩罚——一项迪尔凯姆的研究[J].教育学报，2010(3)：127.
② 爱弥尔·涂尔干.道德教育[M].陈光金，沈杰，朱谐汉，译.上海：上海人民出版社，2006：247.
③ 李妮娜.论学校教育中的惩戒[D].济南：山东师范大学，2007：22.
④ 周浩波.教育哲学[M].北京：人民教育出版社，2000：67.
⑤ 杜威.道德教育原理[M].王承绪，等译.杭州：浙江教育出版社，2003：43.
⑥ 杜威.民主主义与教育[M].王承绪，译.北京：人民教育出版社，1990：3.

括各种经验的过程。”①杜威之所以强调生活与经验，是因为他认为儿童的成长来自经验，经验一方面是主动的尝试，另一方面是尝试的结果，而结果又会对以后的尝试有所影响。他批评传统教育只关注控制经验的外部条件，对于也能够决定经验的内在因素却几乎不予注意，违反了交互作用的原则。

杜威对个体经验的解释与当代建构主义观非常相似。建构主义者认为，世界是客观存在的，但是对于世界的理解却是由每个人自己决定的。个体根据自己的经验来建构现实，或者解释现实。而经验何来？它不是由教师或他人教给的，而是个体通过活动与外部环境相互作用的结果，它是由个体自身主动建构的，他人无法替代。学习既包含对新信息的意义的建构，又包含对原有经验的改造和重组。

基于经验的重要性，杜威提出“教育是生活的过程，而不是将来生活的预备。学校必须呈现现在的生活——即对儿童来说是真实而生气勃勃的生活……不通过各种生活形式或者不通过那些本身就值得生活的生活形式来实现的教育，对于真正的现实总是贫乏的代替物，结果形成呆板而死气沉沉。”②在学校中，这个真实而生气勃勃的生活应该既包括柔性美丽的一面，也包括刚性严苛的一面。如果学校中只有赏识和宽容，却没有惩戒，就容易使学生无法获得对生活的真实认识，无法建构起完整的生活经验，容易导致他们法律、法规、纪律意识的淡薄。加之当前社会大众传媒的负面影响，学生更容易对社会规范和规则产生误解甚至无视。青少年犯罪后，却意识不到自己的行为已经构成了犯罪的事例屡见不鲜。从社会信息加工的角度看，这是青少年缺乏与此相关的真实社会知识造成的。正如有的研究者所指出的，“在传媒传递社会信息和人类经验过程中所营造的时间和空间幻境里，青少年与真实世界的联系被有意或无意割断、歪曲了，他们不仅习惯于漠视真实，而且可能敌视真实，社会认知和情感体验方式不知不觉地发生了转变——经过精心剪裁、拼贴的以声音和画面形式出现的现实镜像或虚假组合，被认为是真实可信的，而身边实在发生的一切反倒是不真实不可信的”③。

因此，学校生活应该反映真实的社会生活。学校作为有组织、有计划、有目的地进行教育教学活动的社会组织，会对校内的环境从硬件到软件上进行设计和安排，尽可能地对学生施加有利的影响。但是这种有利的影响并不是社会生活的过滤，不是脱离现实社会生活的虚幻世界，相反，它是社会生活的缩影，或者说它本身也是社会生活的一部分，有着与校外的社会生活一样的制度设计和各种规则，包含着奖励与惩罚，引导学生规则生活。规则作为学生行为规范体系，涉及学生教育生

① 赵祥麟，王承绪. 杜威教育论著选[M]. 上海：华东师范大学出版社，1981：272.

② 赵祥麟，王承绪. 杜威教育论著选[M]. 上海：华东师范大学出版社，1981：4.

③ 田杰. 传媒、权力与权利：现代青少年社会问题的媒介背景及防护策略分析[J]. 当代青年研究，1999(5)：2.

活的各个方面，包括学生守则、校规、班规等，其根本目的是维护学校正常的教育秩序。“正是出于保障教育活动的有序进行、消除个别违规行为对教育活动的不良影响的考虑，学校规则才成为教育活动中加强学生行为管理不可或缺的一种工具和手段。”[①]有规则必然存在对规则的遵守与违犯现象，为保证正常的秩序就必须对相关行为进行奖惩。马卡连柯(A. S. Makarenko)曾指出：“不惩罚的办法只是对破坏分子有利，如果学校中没有惩罚，必然使一部分学生失去保障”[②]。

总之，惩戒是社会生活的真实内容，学生个体在学校的生活就是真实的社会生活的一部分，他要从中认识社会、习得基本的行为规范；他要学会遵守规则和秩序，在犯错之后承担责任，接受相应的惩罚；他要学会在规则划定的范围内享有自由、按自己的意愿行使权利。概言之，他要在真实的生活中建构起自己对现实社会的认知和行为反应模式。“社会中充满了惩罚，人们为了保证法律和社会规范的严肃性和有效性，经常会对违反法律和规范的行为进行惩罚。我们如何能够不使用惩罚而让孩子们了解一个充满惩罚的社会呢？”[③]斯宾塞(Herbert Spencer)曾经说过：“每个人都听过别人承认，只是经过‘下了本钱的经验’才使他们放弃过去某些坏的或愚蠢的行为方式。每个人都听过在批评这个浪费者或那个阴谋家的行为时，总有人提到劝告没有用，只有‘惨痛的经验’才会产生效果；也就是说要看到那个不可避免的后果才行。”[④]惩戒正是个体该经历的“下了本钱的”“惨痛的”经验，惩戒教育正是以“真实的生活形式”来促进个体生活经验的建构。

三、惩戒教育符合个体身心发展规律

惩戒是一种外在的强制，它如何引导个体内在的自制，从而达到真正的自由和最高的善？这便要剖析惩戒的作用机制，解释惩戒如何遵循个体身心发展规律而发挥育人作用。

首先，惩戒教育符合个体认知发展规律。

儿童早期对客观世界，尤其是规则的认知虽不是一块白板，但也确实处于认知不清、水平不高的阶段，这是由儿童的思维发展水平决定的。根据皮亚杰的研究，儿童对规则的认识大致经历四个变化发展的阶段[⑤]：第一阶段：纯粹运动性质和个人性质的阶段(1～2岁)。此时，儿童并未意识到任何规则的存在或必须遵

---

① 王辉. 学校规则及其合法性管窥[M]//劳凯声. 中国教育法制评论：第2辑. 北京：教育科学出版社，2003：53.

② 戴本博. 外国教育史(下)[M]. 北京：人民教育出版社，1990：246.

③ 翟晋玉. 没有惩罚的教育是不完整的教育——访辽宁师范大学教育学院院长傅维利[N]. 中国教师报，2007-12-15(A03).

④ 赫·斯宾塞. 斯宾塞教育论著选[M]. 胡毅，王承绪，译. 北京：人民教育出版社，1997：139.

⑤ 让·皮亚杰. 儿童的道德判断[M]. 傅统先，陆有铨，译. 济南：山东教育出版社，1984：18-20.

守某些规则，完全按照自己的意愿活动，游戏时纯粹是单个人玩，缺乏社会性。第二阶段：自我中心阶段（2～7岁）。儿童开始从个体外部接受规则典范，并认为规则是神圣不可触犯的，他们单独运用自身所接受的规则，而不顾及与他一起活动的其他人的规则。第三阶段：刚出现的协作阶段（7～10岁）。儿童认为规则就是大家互相赞同而制定的法律，必须尊重它们，但是对于一般规则的看法仍然模糊。他们在游戏过程中表现出明显的社会性。第四阶段：规则编集成典阶段（11～12岁）。儿童认为规则是互相同意和自我良知的自由产物。所以，在游戏过程中不仅确定了游戏程序的每一个细节，而且所有的成员都知道了应该遵守规则这一准则。

显然，儿童年幼时并不理解什么是规则，更不懂遵守，或者完全以自我为中心，不懂得尊重他人的规则。惩戒可以告诉儿童哪些事是不能做的，在他尚缺乏道德判断能力之前以此方式告诫他，而惩戒之所以能起作用，是因为此时儿童正处于科尔伯格所揭示的道德发展的第一个阶段——惩罚与服从定向阶段。儿童对行为道德与否的判断根据是该行为是否会给自己带来惩罚。他们为了避免惩罚而服从权威和规则，认为受赞扬的行为就是好的，受惩罚的行为就是坏的。那么，年长儿童是否还需要惩戒呢？答案是肯定的，因为不论皮亚杰还是科尔伯格，他们提出的道德发展阶段的划分依据是思维发展的水平，他们揭示的道德发展阶段是建立在智慧成熟基础上可以达到的可能阶段，并不是必然阶段。例如，儿童智慧发展进入抽象思维水平后，他在道德认知的发展上有可能进入自律阶段，但并不必然进入自律阶段。换言之，抽象思维只是道德发展进入自律阶段的必要条件。所以，11～12岁的儿童的智慧水平已经可以使他们进入规则编集成典阶段，但在实际生活中，许多这个年龄甚至更大年龄的儿童都还没有进入这一阶段。就像成人从智慧发展的水平上看应该属于道德自律阶段，但实际上绝大多数人一辈子都没有达到自律。在此情况下，仍需要惩戒来提醒个体行为的边界。那么，在儿童的规则意识发展进入后面阶段是否还需要惩戒呢？答案仍是肯定的，因为这些阶段说明的是儿童规则意识即认识发展达到的水平，并不能保证达到较高阶段的儿童在行为上必然也表现出自觉自律，不能保证他们在现实情境中必然运用较高的认知水平进行判断并指导行为。他们的思想意识毕竟还不成熟，仍然需要引导，惩戒有助于他们认识到自己所犯的错误，形成正确的认知，而在这个由知错到改错的过程中，他们的认知、辨别和控制的能力也会渐渐发展起来。

其次，惩戒教育符合个体情感发展规律。

情绪的功能主义观认为，情绪是重要的内部监导系统，具有评价事物和推动行为的作用。不同的道德事件引起的情绪反应不同，而人们对情绪反应的预期可能会影响个体对其行为作出的决定。① 这从情绪情感作用的角度解释了惩戒起教育作用的机制。因为惩戒会使受惩者感到痛苦，而出于趋利避害的本能，受惩者将避免再次出现会给自己带来痛苦的行为。这种痛苦从情感角度分析就是引起不愉快体验的负向情感，如恐惧、内疚、羞耻等，它们对行为有预防作用。一个人如果预期某种行为会使自己感到愧疚，他将放弃这种行为。

弗洛伊德(Sigmund Freud)认为，年幼儿童处于无助和依赖于他人的状态，害怕失去父母的爱，害怕父母和成人的惩罚，因为害怕惩罚而选择听从他人或权威的要求，表现出一种社会性焦虑，这种焦虑在成年人身上则表现为害怕被较大的人类群体和社会所惩罚。当没有按父母或权威的要求做事时，儿童会产生内疚感。当他将外界的权威内化后，在知觉到自己的行为不符合社会道德准则或给社会、他人造成损失时，也会产生内疚感。惩戒教育其实是用惩戒这一对个体而言是外部的手段促使个体产生害怕或恐惧、内疚的感受，从而抑制不良行为的再次发生。

羞耻感对不良行为也有预防作用。苏联学者库尔茨卡娅(Курцкарточка софии)研究发现，学前期儿童已能独立出现羞耻感，起初是情境性的，随着儿童年龄的增加，当行为再次发生前便能唤起曾与之相随的羞耻感，避免行为的再次产生。② 羞耻感的产生与自我意识的发展有关。我国学者研究发现，羞耻感产生的时间大致在出生后 38 个月。幼儿羞耻感发展的快速时期是 3～5 岁。幼儿羞耻感体验的受暗示性较强。3～6 岁儿童在受暗示的情况下均比较容易体验到羞耻感。③ 因此，惩戒作为来自外部的否定，很容易让儿童体验到羞耻感，使之放弃会给自己带来这一体验的不良行为。

当然，惩戒是否能恰到好处地引发受惩个体的恐惧、内疚、羞耻之情，预防再次发生不良行为，与惩戒的方式和受惩个体已达到的认知水平有关。康德曾根据个体感受到痛苦的两种原因把教育惩罚分为道德的惩罚和自然的惩罚两种。他认为个体感受到的两种痛苦分别来源于两种偏好受阻或被剥夺，一种偏好与自爱有关，喜欢受尊敬和被喜爱，如果撤销尊敬和喜爱会让人感到痛苦；另一种偏好与物有关，指与欲望和需要有关的对物的喜爱，如果受到抑制也会让人感到痛苦。“道德的惩罚是指人们伤害受尊敬和被喜爱的偏好”，“自然的惩罚要么在于拒绝所渴求的东西，要么在于施加惩罚”。④ 道德惩罚的本质，是让做错事的儿童感受到解除信任关系或亲密关系后失去被爱的痛苦；自然惩罚的本质，是让做错事的儿童感受

① Bretheron I, Fritz J, Zahn-Waxler, et al. Learing to talk about emotion: a functionalist perspective [J]. Child Development, 1986, 57(3): 529-548.

② 朱小蔓. 情感德育论[M]. 北京：人民教育出版社，2005：147.

③ 竭婧. 幼儿羞耻感发展特点及其相关影响因素研究[D]. 大连：辽宁师范大学，2008：48.

④ 康德. 教育学[M]//李秋零. 康德著作全集：第九卷. 北京：中国人民大学出版社，2010：482-483.

到需要得不到满足的痛苦。前者使儿童意识到他实现自爱的方式是不受欢迎、有损于他的自我价值的；后者使儿童意识到他追求自己偏好之物的方式是不被允许、有损于他的欲望或需要的。[①] 在"自然的惩罚"中，康德所说的"要么在于施加惩罚"特指强制性的惩罚，是为弥补儿童尚小、理性不足而造成的思虑缺乏。康德设想根据不同年龄阶段个体理智与意志发展水平的不同，采用不同的惩罚方式，达到不同的教育目的，其中的作用机制是利用产生痛苦的各种情绪情感，如表 2.1 所示。

表 2.1　教育惩罚何以使人向善[②]

阶段	理智与意志的发展水平	惩罚方式	惩罚目的	作用机制
幼童	有直观水平上的判断力，感性水平上的自主性，意志几乎完全是他律的	对违禁行为的强制性的自然惩罚	培养服从和恭顺	出于对施罚者的恐惧
少年	有知性水平上的判断力，有意志自主的要求但行为动机往往是投机性的，本质上仍是他律的	对投机性违规行为的矫正性的自然惩罚	培养责任意识和责任感	出于对责任追究的畏惧
青年初期	有规则水平上的判断力，有建构规则的意识和能力，有自制的要求和向自律发展的趋势	对不合法则或不合义务的行为的道德惩罚	培养自律意识和义务感	出于内疚和对道德律的敬畏

再次，惩戒教育符合个体行为发展规律。

惩戒教育对个体行为的塑造有两种基本方式：通过对个体直接的惩戒塑造行为与通过对他人的惩戒间接地影响塑造个体行为。其原理分别是传统行为主义与新行为主义（即社会学习理论）的学习观。

前文惩戒教育的心理学依据部分述及，传统行为主义认为个体行为是通过刺激—反应（S-R）的直接强化获得的，而以班杜拉为代表的社会学习理论心理学家研究发现，个体很多行为是通过替代强化的观察学习获得的。观察学习是个体学习的主要形式，大部分的道德行为都通过观察学习获得，即学习者通过观察生活中榜样的一些行为而掌握相应的行为，他会模仿生活中见到和听到的（即观察到的）其他人的行为。替代强化是指行为者看到榜样的行为受到强化而自身受到强化。个体观察到榜样的行为受到表扬时，容易出现榜样的行为，反之，当发现榜样的行为受到惩罚时，个体就会克制住重现榜样的行为。可见，惩戒对于遏制某种不良行为的出现及在一定范围内的泛滥具有十分重要的价值。这在以集体教育为主要形式的学校教育中表现得尤为突出。

班杜拉认为，个体通过观察学习和模仿学习获得的仅仅是在具体情境中采取

① 江峰.康德教育学中的惩罚理论及儿童心灵学说[J].教育学报，2014(2)：8.
② 江峰.康德教育学中的惩罚理论及儿童心灵学说[J].教育学报，2014(2)：9.

行为的可能性。在现实生活环境中，个体是否产生他所观察到的行为（个体行动、选择和语言表达）还受到环境（资源、行动结果、他人和物理条件）和个体（信念、期望、态度和知识）的影响。当然，行为也会对环境和个体产生影响，它们三者间互为因果，双向决定。在集体中，一个学生的过错行为受到惩戒，将会影响他对这个行为本身的态度，会影响他下一次的行为，也会影响集体的舆论，集体舆论作为环境又会影响他的态度和行为。而对于集体中未因犯错而受到惩戒的其他学生而言，对错误行为的惩戒及由此产生的集体氛围和舆论等都是影响他们认知和行为的环境，在正面的舆论压力和替代强化的作用下，他们都很容易避免出现受惩行为。

从学生行为发展的年龄特征来看，幼儿和小学生认知水平较低，行为习惯尚未完全形成，正需要外界的引导，包括一定程度的强制，以养成良好的行为习惯。中学生认知水平虽已提高，但价值观念仍处于形成时期，更容易受到不良行为的负面影响，更需要严格的教育和约束。惩戒教育以外在约束的方式告诉学生对错，提高他们的认识，激发相关的情感，培养责任感、规则意识和法制意识，有利于他们形成良好的行为习惯。

当然，由于惩戒教育的对象是正在成长中的学生，惩戒只能作为教育的辅助手段，其在本质上应该是道德感化，“主要目的在于警示和告知，以帮助受教育者消解幼稚或不健康的违规动机，而不仅仅停留在遏制其违规行为”①。

第五节　惩戒教育的史学依据

从历史的角度考察惩戒教育，探讨的是当前学校惩戒教育实践之所以摒弃体罚和随意、追求制度化的必然性。

众所周知，惩戒教育的历史悠久，古今中外，关于惩戒教育的思想与实践相当丰富。在古代，惩戒与体罚是混为一谈的，惩戒教育的方式方法主要是体罚。17世纪至19世纪以前，学者的研究常常集中于惩罚的必要性和合理性，认为惩罚是必要的，但是反对体罚。19世纪以后，在其他学科（如心理学、社会学等学科）的影响下，对于惩罚的研究又上了一个新的台阶，如对儿童行为的研究、对惩罚合理性的质疑等。世界各国纷纷立法保护儿童的合法权益，限制教师的惩罚行为。

一、古代：以体罚为特征的惩戒教育

中国自古以来就有教师惩戒学生的传统，为时可能有6000年左右，比奴隶制

---

① 傅维利.论教育中的惩罚[J].教育研究，2007(10)：13.

国家的诞生还早。甲骨文中的“教”字被形象地表现为在棍棒之下，教师教导学生学习“孝”的道德观念和行为。春秋时期的大教育家孔子，在教育学生的过程中也使用体罚这一惩戒教育手段。《论语·宪问》中记载孔子“原壤夷俟。子曰：‘幼而不孙弟，长而无述焉，老而不死，是为贼。’以杖叩其胫。”对原壤不合规矩、不听教诲的行为，孔子以言语斥责他并用杖惩罚了他。孟子认为人有四个善端，认为人性本善，因此在教育观念上主张保护和发扬学生的善端，而为了使善端不向恶的方向发展，需要惩戒教育手段来辅助。荀子认为人性是恶的，需要“化性起伪”，即在人为的努力下使恶性向善性发展，而从恶到善的过程，亦需要惩戒手段来帮助完成。另外，《三字经》中说“子不教，父之过，教不严，师之惰”。《学记》记载“夏楚二物，收其威也”，以及中国俗语“棍棒底下出孝子”、“不打不成器”、“严师出高徒”等都说明我国传统上在对学生、子女进行教育的时候，把惩戒作为一种必要的道德教育手段。

依《晋书·嵇康传》记载，三国时期，曹魏在首都洛阳设有太学，但是学生的水平低下，学校纪律也很差。统治阶级为了加强对学生的管理，采取了强制的手段，罚学生喝墨水就是其中一项。《艺文类聚》卷三十八《学校》条：“魏名臣奏曰：蒋济奏，学者不恭肃，慢师、酗酒、好讼、罚饮水三升。”[①]这里的“水”字就是墨水，对那些不好好读书，又不守校规的学生，饮些墨水以表示对他们的惩罚。

宋朝以后，塾学成为封建家族的构成部分之一，每一个大家族都会开辟一间房，聘请塾师一人，教导几个或者十几个孩子读书识字。塾学有严格的管理制度，例如，南海霍氏对子侄的教育，采用耕读结合的办法，如果有不安本分的学生，或者以耕种为耻的学生，初犯用杖打二十下，第二次犯打三十下屁股，第三次犯就被开除。[②] 塾学的管理制度规定学生哪些事可以做，哪些事不能做，而且规定了明确的罪行和量刑等级。儿童在学校中学习政府律令、儒家的四书五经，教师对学生灌输封建伦理思想和道德观念。明清太学，为了严格训练和管理监生，专门设有“监臣”一职，“纠察”师生言行，它的办公室就叫“绳愆厅”。监臣不但有审判权，而且还有执行刑罚的权力。朱熹还亲自制定规章制度，穿衣戴帽、起床睡觉、说话走路、读书写字、交朋会友、待人接物等一言一行、一举一动都有章可循，有规可依。

中国是一个注重“人伦”的国家，所谓父子有亲、君臣有义、夫妇有别、长幼有序、朋友有信等都教育教导人“明人伦”。古代的教师与“君”并立，而教师又和父并立，正如俗话所说“一日为师，终身为父”。在这样强烈的人伦观念下，教师拥有非常高的地位，所谓“师道尊严”，教师的话语、教师的行为对于学生来说是必须遵循的。此外，在“学而优则仕”的观念主导下，人们为了脱离“庶民”阶级而实现光宗耀祖的目的，要付出很高的代价让自己的孩子接受教育。教师也是比较稀缺的资源，

---

① 高时良. 中国教育史论丛[M]. 福州：福建教育出版社，2007：128-129.

② 徐扬杰. 中国家族制度史[M]. 武汉：武汉大学出版社，2012：361-362.

这也就增加了教师的权威性。对一个家族来说，教师帮助自己的孩子学习，不仅仅是教育子女本身的问题，更是决定一个家族命运的问题。子女被委托给教师之后，父亲的权力也同时赋予了教师。而在古代父亲对子女的权力高到有生杀大权，"身体发肤，受之父母"、"父为子纲"。魏禧《目录》："父母即欲以非礼杀子，子不当怨，盖我本无身，因父母而后有，杀之，不过与未生一样。"①表面上，学生愿意让教师执行这样的惩戒权力是因为教师位同父亲的关系，事实上，是服从于关系背后的"人伦"制度和等级文化。

西方的"体罚史"也非常悠久，从词源上看，古希腊文的"学"字有知识和纪律之意；希伯来文"谬赛尔"一词有"教育"和"体罚"的意思；在古埃及的许多文献中，教育和体罚就是同一词。早在巴比伦时期，两河流域一带的学校中常常采用体罚的教育方法。在古埃及，教师惯用体罚，使用体罚被认为是正当而合理的。古埃及的谚语说："男孩的耳朵是长在背上的，只有打他他才听。""学神把教鞭送给人间。"②在斯巴达，父亲、导师和管理者可以在任何适当的时间和地点对犯了错误的孩子进行警告和责罚。柏拉图在晚年写的《法律篇》中认为应该对儿童的管理持更加严厉的态度。文中认为他们是奴隶，如果做错了事情，不但教师要给予处罚，任何发现他们做错事的人都可以实行惩罚。如果谁不惩罚，这个姑息的人将受到惩罚。古罗马时期，著名教育家昆体良（Quintilianus）提出教师奖惩学生要注意分寸，既不能"吝啬表扬"，也不能"滥用惩罚"。

西方国家之所以赞成惩戒学生、甚至体罚学生，与其深刻的人性论观点有关。西方国家重视孩童的权利和地位。但是关于人性，自奥古斯丁（Augustine）的原罪理论成为官方理论之后，一致认为"人性本恶"，例如《圣经》当中就描述"人心比万物都诡诈，坏到极处"，这样的思想观念导致了在教育孩童方面，惩戒是理所当然的事，戒尺和棍棒是中世纪不可或缺的教学工具。

二、近代：探求合理的惩戒教育方式

进入近代，崇尚理性、反对严酷纪律成为西方人文主义教育家的强烈要求，反对体罚的呼声日渐高涨，学者们纷纷指出体罚对于学生并无益处，主张把惩戒与体罚区分开来。蒙田（Michel de Montaigne）、伊拉斯谟（Desiderius Erasmus）认为，学校教育不能过分依赖体罚，教育过程要尊重学生的身心发展规律，惩戒学生更应该如此。

17世纪捷克著名的教育家、教育科学的奠基人夸美纽斯（J. Comenius）认为，教育要适应自然的法则，顺应儿童的天性，但也不排除惩罚。他在名著《大教学论》

① 杨天平. 中国古代的教育惩罚及启示[J]. 教育科学，2009(1)：25.

② 吴式颖. 外国教育史教程[M]. 北京：人民教育出版社，1999：15-16.

中专章论述过纪律问题。17 世纪英国启蒙思想家约翰·洛克(J. Locke)在《教育漫话》一书中,对惩戒教育也作了精辟的论述,他指出:教育不能放弃惩罚,但是不能给儿童过重的惩罚。"鞭笞是惩罚儿童的方法中最坏的一个,所以也是最后的一个,只有处在极端的情形之下,一切比较温和的方法都试验过了,都失败了,才能采用。"[①]赫尔巴特(Johann Friedrich Herbart)把对学生的惩戒归为管理,他认为,教育与管理本身是密切结合的,如果只教不管会徒劳无益,特别是在教育开始阶段,实不可能做到以教育代管理,这时期对学生采取"惩罚性威胁"是完全必要的。涉及儿童道德教育,康德赞成道德的惩罚及自然的惩罚,反对体罚。20 世纪早期的教育哲学家杜威主张尊重儿童,但他仍认为,"儿童必须接受有关领导能力的教育,也必须接受有关服从的教育"[②]。也就是说,杜威也赞同惩戒。

在惩戒的运用方面,18 世纪法国资产阶级启蒙运动的重要思想家卢梭在其名著《爱弥儿》中提出对儿童的过失应靠"自然后果法"去惩罚。斯宾塞(Herbert Spencer)在卢梭理论观点的基础上提出了自然惩罚理论。斯宾塞认为,道德管教的价值并非是让儿童体验权威的斥责或感受来自外部暴力造成的痛苦,而是体验儿童自己的行动必然带来的不愉快结果[③]。自然惩罚理论把惩罚分为自然惩罚与人为惩罚两大类。卢梭极力反对人为惩罚,但他并没有完全不要惩罚,而是主张自然惩罚要在教师的密切监控之下。自然惩罚就是卢梭所主张的儿童自行承担行为后果,人为惩罚就是教育者对儿童所使用的各种形式的惩罚,惩罚时应注意不要面带怒色,否则会使儿童觉得你之所以惩罚他,是因为你在发怒,因此不会心悦诚服地接受惩罚,而是应使儿童知道你之所以惩罚他完全是为了他的进步。

在我国,到 19 世纪末,西方民主主义教育思想的引进,使得传统的师道尊严观念受到了挑战。清末反对体罚,一大批具有改良思想和资产阶级革命思想的知识分子,如洪仁玕、王国维、郑观应、梁启超等人提倡平等,反对体罚。梁启超对儿童教育中的体罚和教育中男女不平等提出了严厉的批评。清政府于 1904 年颁布了《奏定学堂章程》,其中规定"禁止体罚",这是中国第一次在教育法令中对体罚作出的明确规定。教育家蔡元培本着尊重学生的人格、发展自然个性的原则,对体罚做了坚决的批判。

1919 年"五四运动"爆发,使得封建思想受到更加猛烈的冲击,民主和平等的思想更加深入人心。随着民主意识的觉醒,人们意识到学生也是具有人权的,教师对学生实施体罚是侵犯学生人权的表现,因此在教育上逐渐主张民主平等的个性化教育。

---

① 约翰·洛克. 教育漫话[M]. 傅任敢,译. 北京:人民教育出版社,1985:84.

② 赵祥麟,王承绪. 杜威教育论著选[M]. 上海:华东师范大学出版社,1981:101.

③ 刘立献. 斯宾塞自然惩罚理论的思想渊源与特点[J]. 学前教育研究,2008(5):67.

三、现当代:法制化、制度化进程中的惩戒教育

20 世纪以来,惩戒教育在理论与实践上都有新的突破,如苏联著名教育家马卡连柯在其共产主义教育理论体系中,对惩戒教育做了深入、全面的论述,马卡连柯不仅将惩罚与学生的尊严联系起来论述这一命题,而且在实践中也成功地实现了惩罚与尊重的统一。

在新中国成立之后,人们就体罚问题展开了大规模的讨论,认识到体罚是封建社会教育的手段,不利于学生的身心发展,也不适合新中国的国情,因此在思想上统一了对体罚的认识。虽然在教育现实中仍存在大量的体罚事实,但是体罚至少在理论上已经立不住脚了。同时人们也意识到反对体罚并不是对学生放任自流,听之任之。1953 年 11 月,《政务院关于整顿和改进小学教育的指示》指出,“既要禁止采用体罚和斗争等粗暴方式,又要反对放任不管”。①

目前,不论是在学术界还是在现实生活中,保护学生权利、尊重学生人格等呼声依旧,这是由学生的话语权仍旧不够、教师侵犯学生甚至暴力对待学生的现象依旧存在决定的。另外,要求把民主平等与严格管理学生、实施必要惩戒相统一的观念也日渐凸显,不准体罚学生体现了对学生的尊重,但如果走向另一个极端,可能会造成教师对犯错误的学生束手无策的现象。严格管理并不等于教师实施专制,民主平等也不意味着对学生放任不管。

总的看来,西方进入资本主义社会,对惩罚学生的认识大致经历了三个阶段:第一个阶段,认为惩罚学生是理性的表现,需要将惩罚制度化,按照规定来实施惩罚;第二个阶段,认为按照制度实施惩罚过于死板,惩罚学生应该按照实际情况;第三阶段,关注惩罚儿童和制定制度的结合。第一阶段从 1640 年英国资产阶级革命爆发到 19 世纪中后期,西方沿袭了文艺复兴时期重视理性的传统,强调儿童对规则的机械服从。例如,涂尔干就认为人的欲望是没有节制的,如果没有法律的约束,个体就不能有效地克制自己的欲望,因此必须通过强制的纪律才能实现从他律到自律的转变。第二阶段是从 19 世纪中后期到 20 世纪初,非理性主义占上风,强调儿童的动机、情感、态度体验等。美国实用主义代表杜威就指责绝对的道德律令和制度规则的空洞性,主张道德教育要联系实际生活,明白儿童的动机、情感、态度后再对症下药,不能只依据制度实行道德教育。第三阶段是 20 世纪以来,越来越多的教育学家和思想家注重道德教育和制度的有机结合。例如,瑞士著名教育学家和心理学家皮亚杰通过研究表明:儿童道德判断的发展是一个有阶段的不断发展的过程,是一个从服从外在权威到服从内在道德原则的过程,也就是从制度到道

① 邵晓枫.百年来中国师生关系思想史研究[M].成都:四川大学出版社,2009:110.

德的过程。加拿大著名教育家贝克(Clive Beck)认为在道德教育中既要给儿童自由,也要使儿童服从规则,两者不可偏废。

综上,无论是古今,还是中西,惩戒作为一种文化传统在历史文献中被记载了下来。在历史上惩戒也几度被制度化、法制化,也几度被制度废止,不可能完全撇弃制度谈惩戒教育。而惩戒教育要更好地实施,制度化是必然趋势。

第六节　惩戒教育的法学依据

从法学角度分析惩戒教育,要论证的是当前学校惩戒教育的合法性问题,即提供学校惩戒教育的法规范基础及依据的现代法治原则等,其核心是论证学校,特别是教师惩戒权的合法性。

如前所述,学校惩戒教育的手段可以分为教育惩戒、行政惩戒和司法惩戒三个部分,其惩戒主体分别是教师、学校和司法机关。司法惩戒针对学生的违法行为,依据法律规定作出法律上的惩戒,不存在惩戒权合法性的争议问题。关于惩戒权的争议主要集中在学校和教师方面。那么,学校和教师拥有对学生的惩戒权吗?其法律依据是什么?这就需要从他们与学生之间的关系谈起。

一、学校与学生之间的行政法律关系决定了学校(教师)拥有惩戒权

劳凯声指出,我国学校与学生之间是"教育与被教育、管理与被管理"的关系。[①] 这种管理与被管理的关系在法律上是一种带有教育领域特殊性的行政法律关系。[②]

首先,学校与学生之间是一种行政法律关系,具备以下特征:第一,学校是享有公权力的法律法规授权组织,代表国家对学生进行管理,依法保护未成年学生的生命健康权。如《中华人民共和国教育法》《中华人民共和国义务教育法》和《中华人民共和国未成年人保护法》中都规定学校的法定义务是对学生进行人身监督、管理与保护。可见,学校对学生负有的管理保护义务,是一种基于法律强制性规定的法定义务。第二,学校和学生的权利义务等是由有关法律、法规和规章等事先规定的,不能自由选择。如义务教育阶段实行免试就近入学,学校有义务为学区内的学生提供教育,学生有义务接受教育,双方都不能自由选择;教育教学的内容、课程标准由国家统一制定,学校与学生亦不能自由选择;等等。第三,作为法律法规授权

① 劳凯声.变革社会中的教育权与受教育权:教育法学基本问题研究[M].北京:教育科学出版社,2003:439.

② 郑重.学生惩戒之法律问题研究——以公立中小学为中心[D].北京:中国政法大学,2009:15.

的组织，学校在地位上优于学生，学校具有学生不具有的权利义务。学校可以单方决定学籍管理、处分、颁发学业证书等事项，无须征求学生的意见，而学生不具有商讨和否定的权利。因此学校对学生的管理具有不对等的单方命令特征。

其次，学校与学生之间的行政法律关系带有教育领域的特殊性。郑重分析这种行政法律关系不同于我们通常所理解的一般行政法律关系（如交通警察与驾车人的关系），而呈现出明显的特别权力关系特征：第一，学校可以自行制定内部规章限制学生的某些权利与自由，如对服装和发式的特定要求，学生对此有服从的义务；第二，学生所负义务具有不确定性，学校对其享有一种概括性的下命权，可随时对学生提出新的特别义务，如临时取消休息时间、要求参加某项劳动等；第三，学校对学生享有惩戒权，可对其进行警告、记过、开除等处分；最后，学生权利救济途径受到限制，依照《中华人民共和国教育法》第 42 条之规定，学生对学校给予的处分不服只能向有关部门提出申诉，而不得请求司法救济。①

由上可见，学校作为法律法规授权的组织，依法对学生进行管理，对学生享有惩戒权。教师是学校管理行为的具体执行者，自然获得对学生的惩戒权。

从职业权力和权利角度来看，“惩戒权是教师权力的重要组成部分。顾名思义，惩戒权是教师依法对学生进行惩戒的权力，在一定程度上，它也是教师的一种权利。作为教师，有权对教育活动的整个过程施加某种影响和控制，有权作出职责范围内的专业性行为。这是教师的职业性权利之一，也是教育活动中教师必要的权力之一，是随着教师这一专业身份的获得而取得的。”②“教师惩戒权是教师因其职业身份而获得的一种强制性的学生管理权力，是教师的职业性权利之一。”③有的学者明确指出这种权力来自《中华人民共和国义务教育法》，如“教师惩戒权，就是教师为了维护学校教育教学活动的正常秩序，保障教育教学活动的正常开展，依据《中华人民共和国义务教育法》赋予教师的教育权力，针对违反学生行为规范、破坏学校校纪规章的学生而行使的一种教育管理权，它既是教师基于职业地位而拥有的一种强制性权力，也是教师的职务权利之一。”④

二、学校和教师惩戒权的法依据

法，在广义上包括法律、法规、规章和其他规范性文件。虽然学界一般认为行政规章以上才属于法的渊源，但其他规范性文件一经公布即具有法律效力，仍然是

---

① 郑重．学生惩戒之法律问题研究——以公立中小学为中心[D]．北京：中国政法大学，2009：11．

② 劳凯声．变革社会中的教育权与受教育权：教育法学基本问题研究[M]．北京：教育科学出版社，2003：376．

③ 王辉．教师惩戒权行使中的侵权与救济研究[J]．高等师范教育研究，2000(3)：29．

④ 刘洋居，珈璇．教师惩戒权的范围与行使方法探讨[J]．职业教育研究，2008(6)：132．

法的重要构成要素。

《中华人民共和国教育法》第 28 条规定："学校及其他教育机构行使以下权利：(一)按照章程自主管理；(二)组织实施教育教学活动；(三)招收学生或者其他受教育者；(四)对受教育者进行学籍管理，实施奖励或者处分；(五)对受教育者颁发相应的学业证书；(六)聘任教师及其他职工，实施奖励或者处分；(七)管理、使用本单位的设施和经费；(八)拒绝任何组织和个人对教育活动非法干涉；(九)法律法规规定的其他权利。"

《中华人民共和国未成年人保护法》第 25 条规定："对于在学校接受教育的有严重不良行为的未成年学生，学校和父母或者其他监护人应当相互配合加以管教；无力管教或者管教无效的，可以按照有关规定将其送专门学校继续接受教育。"

根据上述法律，学校和教师为实现教育或管理上的目的，有权依据法律法规和内部规则对违法违规学生施以惩戒。若学生的不良行为对其他学生或教师本身造成伤害，《中华人民共和国教师法》第 8 条规定教师有"制止有害于学生的行为或者其他侵犯学生合法权益的行为，批评和抵制有害于学生健康成长的现象"的义务；第 35 条规定："对教师进行侮辱、殴打的，根据不同情况，分别给予行政处分或者行政处罚；造成损害的，责令赔偿损失；情节严重，构成犯罪的，依法追究刑事责任。"

教育部《小学管理规程》(1996)第 15 条规定："对犯有错误的学生应予批评教育，对极少数错误较严重学生可分别给予警告、严重警告和记过处分。"①教育部《中小学德育工作规程》(1998)第 27 条规定："中小学校应当严肃校纪。对严重违犯学校纪律，屡教不改的学生应当根据其犯错的程度给予批评教育或者纪律处分。"②教育部《中小学班主任工作规定》(2009)明确规定："班主任在日常教育教学管理中，有采取适当方式对学生进行批评教育的权利。"③

以上述法律和教育部的行政规章为依据，各省(区、市)教育行政部门都制定了学籍管理办法，构成学校和教师实施惩戒权的地方性法规和规范性文件。以《浙江省义务教育阶段学生学籍管理办法》为例，该办法第四章就学生的奖励与处分作了规定，其中第 31 条规定："对极少数确犯有严重错误、造成比较严重后果且屡教屡犯的学生，学校可按情节轻重，依规定程序分别给予警告、严重警告、记过的处分。"第 24 条规定："对个别品德行为出现较大偏差和有违法行为且不适合在一般学校

---

① 国家教育委员会. 小学管理规程[EB/OL]. (2012-11-15). http://www.gov.cn/fwxx/bw/jyb/content_2267034.htm.

② 教育部. 中小学德育工作规程[EB/OL]. (2010-10-25). http://www.moe.edu.cn/publicfiles/business/htmlfiles/moe/moe_621/201001/81872.html.

③ 教育部. 中小学班主任工作规定[EB/OL]. (2009-08-23). http://www.gov.cn/gzdt/2009-08/23/content_1399361.htm.

读书的学生,可以按照有关规定将其送专门学校继续接受教育。”①

三、惩戒教育的规范和控制

惩戒教育的根本目的是教育,因此惩戒权的行使必须以其教育性的充分发挥为前提,而决不应以侵犯甚至牺牲学生的权益为代价。学校制定的规定、办法,应当既有利于学校管理,又有利于学生权利的保护。联合国《儿童权利公约》第28条第2款规定:“学校执行纪律的方式应当符合儿童的尊严”;第37条要求确保儿童不受“酷刑或其他形式的残忍、不人道或有辱人格的待遇或处罚”。

目前,我国在法的层面规范和控制惩戒权施用的主要体现在三个方面。

一是保障学生受教育权,禁止开除学生。我国《宪法》在承认公民的人身自由不受非法限制和剥夺的同时,也规定:公民在行使自由和权利的时候,不得损害国家的、社会的、集体的利益和其他公民的合法的自由和权利。《中华人民共和国义务教育法》第27条规定:“对违反学校管理制度的学生,学校应当予以批评教育,不得开除。”《教育部关于加强依法治校工作的若干意见》中,对学生处分问题做了原则性规定:“中小学一般不得开除未成年学生。”②许多地方规范性文件根据这一原则做了进一步规定,如《浙江省义务教育阶段学生学籍管理办法》第31条规定:“对犯错误的学生,学校要加强教育,并给学生充分的改正错误的机会。……学校不得违反国家法律和规定开除未成年学生或勒令学生退学。”第26条规定:“被人民法院依法免于刑事处罚、判处非监禁刑罚、判处刑罚宣告缓刑、假释或者刑罚执行完毕的未成年人,学校应让其继续留校学习并采取有效的帮教措施,或送其转到专门学校学习,协助有关部门、家长做好教育、挽救工作。解除刑事强制措施,包括收容教养、劳动教养的未成年学生,应允许复学或转入专门学校学习。”③

二是保障学生人身权,禁止体罚。《中华人民共和国义务教育法》第29条第2款规定:“教师应当尊重学生的人格,不得歧视学生,不得对学生实施体罚、变相体罚或者其他侮辱人格尊严的行为,不得侵犯学生合法权益。”《中华人民共和国义务教育法实施细则》第22条规定:“学校和老师不得对学生实施体罚、变相体罚或者其他侮辱人格尊严的行为;对品行有缺陷、学习有困难的儿童、少年应当给予帮助,不得歧视。”《中华人民共和国未成年人保护法》(2012年修正本)第21条也有关于禁止体罚的相同规定:“学校、幼儿园、托儿所的教职员工应当尊重未成年人的人格尊严,不得对未成年人实施体罚、变相体罚或者其他侮辱人格尊严的行为。”《教育部关于加强依法治

---

①③ 浙江省教育厅.浙江省义务教育阶段学生学籍管理办法[EB/OL].(2014-08-11).http://www.moe.gov.cn/publicfiles/business/htmlfiles/moe/s8259/201408/174233.html.

② 教育部.教育部关于加强依法治校工作的若干意见[EB/OL].(2012-03-07).http://www.moe.edu.cn/publicfiles/business/htmlfiles/moe/moe_623/200501/5145.html.

校工作的若干意见》中规定："加强教师管理，依法处理品质恶劣、严重侵犯学生合法权益的教师，坚决杜绝教师侵犯学生人身权的违法犯罪行为。对教师严重侵犯学生人身权的案件，学校必须及时移送司法机关查处，并向主管教育行政部门报告，依法追究责任人、校长和主管教育行政部门负责人的责任。"①

三是保障学生申诉权，要求惩戒程序合法，建立学生申诉制度。《教育部关于加强依法治校工作的若干意见》规定："对学生的处分应当做到事实清楚、证据充分、依据合法，符合规定程序；建立校内学生申诉制度，保障学生申诉的法定权利。"②《浙江省义务教育阶段学生学籍管理办法》第31条要求："对学生给予处分的，由学校德育部门提出处分意见，告知被处分学生及其监护人，并听取其意见。当事学生及监护人可申请举行听证会。处分结果须由学校校务会议决定，经校长签署公布。学生及其监护人对学校的处分决定不服的，可以向主管教育行政部门申诉，由主管教育行政部门作出处理。"③

总之，惩戒教育应该符合合法性和合理性原则。我国在法律法规及规范性文件中虽然有规范和控制惩戒施用的若干规定，但总的来说十分笼统，操作性欠缺，如虽禁止体罚，却对何为体罚没有具体规定；虽保障学生申诉权，却没有申诉救济制度的具体规定。这使得惩戒教育虽取得法理上的依据，但实施起来却有许多困难。因此，需要尽快完善法律法规，建立学校惩戒制度，推进学校惩戒教育的制度化。

①② 教育部.教育部关于加强依法治校工作的若干意见[EB/OL].(2012-03-07).http://www.moe.edu.cn/publicfiles/business/htmlfiles/moe/moe_623/200501/5145.html.

③ 浙江省教育厅.浙江省义务教育阶段学生学籍管理办法[EB/OL].(2014-08-11).http://www.moe.gov.cn/publicfiles/business/htmlfiles/moe/s8259/201408/174233.html.

第三章 学校惩戒教育的实施

惩戒教育作为借助各种惩戒手段开展的教育活动，与爱国主义教育、集体主义教育等以内容为定向的德育活动所不同的是，它一般发生在学生不良行为产生之后，不能事先设计，具有更强的情境性和灵活性；它既要通过向学生施加一定的“痛苦”来达到教育的目的，又要保障他们的合法权益和身心健康，对实施者的要求更高。学校惩戒教育的合理实施需要各方合力保障。

第一节　学校惩戒教育实施的现状分析

为了解中小学惩戒教育实施的真实情况，笔者对杭州市部分中小学校进行了调研。研究采用自编的《教师“惩戒教育”问题访谈提纲》和《中小学“惩戒教育”问题调查问卷》作为主要工具，对象为调研的各个学校的学生、家长和教师。问卷调查采用集体发放和当场作答的方式，内容包括：学生、家长和教师的基本情况；他们对惩戒教育的认识；学校惩戒教育实施的现状。

调查过程经历三个阶段。

第一个阶段：编制初始问卷。根据研究目的和研究内容，结合相关文献资料和对学生、家长和教师的初步访谈调查，设计和编制初始问卷。主要从以下几个方面来调研：学生、家长和教师对惩戒教育的认识；学生、家长和教师对惩戒目的的看法；学生、家长和教师可接受的惩戒方法。

第二个阶段：进行预测，调整问卷。选取了50名各个年级、各学科的中小学教师进行预测。根据预测结果调整问卷内容和调查对象，对访谈提纲的结构和内容也加以调整。就问卷的内容效度使用专家评定法做了一定的论证，由专家对测验项目与所涉及的内容范围进行符合性判断，然后结合预测结果和中小学教师的意见，对问卷进行了修改和调整。

第三个阶段：正式调查。于2010年1月发放问卷进行调查，由于条件限制，主要根据生源的不同选取了杭州市4所有代表性的中小学校，调查共发放问卷1200份，其中：学生问卷500份，收回500份，有效问卷478份，有效率95.6%；家长问卷500份，回收500份，有效问卷482份，有效率96.4%；教师问卷120份，回收120份，有效问卷118份，有效率98.3%。全部有效问卷进行编码后输入计算机，采用SPSS13.0软件对数据进行了统计分析，问卷调查的对象分布如表3.1所示。

表3.1　调查对象的基本情况统计

学生	性别		学习阶段					
	男	女	小学			初中		
人数	245	233	174			304		
百分比(%)	51.3	48.7	36.4			63.6		
合计	478		478					
家长	性别		学历					
	男	女	小学	初中	高中	大专	本科	研究生
人数	205	277	37	148	122	75	66	34
百分比(%)	42.5	57.5	7.7	30.7	25.3	15.5	13.7	7.1
合计	482		482					
教师	性别		从教学校		学历			
	男	女	小学	中学	中师	大专	本科	研究生
人数	32	86	40	78	0	2	114	2
百分比(%)	27.1	72.9	33.9	66.1	0	1.7	96.6	1.7
合计	118		118		118			

一、学生、家长、教师对惩戒教育的认识

1. 对惩戒教育必要性的认识

在调查中，当问及是否赞同“惩戒教育是教育的一种方式，在学校教育中是必要的”时，学生、家长和教师的观点如表3.2、表3.3、表3.4、表3.5所示。

表3.2　学生、家长、教师对惩戒教育必要性的态度的总体情况

群体	完全赞同		比较赞同		不确定		比较不赞同		完全不赞同	
	人数	比例(%)	人数	比例(%)	人数	比例(%)	人数	比例(%)	人数	比例(%)
学生	57	12.0	170	35.5	121	25.3	79	16.5	51	10.7
家长	71	14.7	165	34.3	88	18.2	85	17.7	73	15.1
教师	43	36.5	56	47.5	8	6.7	7	5.9	4	3.4

表 3.3 学生关于惩戒教育必要性的态度的差异性

项目		P	完全赞同		比较赞同		不确定		比较不赞同		完全不赞同	
			人数	比例(%)	人数	比例(%)	人数	比例(%)	人数	比例(%)	人数	比例(%)
性别	男	χ^2=21.120	39	15.9	86	35.1	61	24.9	26	10.6	33	13.5
	女	P=0.000**	18	7.7	84	36.1	60	25.8	53	22.7	18	7.7
学习阶段	小学	χ^2=13.021	29	16.7	69	39.6	35	20.1	29	16.7	12	6.9
	中学	P=0.011*	28	9.2	101	33.2	86	28.3	50	16.5	39	12.8

注：*差异显著，$P<0.05$；**差异非常显著，$P<0.01$。下同。

表 3.4 家长关于惩戒教育必要性的态度的差异性

项目		P	完全赞同		比较赞同		不确定		比较不赞同		完全不赞同	
			人数	比例(%)	人数	比例(%)	人数	比例(%)	人数	比例(%)	人数	比例(%)
性别	男	χ^2=15.291	32	15.6	74	36.1	33	16.1	24	11.7	42	20.5
	女	P=0.004**	39	14.0	91	32.9	55	19.9	61	22.0	31	11.2
学历	小学	χ^2=65.871 P=0.000**	9	24.3	14	37.8	10	27.1	0	0	4	10.8
	中学		26	17.6	60	40.5	20	13.5	17	11.5	25	16.9
	高中		10	8.7	41	33.6	37	30.3	19	15.6	15	12.3
	大专		6	8.0	25	33.3	5	6.7	28	37.3	11	14.7
	本科		14	21.2	13	19.7	12	18.2	15	22.7	12	18.2
	研究生		6	17.6	12	35.4	4	11.8	6	17.6	6	17.6

表 3.5 教师关于惩戒教育必要性的态度的差异性

项目		P	完全赞同		比较赞同		不确定		比较不赞同		完全不赞同	
			人数	比例(%)	人数	比例(%)	人数	比例(%)	人数	比例(%)	人数	比例(%)
性别	男	χ^2=3.127	11	34.2	18	56.4	1	3.1	2	6.3	0	0
	女	P=0.537	32	37.2	38	44.2	7	8.1	5	5.8	4	4.7
从教学校	小学	χ^2=2.386	14	35.0	21	52.5	1	2.5	3	7.5	1	2.5
	中学	P=0.665	29	37.2	35	44.9	7	9.0	4	5.1	3	3.8

调查结果表明，学生的回答中完全赞同和比较赞同分别占12.0%和35.5%，也就是说，47.5%的学生认为惩戒教育是必要的。卡方检验结果显示，学生性别差异非常显著（$\chi^2=21.120$，$P=0.000<0.01$），男学生更倾向于认为惩戒教育是必要的。不同学习阶段的学生对这个问题态度的差异显著（$\chi^2=13.021$，$P=0.011<0.05$），小学阶段的学生更倾向于认为惩戒教育是必要的。家长的回答中完全赞同和比较赞同分别占14.7%和34.3%，也就是说，49.0%的家长认为惩戒教育是必要的。卡方检验结果显示，家长性别差异非常显著（χ^2

=15.291，P=0.004<0.01)，女性家长更倾向于认为惩戒教育是必要的。不同学历的家长对这个问题态度的差异非常显著(χ^2=65.871，P=0.000<0.01)，学历越低，越倾向于认为惩戒教育是必要的。教师的回答主要集中在完全赞同和比较赞同范围内，其中完全赞同和比较赞同分别占36.5%和47.5%，也就是说，84.0%的教师认为惩戒教育是必要的。卡方检验结果显示，教师性别和从教学校的差异均不显著。

2. 学生、家长和教师对教师惩戒权的认识

在调查中，当问及是否赞同"教师有权惩戒学生"时，学生、家长和教师的观点如表3.6、表3.7、表3.8、表3.9所示。

表3.6　学生、家长、教师对教师拥有惩戒权的态度的总体情况

群体	完全赞同		比较赞同		不确定		比较不赞同		完全不赞同	
	人数	比例(%)	人数	比例(%)	人数	比例(%)	人数	比例(%)	人数	比例(%)
学生	36	7.6	107	24.4	95	19.9	100	20.9	130	27.2
家长	127	26.4	196	30.6	115	23.9	37	7.7	7	1.4
教师	19	16.1	46	39.0	26	22.0	15	12.7	12	10.2

表3.7　学生对教师拥有惩戒权的态度的差异性

项目		P	完全赞同		比较赞同		不确定		比较不赞同		完全不赞同	
			人数	比例(%)	人数	比例(%)	人数	比例(%)	人数	比例(%)	人数	比例(%)
性别	男	χ^2=8.121	25	10.2	53	21.6	54	22.1	48	19.6	65	26.5
	女	P=0.087	11	4.7	64	27.5	41	17.6	52	22.3	65	27.9
学习阶段	小学	χ^2=8.308	17	9.8	48	27.6	40	23.0	30	17.2	39	22.4
	中学	P=0.081	19	6.3	69	22.7	55	18.1	70	23.0	91	29.9

表3.8　家长对教师拥有惩戒权的态度的差异性

项目		P	完全赞同		比较赞同		不确定		比较不赞同		完全不赞同	
			人数	比例(%)	人数	比例(%)	人数	比例(%)	人数	比例(%)	人数	比例(%)
性别	男	χ^2=4.308	53	25.9	78	38.0	49	23.9	21	10.2	4	2.0
	女	P=0.366	74	26.7	118	42.6	66	23.8	16	5.8	3	1.1
学历	小学	χ^2=28.159 P=0.106	7	18.8	13	35.2	14	37.8	1	2.7	2	5.5
	初中		37	25.0	59	39.9	35	23.6	15	10.1	2	1.4
	高中		39	32.0	48	39.4	22	18.0	11	9.0	2	1.6
	大专		25	33.2	31	41.3	14	18.7	4	5.4	1	1.4
	本科		13	19.7	31	47.0	16	24.2	6	9.1	0	0
	研究生		6	17.6	14	41.2	14	41.2	0	0	0	0

表 3.9　教师对自身拥有惩戒权的态度的差异性

项　目		P	完全赞同		比较赞同		不确定		比较不赞同		完全不赞同	
			人数	比例(%)	人数	比例(%)	人数	比例(%)	人数	比例(%)	人数	比例(%)
性别	男	$\chi^2=1.433$	5	15.6	14	43.7	6	18.8	5	15.6	2	6.3
	女	$P=0.838$	14	16.3	32	37.2	20	23.3	10	11.6	10	11.6
从教学校	小学	$\chi^2=7.597$	11	27.5	11	27.5	10	25.0	5	12.5	3	7.5
	中学	$P=0.107$	8	10.3	35	44.9	16	20.5	10	12.8	9	11.5

调查结果表明，学生的回答中完全不赞同和比较不赞同分别占 27.2%和 20.9%，也就是说，48.1%的学生认为教师没有权力惩戒学生；卡方检验结果显示，学生性别和学习阶段差异均不显著。家长的回答集中在完全赞同和比较赞同范围内，其中完全赞同和比较赞同分别占26.4%和 30.6%，也就是说，57.0%的家长认为教师是有权力惩戒学生的；卡方检验结果显示，家长性别和学历差异均不显著。教师的回答中完全赞同和比较赞同分别占 16.1%和 39.0%，也就是说，55.1%的教师认为教师有权力惩戒学生；卡方检验结果显示，教师性别和从教学校的差异均不显著。

3. 学生、家长和教师对惩戒目的的认识

(1)在调查中，当问及是否赞同“惩戒的目的是改变学生的不良行为”时，学生、家长和教师观点如表 3.10、表 3.11、表 3.12、表 3.13 所示。

表 3.10　学生、家长、教师对“惩戒的目的是改变学生的不良行为”的态度的总体情况

群体	完全赞同		比较赞同		不确定		比较不赞同		完全不赞同	
	人数	比例(%)	人数	比例(%)	人数	比例(%)	人数	比例(%)	人数	比例(%)
学生	143	29.9	135	28.3	121	25.3	38	8.0	41	8.5
家长	165	34.3	153	31.7	93	19.3	50	10.4	21	4.3
教师	38	32.2	65	55.1	6	5.1	4	3.4	5	4.2

表 3.11　学生对“惩戒的目的是改变学生的不良行为”的态度的差异性

项　目		P	完全赞同		比较赞同		不确定		比较不赞同		完全不赞同	
			人数	比例(%)	人数	比例(%)	人数	比例(%)	人数	比例(%)	人数	比例(%)
性别	男	$\chi^2=2.075$	67	27.3	71	29.0	66	26.9	21	8.6	20	8.2
	女	$P=0.722$	76	32.6	64	27.5	55	23.6	17	7.3	21	9.0
学习阶段	小学	$\chi^2=8.311$	59	33.9	56	32.2	32	18.4	13	7.5	14	8.0
	中学	$P=0.081$	84	27.6	79	26.0	89	29.3	25	8.2	27	8.9

表 3.12　家长对"惩戒的目的是改变学生的不良行为"的态度的差异性

项目		P	完全赞同		比较赞同		不确定		比较不赞同		完全不赞同	
			人数	比例(%)	人数	比例(%)	人数	比例(%)	人数	比例(%)	人数	比例(%)
性别	男	$\chi^2=3.982$	77	37.6	56	27.3	39	19.0	24	11.7	9	4.4
	女	$P=0.408$	88	31.8	97	35.0	54	19.5	26	9.4	12	4.3
学历	小学		14	37.8	6	16.3	11	29.7	3	8.1	3	8.1
	初中		45	30.4	49	33.1	28	18.9	18	12.2	8	5.4
	高中	$\chi^2=32.061$	38	31.1	40	32.8	26	21.3	14	11.5	4	3.3
	大专	$P=0.043^*$	21	27.9	30	40.0	14	18.7	4	5.4	6	8.0
	本科		33	50.0	16	24.2	12	18.2	5	7.6	0	0
	研究生		14	41.2	12	35.3	2	5.9	6	17.6	0	0

表 3.13　教师对于"惩戒的目的是改变学生的不良行为"的态度的差异性

项目		P	完全赞同		比较赞同		不确定		比较不赞同		完全不赞同	
			人数	比例(%)	人数	比例(%)	人数	比例(%)	人数	比例(%)	人数	比例(%)
性别	男	$\chi^2=1.349$	12	37.5	16	50.0	1	3.1	1	3.1	2	6.3
	女	$P=0.853$	26	30.2	49	57.0	5	5.8	3	3.5	3	3.5
从教学校	小学	$\chi^2=2.289$	15	37.5	21	52.5	1	2.5	2	5.0	1	2.5
	中学	$P=0.683$	23	29.5	44	56.4	5	6.4	2	2.6	4	5.1

调查结果表明，学生的回答集中在完全赞同和比较赞同范围内，其中完全赞同和比较赞同分别占 29.9%和 28.3%，也就是说，58.2%的学生认为惩戒教育的目的是改变学生的不良行为；卡方检验结果显示，学生性别和学习阶段差异均不显著。家长的回答集中在完全赞同和比较赞同范围内，其中完全赞同和比较赞同分别占 34.3%和 31.7%，也就是说，66.0%的家长赞同惩戒教育的目的是改变学生的不良行为；卡方检验结果显示，家长性别差异不显著，学历差异显著（$\chi^2=32.061, P=0.043<0.05$），家长学历越高越赞同惩戒的目的是改变学生的不良行为。教师的回答主要集中在完全赞同和比较赞同范围内，其中完全赞同和比较赞同分别占32.5%和 55.1%，也就是说，87.6%的教师赞同惩戒教育的目的是改变学生的不良行为；卡方检验结果显示，教师性别和从教学校的差异均不显著。

(2)在调查中，当问及是否赞同"惩戒的目的是使学生提高学习成绩"、"惩戒的目的是树立或维持教师的权威"时，教师观点如表 3.14、表 3.15、表 3.16 所示。

表 3.14　教师对两种惩戒目的的态度的总体情况

惩戒目的	完全赞同		比较赞同		不确定		比较不赞同		完全不赞同	
	人数	比例（%）	人数	比例（%）	人数	比例（%）	人数	比例（%）	人数	比例（%）
惩戒的目的是使学生提高学习成绩	10	8.5	23	19.5	26	22.0	36	30.5	23	19.5
惩戒的目的是树立或维持教师的权威	0	0.0	17	14.4	17	14.4	36	30.5	23	40.7

表 3.15　教师对于“惩戒的目的是使学生提高学习成绩”的态度的差异性

项　目		P	完全赞同		比较赞同		不确定		比较不赞同		完全不赞同	
			人数	比例（%）	人数	比例（%）	人数	比例（%）	人数	比例（%）	人数	比例（%）
性别	男	$\chi^2=6.666$	6	18.8	4	12.5	7	21.8	9	28.1	6	18.8
	女	$P=0.155$	4	4.7	19	22.1	19	22.1	27	31.4	17	19.7
从教学校	小学	$\chi^2=0.284$	3	7.5	7	17.5	9	22.5	13	32.5	8	20.0
	中学	$P=0.991$	7	9.0	16	20.5	17	21.8	23	29.5	15	19.2

表 3.16　教师对于“惩戒的目的是树立或维持教师的权威”的态度的差异性

项　目		P	完全赞同		比较赞同		不确定		比较不赞同		完全不赞同	
			人数	比例（%）	人数	比例（%）	人数	比例（%）	人数	比例（%）	人数	比例（%）
性别	男	$\chi^2=0.767$	0	0	6	18.8	4	12.5	9	28.1	13	40.6
	女	$P=0.857$	0	0	11	12.8	13	15.1	27	31.4	35	40.7
从教学校	小学	$\chi^2=2.732$	0	0	5	12.5	6	15.0	9	22.5	20	50.0
	中学	$P=0.435$	0	0	12	15.4	11	14.1	27	34.6	28	35.9

调查结果表明，对于“惩戒的目的是使学生提高学习成绩”，教师的回答中完全不赞同和比较不赞同分别占 19.5%和 30.5%，也就是说，50.0%的教师不赞同惩戒教育的目的是提高学生学习成绩，卡方检验结果显示，教师性别和从教学校的差异均不显著；对于“惩戒的目的是树立或维持教师的权威”，教师的回答主要集中在完全不赞同和比较不赞同范围内，其中完全不赞同和比较不赞同分别占 40.7%和 30.5%，也就是说，71.2%的教师不赞同惩戒教育的目的是树立或维持教师的权威，卡方检验结果显示，教师性别和从教学校的差异均不显著。

4. 家长、教师对惩戒对象的认识

（1）在调查中，当问及是否认为“教师总是惩戒那些成绩差的学生”时，家长观点表 3.17、表 3.18 所示。

表 3.17　家长对于“教师总是惩戒那些成绩差的学生”的态度的差异性

完全赞同		比较赞同		不确定		比较不赞同		完全不赞同	
人数	比例（%）	人数	比例（%）	人数	比例（%）	人数	比例（%）	人数	比例（%）
18	3.8	71	14.6	200	41.5	105	21.8	88	18.3

表 3.18　家长对于“教师总是惩戒那些成绩差的学生”的态度的差异性

项目		P	完全赞同		比较赞同		不确定		比较不赞同		完全不赞同	
			人数	比例(%)	人数	比例(%)	人数	比例(%)	人数	比例(%)	人数	比例(%)
性别	男	$\chi^2=3.821$ $P=0.431$	8	3.9	31	15.1	91	44.4	36	17.6	39	19.0
	女		10	3.6	40	14.4	109	39.4	69	24.9	49	17.7
学历	小学	$\chi^2=33.214$ $P=0.032^*$	0	0	4	10.8	13	35.2	9	24.3	11	29.7
	初中		3	2.0	12	8.2	65	43.9	32	21.6	36	24.3
	高中		8	6.6	17	13.9	43	35.2	30	24.6	24	19.7
	大专		3	4.0	15	20.0	36	48.0	12	16.0	9	12.0
	本科		4	6.0	17	25.8	29	43.9	10	15.2	6	9.1
	研究生		0	0	6	17.6	14	41.2	12	35.4	2	5.8

调查结果表明，对于“教师总是惩戒那些成绩差的学生”，家长的回答中完全不赞同和比较不赞同分别占 18.3%和 21.8%，也就是说，40.1%的家长不认为教师总是惩戒那些成绩差的学生，但是也有 41.5%的家长回答不确定；卡方检验结果显示，家长性别差异不显著，学历差异显著($\chi^2=33.214$，$P=0.032<0.05$)，高中及以上学历家长持这种观点的人数显著多于小学和初中学历家长。

(2)在调查中，当问及是否赞同“学生违纪应当受到惩戒”、“学生学习态度不好应该受到惩戒”、“学生没有完成规定的学习任务时应当对其进行惩戒”时，教师观点如表 3.19、表 3.20、表 3.21、表 3.22 所示。

表 3.19　教师对三种惩戒对象的态度的总体情况

惩戒对象	完全赞同		比较赞同		不确定		比较不赞同		完全不赞同	
	人数	比例(%)	人数	比例(%)	人数	比例(%)	人数	比例(%)	人数	比例(%)
学生违纪应当受到惩戒	18	15.2	55	46.6	16	13.6	17	14.4	12	10.2
学生学习态度不好应当受到惩戒	13	11.0	51	43.2	21	17.8	17	14.4	16	13.6
学生没有完成规定的学习任务时应当对其进行惩戒	5	4.2	49	41.5	22	18.7	28	23.8	14	11.8

表 3.20 教师对于“学生违纪应当受到惩戒”的态度的差异性

项目		P	完全赞同		比较赞同		不确定		比较不赞同		完全不赞同	
			人数	比例(%)	人数	比例(%)	人数	比例(%)	人数	比例(%)	人数	比例(%)
性别	男	$\chi^2=4.132$	5	15.6	13	40.6	3	9.4	5	15.6	6	18.8
	女	$P=0.388$	13	15.1	42	48.8	13	15.1	12	14.0	6	7.0
从教学校	小学	$\chi^2=3.212$	9	22.5	17	42.5	6	15.0	4	10.0	4	10.0
	中学	$P=0.532$	9	11.5	38	48.8	10	12.8	13	16.6	8	10.3

表 3.21 教师对于“学生学习态度不好应该受到惩戒”的态度的差异性

项目		P	完全赞同		比较赞同		不确定		比较不赞同		完全不赞同	
			人数	比例(%)	人数	比例(%)	人数	比例(%)	人数	比例(%)	人数	比例(%)
性别	男	$\chi^2=4.537$	2	6.3	11	34.2	6	18.8	6	18.8	7	21.9
	女	$P=0.338$	11	12.8	40	46.5	15	17.4	11	12.8	9	10.5
从教学校	小学	$\chi^2=1.048$	5	12.5	18	45.0	8	20.0	5	12.5	4	10.0
	中学	$P=0.902$	8	10.3	33	42.3	13	16.6	12	15.4	12	15.4

表 3.22 教师对于“学生没有完成规定的学习任务时应当对其进行惩戒”的态度的差异性

项目		P	完全赞同		比较赞同		不确定		比较不赞同		完全不赞同	
			人数	比例(%)	人数	比例(%)	人数	比例(%)	人数	比例(%)	人数	比例(%)
性别	男	$\chi^2=4.798$	1	3.1	13	40.6	4	12.5	7	21.9	7	21.9
	女	$P=0.309$	4	4.7	36	41.9	18	20.9	21	24.4	7	8.1
从教学校	小学	$\chi^2=5.276$	2	5.0	21	52.5	4	10.0	10	25.0	3	7.5
	中学	$P=0.260$	3	3.8	28	35.9	18	23.1	18	23.1	11	14.1

调查结果表明，对于“学生违纪应当受到惩戒”，教师的回答中完全赞同和比较赞同分别占 15.2%和 46.6%，也就是说，61.8%的教师赞同学生违纪应当受到惩戒，卡方检验结果显示，教师性别和从教学校的差异均不显著；对于“学生学习态度不好应该受到惩戒”，教师的回答中完全赞同和比较赞同分别占 11.0%和 43.2%，也就是说，54.2%的教师赞同学生学习态度不好应该受到惩戒，卡方检验结果显示，教师性别和从教学校的差异均不显著；对于“学生没有完成规定的学习任务时应当对其进行惩戒”，教师的回答中完全赞同和比较赞同分别占 4.2%和 41.5%，也就是说，45.7%的教师赞同学生没有完成规定的学习任务时应当对其进行惩戒，卡方检验结果显示，教师性别和从教学校的差异均不显著。由此可见，通常情况下，教师惩戒学生一般是因为学生的失范行为和不良思想态度。

5. 学生、家长和教师对惩戒与体罚关系的认识

在调查中，当问及是否赞同“惩戒就是体罚，应该被禁止”时，学生、家长和教师观点如表 3.23、表 3.24、表 3.25、表 3.26 所示。

表 3.23　学生、家长、教师对“惩戒就是体罚、应该被禁止”的态度的总体情况

群体	完全赞同		比较赞同		不确定		比较不赞同		完全不赞同	
	人数	比例(%)	人数	比例(%)	人数	比例(%)	人数	比例(%)	人数	比例(%)
学生	145	30.4	98	20.5	119	24.9	77	16.1	39	8.1
家长	33	6.8	55	11.4	115	23.8	100	20.8	178	37.2
教师	4	3.4	8	6.8	1	0.8	28	23.7	77	65.3

表 3.24　学生对于“惩戒就是体罚，应该被禁止”的态度的差异性

项　目		P	完全赞同		比较赞同		不确定		比较不赞同		完全不赞同	
			人数	比例(%)	人数	比例(%)	人数	比例(%)	人数	比例(%)	人数	比例(%)
性别	男	$\chi^2=0.833$	72	29.4	50	20.4	60	24.5	43	17.5	20	8.2
	女	$P=0.934$	73	31.3	48	20.6	59	25.3	34	14.6	19	8.2
学习阶段	小学	$\chi^2=4.089$	58	33.3	29	16.7	48	27.6	25	14.4	14	8.0
	中学	$P=0.394$	87	28.6	69	22.7	71	23.4	52	17.1	25	8.2

表 3.25　家长对于“惩戒就是体罚，应该被禁止”的态度的差异性

项　目		P	完全赞同		比较赞同		不确定		比较不赞同		完全不赞同	
			人数	比例(%)	人数	比例(%)	人数	比例(%)	人数	比例(%)	人数	比例(%)
性别	男	$\chi^2=1.201$	14	6.8	26	12.7	51	24.9	39	19.0	75	36.6
	女	$P=0.878$	19	6.9	29	10.5	64	23.1	61	22.0	104	37.5
学历	小学	$\chi^2=33.214$ $P=0.032^*$	2	5.4	4	10.8	9	24.4	14	37.8	8	21.6
	初中		13	8.8	22	14.9	43	29.0	26	17.6	44	29.7
	高中		13	10.7	11	9.0	27	22.1	27	22.1	44	36.1
	大专		3	4.0	6	8.0	18	24.0	16	21.3	32	42.7
	本科		2	3.0	8	12.1	14	21.2	11	16.7	31	47.0
	研究生		0	0	4	11.8	4	11.8	6	17.6	20	58.8

表 3.26　教师对于“惩戒就是体罚，应该被禁止”的态度的差异性

项　目		P	完全赞同		比较赞同		不确定		比较不赞同		完全不赞同	
			人数	比例(%)	人数	比例(%)	人数	比例(%)	人数	比例(%)	人数	比例(%)
性别	男	$\chi^2=2.000$	2	6.3	2	6.3	0	0	9	28.1	19	59.3
	女	$P=0.157$	2	2.3	6	7.0	1	1.2	19	22.1	58	67.4
从教学校	小学	$\chi^2=2.416$	1	2.5	2	5.0	1	2.5	10	25.0	26	65.0
	中学	$P=0.660$	3	3.8	6	7.7	0	0	18	23.1	51	65.4

调查结果表明，学生的回答中完全赞同和比较赞同分别占 30.4%和 20.5%，也就是说，50.9%的学生认为惩戒就是体罚，应该被禁止；卡方检验结果显示，学生性别和学习阶段差异均不显著。家长的回答中完全不赞同和比较不赞同分别占

37.2%和20.8%，也就是说，58.0%的家长认为惩戒并不等同于体罚；卡方检验结果显示，家长性别差异不显著，学历差异显著（$\chi^2=33.214, P=0.032<0.05$），不赞同惩戒等同于体罚的观点的研究生学历家长显著多于其他学历家长，初中学历家长则显著少于其他学历家长。教师的回答主要集中在完全不赞同和比较不赞同范围内，其中完全不赞同和比较不赞同分别占65.3%和23.7%，也就是说，89.0%的教师认为惩戒不等同于体罚；卡方检验结果显示，教师性别和从教学校的差异均不显著。由此可见，学生、家长、教师对于体罚与惩戒的区别还没有很清晰的辨识，惩戒教育容易被误解为体罚教育。

6. 学生、家长和教师关于体罚的观点

在调查中，当问及"你对借鉴国外的惩戒方法'鞭刑'作为我国青少年惩戒方法的看法"时，学生、家长和教师的观点如表3.27所示。

表3.27　学生、家长和教师对于"鞭刑"的态度

项　目	学生		家长		教师	
	频数	比例(%)	频数	比例(%)	频数	比例(%)
赞成，这样教师们实施惩戒时就有法可依了。	28	2.8	34	4.2	33	20.8
赞成，这种方法不会对学生身体造成很大的伤害。	29	2.9	39	4.8	19	11.9
赞成，对有些学生其他教育方法无效，只有躯体的惩戒才有效。	24	2.4	46	5.7	25	15.7
不赞成，这本质上仍是体罚，而体罚是明文禁止的。	308	30.9	252	31.2	28	17.6
不赞成，它没法控制鞭打的轻重，仍可能对学生身心造成很大的伤害。	293	29.4	212	26.3	25	15.7
不赞成，鞭打会留下痕迹，会伤害学生的自尊。	286	28.7	171	21.2	14	8.8
说不清楚，可以先试点实验一下。	29	2.9	153	6.6	15	9.5

调查结果表明，大多数学生和家长都反对把鞭刑作为惩戒学生的方法，其中学生不赞成的比例为89.0%，家长不赞成的比例为78.7%，说明学生和家长认为体罚在一定程度上会对学生的身心造成严重的伤害，不利于学生的健康成长。而"是否可以将鞭刑作为我国青少年惩戒方法"在教师群体中存在较大争议，其赞成的比例为48.4%，而不赞成的比例为42.1%。

二、学校惩戒教育实施现状

1. 关于惩戒的普遍性

在调查中，当问及是否认为存在"教师经常惩戒学生"的现象时，学生、教师观点如表3.28、表3.29、表3.30所示。

表 3.28　学生、教师对于“教师经常惩戒学生”的判断的总体情况

群体	完全赞同		比较赞同		不确定		比较不赞同		完全不赞同	
	人数	比例(%)	人数	比例(%)	人数	比例(%)	人数	比例(%)	人数	比例(%)
学生	12	2.5	23	4.8	116	24.2	149	31.2	178	37.3
教师	4	3.4	34	28.8	35	29.7	28	23.7	17	14.4

表 3.29　学生对于“教师经常惩戒学生”的判断的差异性

项　目		P	完全赞同		比较赞同		不确定		比较不赞同		完全不赞同	
			人数	比例(%)	人数	比例(%)	人数	比例(%)	人数	比例(%)	人数	比例(%)
性别	男	$\chi^2=10.848$	5	2.0	14	5.7	70	28.6	62	25.3	94	38.4
	女	$P=0.028^*$	7	3.0	9	3.9	46	19.7	87	37.3	84	36.1
学习阶段	小学	$\chi^2=2.871$	4	2.3	8	4.6	37	21.3	52	29.9	73	41.9
	中学	$P=0.580$	8	2.6	15	4.9	79	26.0	97	31.9	105	34.6

表 3.30　教师对于“教师经常惩戒学生”的判断的差异性

项　目		P	完全赞同		比较赞同		不确定		比较不赞同		完全不赞同	
			人数	比例(%)	人数	比例(%)	人数	比例(%)	人数	比例(%)	人数	比例(%)
性别	男	$\chi^2=1.168$	1	3.1	10	31.3	9	28.0	6	18.8	6	18.8
	女	$P=0.883$	3	3.5	24	27.9	26	30.2	22	25.6	11	12.8
从教学校	小学	$\chi^2=5.826$	1	2.5	9	22.5	11	27.5	9	22.5	10	25.0
	中学	$P=0.213$	3	3.8	25	32.0	24	30.8	19	24.4	7	9.0

调查结果表明，学生的回答集中在完全不赞同和比较不赞同范围内，其中完全不赞同和比较不赞同分别占 37.3%和 31.2%，也就是说，68.5%的学生不认为教师经常惩戒学生；卡方检验结果显示，学习阶段差异不显著，学生性别差异显著（$\chi^2=10.848, P=0.028<0.05$），不认为教师经常惩戒学生的男生显著多于女生。教师的回答中完全不赞同和比较不赞同分别占 14.4%和 23.7%，也就是说，38.1%的教师不认为教师经常惩戒学生；卡方检验结果显示，教师性别和从教学校的差异均不显著。由此可见，教师对惩戒的实施比较谨慎。

2. 关于惩戒的公平性

(1)在调查中，当问及是否认为“教师在惩戒学生时，存在不公平现象”时，学生、家长和教师观点如表 3.31、表 3.32、表 3.33、表 3.34 所示。

表 3.31　学生、家长、教师对于“教师在惩戒学生时，存在不公平现象”的判断的总体情况

群体	完全赞同		比较赞同		不确定		比较不赞同		完全不赞同	
	人数	比例(%)	人数	比例(%)	人数	比例(%)	人数	比例(%)	人数	比例(%)
学生	144	30.1	140	29.3	129	27.0	41	8.6	24	5.0
家长	42	8.7	150	31.2	153	31.8	87	18.0	50	10.3
教师	3	2.5	2	1.7	3	2.5	51	43.3	59	50.0

表 3.32　学生对于“教师在惩戒学生时，存在不公平现象”的判断的差异性

项目		P	完全赞同		比较赞同		不确定		比较不赞同		完全不赞同	
			人数	比例(%)	人数	比例(%)	人数	比例(%)	人数	比例(%)	人数	比例(%)
性别	男	$\chi^2=3.590$	77	31.4	66	26.9	69	28.2	18	7.4	15	6.1
	女	$P=0.464$	67	28.7	74	31.7	60	25.8	23	9.9	9	3.9
学习阶段	小学	$\chi^2=13.021$	58	33.3	54	31.1	38	21.8	20	11.5	4	2.3
	中学	$P=0.011^*$	86	28.3	86	28.3	91	29.9	21	6.9	20	6.6

表 3.33　家长对于“教师在惩戒学生时，存在不公平现象”的判断的差异性

项目		P	完全赞同		比较赞同		不确定		比较不赞同		完全不赞同	
			人数	比例(%)	人数	比例(%)	人数	比例(%)	人数	比例(%)	人数	比例(%)
性别	男	$\chi^2=2.695$	20	9.8	62	30.2	63	30.7	42	20.5	18	8.8
	女	$P=0.610$	22	8.0	88	31.8	90	32.5	45	16.1	32	11.6
学历	小学	$\chi^2=32.959$ $P=0.034^*$	5	13.5	9	24.3	13	35.2	6	16.2	4	10.8
	初中		14	9.4	39	26.4	41	27.7	29	19.6	25	16.9
	高中		12	9.8	45	36.9	32	26.2	20	16.4	13	10.7
	大专		5	6.7	20	26.7	25	33.2	20	26.7	5	6.7
	本科		2	3.1	24	36.4	29	43.9	8	12.1	3	4.5
	研究生		4	11.8	13	38.2	13	38.2	4	11.8	0	0

表 3.34　教师对于“教师在惩戒学生时，存在不公平现象”的判断的差异性

项目		P	完全赞同		比较赞同		不确定		比较不赞同		完全不赞同	
			人数	比例(%)	人数	比例(%)	人数	比例(%)	人数	比例(%)	人数	比例(%)
性别	男	$\chi^2=4.416$	1	3.1	0	0	0	0	18	56.3	13	40.6
	女	$P=0.353$	2	2.3	2	2.3	3	3.5	33	38.4	46	53.5
从教学校	小学	$\chi^2=7.967$	3	7.5	1	2.5	0	0	18	45.0	18	45.0
	中学	$P=0.093$	0	0	1	1.3	3	3.8	33	42.3	41	52.6

调查结果表明，学生的回答集中在完全赞同和比较赞同范围内，其中完全赞同和比较赞同分别占 30.1%和 29.3%，也就是说，59.4%的学生认为教师在惩戒学生时存在不公平现象；卡方检验结果显示，学生性别差异不显著，学习阶段差异显著（$\chi^2=13.021$，$P=0.011<0.05$），小学生持惩戒不公平观点的人数显著多于中学生。家长的回答中完全赞同和比较赞同分别占 8.7%和 31.2%，也就是说，39.9%的家长认为惩戒存在不公平现象；卡方检验结果显示，家长性别差异不显著，学历差异显著（$\chi^2=32.959$，$P=0.034<0.05$），高中、本科和研究生学历的家长持惩戒不公平观点的人数显著多于其他学历家长。教师的回答主要集中在完全不赞同和比较不赞同范围内，其中完全不赞同和比较不赞同分别占50.0%和

43.3%，也就是说，93.3%的教师认为教师的惩戒是公平的；卡方检验结果显示，教师性别和从教学校的差异均不显著。

（2）在调查中，当问及是否赞同"老师惩戒学生，要做到公平公正，不能偏心"时，学生观点如表 3.35、表 3.36 所示。

表 3.35　学生对于"老师惩戒学生，要做到公平公正，不能偏心时"的判断的总体情况

完全赞同		比较赞同		不确定		比较不赞同		完全不赞同	
人数	比例(%)	人数	比例(%)	人数	比例(%)	人数	比例(%)	人数	比例(%)
377	78.9	66	13.8	18	3.8	8	1.7	9	1.8

表 3.36　学生对于"老师惩戒学生，要做到公平公正，不能偏心"的判断的差异性

项目		P	完全赞同		比较赞同		不确定		比较不赞同		完全不赞同	
			人数	比例(%)	人数	比例(%)	人数	比例(%)	人数	比例(%)	人数	比例(%)
性别	男	$\chi^2=14.105$	185	75.5	41	16.7	7	2.9	3	1.2	9	3.7
	女	$P=0.007^{**}$	192	82.4	25	10.7	11	4.7	5	2.2	0	0
学习阶段	小学	$\chi^2=3.774$	142	81.6	20	11.5	5	2.9	2	1.1	5	2.9
	中学	$P=0.437$	235	77.2	46	15.2	13	4.3	6	2.0	4	1.3

调查结果表明，对于"老师惩戒学生，要做到公平公正，不能偏心"，学生的回答主要集中在完全赞同和比较赞同范围内，其中完全赞同和比较赞同分别占 78.9%和 13.8%，也就是说，92.7%的学生赞同老师惩戒学生时要做到公平公正不能偏心。卡方检验结果显示，学生学习阶段差异不显著，性别差异非常显著（$\chi^2=14.105$，$P=0.007<0.01$），认为"老师惩戒学生，要做到公平公正，不能偏心"的女生显著多于男生。由此可见，学生对于惩戒公平的诉求十分强烈，在惩戒中，教师一旦有失公平，就会引起学生的不满。

3. 关于惩戒的依据

（1）在调查中，当问及是否认为"有的老师惩戒学生完全看心情"时，学生观点如表 3.37、表 3.38 所示。

表 3.37　学生、教师对两种惩戒依据的判断的总体情况

惩戒依据	群体	完全赞同		比较赞同		不确定		比较不赞同		完全不赞同	
		人数	比例(%)	人数	比例(%)	人数	比例(%)	人数	比例(%)	人数	比例(%)
有的老师惩戒学生完全看心情	学生	60	12.6	71	14.8	119	24.9	74	15.4	154	32.3
	教师	6	5.1	19	16.1	31	26.2	34	28.8	28	23.8
学校惩戒教育已制度化	教师	1	0.8	13	11.0	30	25.5	29	24.6	45	38.1

表 3.38 学生对于“有的老师惩戒学生完全看心情”的判断的差异性

项目		P	完全赞同		比较赞同		不确定		比较不赞同		完全不赞同	
			人数	比例(%)	人数	比例(%)	人数	比例(%)	人数	比例(%)	人数	比例(%)
性别	男	$\chi^2=7.159$	39	15.9	31	12.7	64	26.1	37	15.1	74	30.2
	女	$P=0.128$	21	9.0	40	17.2	55	23.6	37	15.9	80	34.3
从教学校	小学	$\chi^2=2.684$	25	14.4	25	14.4	42	24.1	22	12.6	60	34.5
	中学	$P=0.612$	35	11.5	46	15.2	77	25.3	52	17.1	94	30.9

调查结果表明，学生的回答中完全不赞同和比较不赞同分别占 32.3%和 15.4%，也就是说，47.7%的学生都不认为“有的老师惩戒学生完全看心情”；卡方检验结果显示，学生性别和学习阶段差异均不显著。

(2)在调查中，当问及是否认为“(我校)有些老师惩戒学生没有什么根据，很情绪化”、“(我所在)学校惩戒教育已制度化”时，教师观点如表 3.37、表 3.39、表 3.40 所示。

表 3.39 教师对于“有的老师惩戒学生完全看心情”的判断的差异性

项目		P	完全赞同		比较赞同		不确定		比较不赞同		完全不赞同	
			人数	比例(%)	人数	比例(%)	人数	比例(%)	人数	比例(%)	人数	比例(%)
性别	男	$\chi^2=3.695$	3	9.4	7	21.8	6	18.8	8	25.0	8	25.0
	女	$P=0.449$	3	3.5	12	14.0	25	29.0	26	30.2	20	23.3
从教学校	小学	$\chi^2=17.181$	0	0	5	12.5	7	17.5	10	25.0	18	45.0
	中学	$P=0.002^{**}$	6	7.7	14	17.9	24	30.8	24	30.8	10	12.8

表 3.40 教师对于“(我所在)学校惩戒教育已制度化”的判断的差异性

项目		P	完全赞同		比较赞同		不确定		比较不赞同		完全不赞同	
			人数	比例(%)	人数	比例(%)	人数	比例(%)	人数	比例(%)	人数	比例(%)
性别	男	$\chi^2=0.752$	0	0	4	12.5	7	21.9	8	25.0	13	40.6
	女	$P=0.945$	1	1.2	9	10.5	23	26.7	21	24.4	32	37.2
从教学校	小学	$\chi^2=11.884$	0	0	1	2.5	9	22.5	7	17.5	23	57.5
	中学	$P=0.018^{*}$	1	1.3	12	15.4	21	26.9	22	28.2	22	28.2

调查结果表明，对于“(我校)有些老师惩戒学生没有什么根据，很情绪化”，教师的回答中完全不赞同和比较不赞同分别占 23.8%和 28.8%，也就是说，52.6%的教师不认为有些老师惩戒学生没有什么根据，很情绪化，卡方检验结果显示，教师性别差异不显著，从教学校的差异非常显著($\chi^2=17.181$，$P=0.002<0.01$)，认

为"有些老师惩戒学生没有什么根据，很情绪化"的中学教师显著多于小学教师；对于"（我所在）学校惩戒教育已制度化"，教师的回答中完全不赞同和比较不赞同分别占 38.1%和 24.6%，也就是说，62.7%的教师不认为学校惩戒教育已制度化，卡方检验结果显示，教师性别差异不显著，从教学校的差异显著（$\chi^2=11.884, P=0.018<0.05$），认为学校惩戒教育已制度化的中学教师显著多于小学教师。由此可见，惩戒教育实施的制度化程度不高，中学教师对自己所在学校惩戒教育已制度化的判断虽高于小学教师，却也只达到 11.0%的比例，总共只有 11.8%的中小学教师认为本校的惩戒教育已制度化，但却有 21.2%的中小学教师认为有些老师惩戒学生时完全看心情，还有 26.2%的教师对此不能否定。惩戒学生没有什么根据，无法可依是惩戒教育面临的一个困境。

4. 关于常用的惩戒方法

（1）在调查中，当问及"在你们学校，教师们使用最普遍的惩戒教育方法有哪些?"时，学生、家长和教师观点如表 3.41 所示。

表 3.41　学校中常用的惩戒方法（排序）

项　目	学生		家长		教师	
	频数	比例（%）	频数	比例（%）	频数	比例（%）
1. 言语责备	403	84.3	416	86.3	99	83.2
2. 作业没做的罚做作业，值日没做的罚劳动	343	71.8	416	86.3	75	63.0
3. 写检查或公开检讨	302	63.2	337	69.9	81	68.1
4. 请家长	311	65.1	320	66.4	88	73.9
5. 没收财物，如手机、漫画书或游戏机等	233	48.7	243	50.4	62	52.1
6. 罚抄写学生能接受的遍数	245	51.3	231	47.9	2	1.7
7. 罚为集体做事	205	42.9	181	37.6	67	56.3
8. 轻轻敲头、扯耳朵、打手心等	185	38.7	85	17.6	27	22.7
9. 剥夺活动权利，如罚停课、不得参加游戏	103	21.5	93	19.3	65	54.6
10. 上报学校相关部门处理	83	17.4	92	19.1	37	31.1
11. 罚抄写学生不能接受的遍数	81	16.9	68	14.1	6	5.0
12. 罚长时间跑、坐、走、站、跪	75	15.7	67	13.9	6	5.0
13. 讽刺、挖苦、嘲笑、责骂、中伤、威胁	49	10.2	67	13.9	9	7.6
14. 罚钱	48	10.0	27	5.6	1	0.8
15. 受全班师生冷落、不理睬	37	7.7	62	12.9	14	11.8
16. 不让吃饭一顿	26	5.4	29	6.0	9	7.6
17. 罚短时的晒、冻	24	5.0	19	3.9	6	5.0

调查研究表明,学生、家长和教师认为最常用的惩戒方法主要有:①言语责备;②作业没做的罚做作业,值日没做的罚劳动;③写检查或公开检讨;④请家长;⑤没收财物,如手机、漫画书或游戏机等。言语责备是学生、家长和教师所认为的最普遍的惩戒方法,分别占学生、家长和教师观点的84.3%、86.3%和83.2%;而对身体有比较严重伤害的惩戒方法所占的比例就比较少,比如不让吃饭一顿和罚短时晒、冻所占的比例都在10%以下。

在教育过程中,教师通常是采取批评的方式对学生进行惩戒,同时较少使用体罚和变相体罚,但是体罚的形式在学校惩戒教育中还是存在的。

(2)在调查中,当问及"你认为可以接受、效果又比较好的惩戒方法是________"时,学生、家长和教师观点如表3.42所示。

表3.42　学生、家长和教师认可的较好的惩戒方法(排序)

项目	学生		家长		教师	
	频数	比例(%)	频数	比例(%)	频数	比例(%)
1.言语责备	290	61.4	224	50.2	42	47.7
2.作业没做的罚做作业,值日没做的罚劳动	268	56.8	275	61.7	34	38.6
3.罚为集体做事	159	33.7	151	33.9	30	34.1
4.罚抄写学生能接受的遍数	158	33.5	149	33.4	15	17.0
5.写检查或公开检讨	135	28.6	146	32.7	32	36.4
6.轻轻敲头、扯耳朵、打手心等	80	16.9	30	6.7	5	5.7
7.请家长	52	11.0	105	23.5	28	31.8
8.没收财物,如手机、漫画书或游戏机等	44	9.3	44	9.9	8	9.1
9.上报学校相关部门处理	22	4.7	25	5.6	4	4.5
10.剥夺活动权利,如罚停课、不得参加游戏	20	4.2	6	1.3	6	6.8
11.罚长时间跑、坐、走、站、跪	14	3.0	0	0.0	0	0.0
12.不让吃饭一顿	13	2.8	8	1.8	0	0.0
13.罚钱	13	2.8	6	1.3	1	1.1
14.受全班师生冷落、不理睬	10	2.1	2	0.4	4	4.5
15.讽刺、挖苦、嘲笑、责骂、中伤、威胁	10	2.1	4	0.9	1	1.1
16.罚短时的晒、冻	9	1.9	0	0.0	0	0.0
17.罚抄写学生不能接受的遍数	5	1.1	8	1.8	1	1.1

调查研究表明,学生、家长和教师认为较好的惩戒方法主要有:①言语责备;②作业没做的罚做作业,值日没做的罚劳动;③罚为集体做事;④罚抄写学生能接受的遍数;⑤写检查或公开检讨等。这些惩戒方法都存在"度"的限制问题,即一方面

惩罚的方法都是根据失范行为而有针对性地实施的，这样不仅学生容易接受，而且可以避免不公平现象的出现；另一方面，惩罚的程度都是在学生可接受的范围内的，不会对学生的身心造成伤害。

从表 3.42 中可以看出，体罚与变相体罚不受学生、家长欢迎，因此排到最后几位。排在前面的几种方法多为任务型惩戒方法，可见，任务型惩戒方法在学生看来较为容易接受，但是任务型惩戒一定要适度，一旦过度，就成为了变相体罚，也不易被学生、家长认可。

5. 关于惩戒时是否有辅助手段运用

(1)在调查中，当问及是否赞同存在"很多老师惩戒学生后会找学生谈心"这一现象时，学生、教师观点如表 3.43、表 3.44、表 3.45 所示。

表 3.43　学生、教师对惩戒辅助手段的态度的总体情况

惩戒依据	群体	完全赞同		比较赞同		不确定		比较不赞同		完全不赞同	
		人数	比例(%)	人数	比例(%)	人数	比例(%)	人数	比例(%)	人数	比例(%)
很多老师惩戒学生后会找学生谈心	学生	158	33.0	173	36.2	110	23.1	13	2.7	24	5.0
	教师	44	37.3	63	53.4	6	5.1	1	0.8	4	3.4
改正错误后，老师最好能表扬鼓励一下，这样我才会有动力	学生	239	50.0	129	27.0	70	14.6	23	4.8	17	3.6

表 3.44　学生对于"很多老师惩戒学生后会找学生谈心"的态度的差异性

项　目		P	完全赞同		比较赞同		不确定		比较不赞同		完全不赞同	
			人数	比例(%)	人数	比例(%)	人数	比例(%)	人数	比例(%)	人数	比例(%)
性别	男	$\chi^2=7.159$	80	32.7	81	33.1	62	25.2	9	3.7	13	5.3
	女	$P=0.128$	78	33.5	92	39.5	48	20.6	4	1.7	11	4.7
学习阶段	小学	$\chi^2=2.684$	58	33.5	62	35.6	38	21.8	2	1.1	14	8.0
	中学	$P=0.612$	100	32.9	111	36.5	72	23.7	11	3.6	10	3.3

表 3.45　教师对于"很多老师惩戒学生后会找学生谈心"的态度的差异性

项　目		P	完全赞同		比较赞同		不确定		比较不赞同		完全不赞同	
			人数	比例(%)	人数	比例(%)	人数	比例(%)	人数	比例(%)	人数	比例(%)
性别	男	$\chi^2=4.639$	13	40.6	17	53.2	1	3.1	1	3.1	0	0
	女	$P=0.326$	31	36.0	46	53.5	5	5.8	0	0	4	4.7
从教学校	小学	$\chi^2=7.331$	9	22.5	28	70.0	2	5.0	0	0	1	2.5
	中学	$P=0.119$	35	44.9	35	44.9	4	5.1	1	1.3	3	3.8

调查结果表明，对于"很多老师惩戒学生后会找学生谈心"，学生的回答主要集中在完全赞同和比较赞同范围内，其中完全赞同和比较赞同分别占 33.0%和

36.2%，也就是说，69.2%的学生赞同很多老师惩戒学生后会找学生谈心，卡方检验结果显示，学生性别及学习阶段的差异均不显著；对于“很多老师惩戒学生后会找学生谈心”，教师的回答主要集中在完全赞同和比较赞同范围内，其中完全赞同和比较赞同分别占37.3%和53.4%，也就是说，90.7%的教师赞同很多老师惩戒学生后会找学生谈心，卡方检验结果显示，教师性别及从教学校差异均不显著。

(2)在调查中，当问及是否赞同“改正错误后，老师最好能表扬鼓励一下，这样我才会有动力”时，学生观点如表3.43、表3.46所示。

表3.46 学生对于“改正错误后，老师最好能表扬鼓励一下，这样我才会有动力”的态度的差异性

项目		P	完全赞同		比较赞同		不确定		比较不赞同		完全不赞同	
			人数	比例(%)	人数	比例(%)	人数	比例(%)	人数	比例(%)	人数	比例(%)
性别	男	$\chi^2=13.806$	132	53.9	56	22.9	43	17.5	9	3.7	5	2.0
	女	$P=0.017$	107	45.9	73	31.3	27	11.6	14	6.0	12	5.2
学习阶段	小学	$\chi^2=15.390$	77	44.3	56	32.2	20	11.5	11	6.3	10	5.7
	中学	$P=0.009^{**}$	162	53.3	73	24.1	50	16.4	12	3.9	7	2.3

调查结果表明，对于“改正错误后，老师最好能表扬鼓励一下，这样我才会有动力”，学生的回答主要集中在完全赞同和比较赞同范围内，其中完全赞同和比较赞同分别占50.0%和27.0%，也就是说，77.0%的学生赞同老师在学生改正错误后对其进行表扬鼓励，卡方检验结果显示，学生性别差异不显著，学习阶段差异非常显著($\chi^2=15.390, P=0.009<0.01$)，认为“改正错误后，老师最好能表扬鼓励一下，这样我才会有动力”的中学生显著多于小学生。

学生在改正错误后，倾向于得到教师及同学的肯定，辅助手段的运用，对其改正错误具有促进作用，同时惩戒效果的持久性更强。中学生的思想观念比小学生成熟，自尊心较之小学生更加强烈，更加渴望别人的认同。

三、学校惩戒教育实施的问题与困难

调查发现当前学校惩戒教育存在的一些问题和困难，主要表现在以下几个方面：

1. 教师与学生、家长观念上存在冲突

惩戒是一种必不可少的教育方式，大部分教师赞同惩戒教育的实施，相比较于教师对此问题的清晰认识，学生、家长赞同此观点的比例偏低。在学生和家长中间，对于惩戒教育必要性的争议较大，分歧严重，如表3.2所示，只有9.3%的教师认为惩戒教育没有必要，而持此观点的学生和家长比例分别达到了27.2%和32.8%，分别是教师的约3倍和4倍。也就是说，教师关于惩戒教育必要性的认识与相当一部分学生、家长的意见相左，在实施惩戒教育时的效果必然受到影响。联

系到当前学校实际，可以发现，因为教师惩戒学生引起的师生冲突、教师与家长的矛盾司空见惯，与此不无关系。

2. 惩戒权归属不明确

调查显示(如表 3.6 所示)，48.1%的学生不赞同教师有惩戒权，而教师中也有高达 22.9%的教师认为教师没有惩戒权。教师惩戒权直接决定了教师能否在学校教育中惩戒学生，部分教师和大部分学生对教师拥有惩戒权的质疑，必然影响学校惩戒教育的正常开展。

3. 惩戒与体罚辨识不清

调查显示(如表 3.23 所示)，50.9%的学生和 10.2%的教师认为惩戒就是体罚。对于惩戒与体罚，多数学生把两者等同在一起，部分家长与教师也认为惩戒即体罚，赞同实施“鞭刑”这种体罚教育的教师比例高于不赞同的教师比例，这说明教师对惩戒与体罚的关系并不明确，在某种情况下，会认为体罚也是惩戒的一种形式。对体罚与惩戒的辨识不清，成为学校实施惩戒教育的一大问题。对体罚是不是惩戒的一种方式的判断，会影响教师在实施惩戒教育时的方法选择。

4. 方法上存在局限

在调查中，教师普遍使用的惩戒方法通常是口头批评、罚抄作业、罚劳动，而无其他更好的方法。缺少惩戒方法是困扰教师的一个难题。

5. 惩戒依据不明，存在不公平

在学校惩戒教育中，学生反映教师惩戒学生常常会不公平。如表 3.31 所示，59.4%的学生认为教师在惩戒学生时存在不公平现象。公平性，是学生尊重教师权威的决定因素。当教师在惩戒学生时一旦有失公平，那么惩戒的效果就会大打折扣。

第二节　学校惩戒教育的合理实施

从上述现状调查结果看，惩戒教育的实施还存在许多问题，为了正确实施惩戒教育，发挥惩戒应有的教育作用，有必要进一步探讨学校惩戒教育合理实施的要件。

一、明确学校惩戒教育的要素

所谓要素，是指构成事物的必要因素[①]，并不包含活动中涉及的所有因素。教

① 夏征农. 辞海：下[M]. 上海：上海辞书出版社，1999：5217.

育包括三种基本要素——“教育者”、“学习者”、“教育影响”。[①] 惩戒教育的要素对应为惩戒者、受惩者、惩戒教育影响。但是惩戒教育与一般教育活动又不相同,笔者认为,构成惩戒教育的基本要素是规范者、失范行为、惩戒教育影响。为什么惩戒教育的要素是这三个方面呢?下面,分别阐明各要素的内涵、特点,它们在惩戒教育活动中的地位、作用和相互关系,并对上个问题作一阐释。

1.规范者

惩戒教育的“规范者”,是指在惩戒教育活动中,依据已有的规章制度,对惩戒对象实施相应的强制性处罚措施,纠正其不良行为和思想观念的人,简单地说,规范者就是实施惩戒的人。实施惩戒的人,我们习惯上称之为“惩戒者”。笔者认为,“规范者”较之于“惩戒者”更容易让人接受。惩戒教育不同于一般的教育,不是一般科学知识和文化的传授,它是依靠对惩戒的对象实施具体的措施,转变惩戒对象的行为习惯和思想观念,偏重于学生行为的矫正。惩戒教育不同于一般的课堂教学活动。“惩戒”的目的是“戒”,引导学生改过迁善。另外,惩戒的实施对于惩戒的对象来说是一种痛苦,惩戒的对象很容易将惩戒者放在自己的对立面,认为惩戒者给自己带来的就是痛苦而无其他。真正的惩戒者的目的是使惩戒对象的行为合乎社会规范,让惩戒的对象适应正常的社会生活,免于受到更大的挫折,引导惩戒的对象走上正确的社会化方向和人生之路。真正的“规范者”必须有正确的惩戒目的,了解个体身心发展规律以及社会对个体所提出的要求。

在学校惩戒教育中,“规范者”主要指教师。首先,教师的职责是教书育人,培养学生具有良好的品行是教师的责任和义务。学校惩戒教育针对的是学生的失范行为,教师在学校中是专门从事教育工作的人,教育对象是学生。学生在教育教学活动中直接面对的是教师。而教育管理者或者教育管理部门通常不直接接触学生。其次,教育相关规定规定了教师惩戒权。我国《中小学德育工作规程》第 27 条授予学校惩戒权,“中小学校应当严肃校纪。对严重违犯学校纪律、屡教不改的学生应当根据其犯错误的程度给予批评教育或者纪律处分。”《中学班主任工作暂行规定》第 3 条第 7 项授予了班主任惩戒权,“做好本班学生思想品德评定和有关奖惩的工作”。最后,最重要的因素是教师是社会代表者,社会赋予教师教育、管理学生的权力;同时,教师作为“代位父母”,对学生具有惩戒权。

规范者是教师,但是在具体的惩戒教育中,通常实施惩戒措施的有可能不是教师本人,而是学生或者其他人员。这些学生或其他人员并不是规范者,他们只是具体实施的人,惩戒权仍然在教师。在调查中,问及惩戒的实施是否符合“有时惩戒是由学生、班干部、班集体执行的”时,教师观点如表 3.47、表 3.48 所示。

---

① 全国十二所重点师范大学联合编写.教育学基础[M].北京:教育科学出版社,2002:5-7.

表 3.47 教师关于“有时惩戒是由学生、班干部、班集体执行的”的判断的总体情况

完全赞同		比较赞同		不确定		比较不赞同		完全不赞同	
人数	比例(%)	人数	比例(%)	人数	比例(%)	人数	比例(%)	人数	比例(%)
14	11.9	51	43.3	17	14.4	18	15.2	18	15.2

表 3.48 教师关于“有时惩戒是由学生、班干部、班集体执行的”的判断的差异性

项目		P	完全符合		比较符合		不确定		比较不符合		完全不符合	
			人数	比例(%)	人数	比例(%)	人数	比例(%)	人数	比例(%)	人数	比例(%)
性别	男	$\chi^2=8.883$ $P=0.064$	3	9.4	20	62.5	1	3.1	5	15.6	3	9.4
	女		11	12.8	31	36.1	16	18.6	13	15.1	15	17.4
从教学校	小学	$\chi^2=11.505$ $P=0.021^*$	0	0	17	42.5	5	12.5	9	22.5	9	22.5
	中学		14	17.9	34	43.7	12	15.4	9	11.5	9	11.5

调查结果表明，对“有时惩戒是由学生、班干部、班集体执行的”是否符合教育现状时，教师的回答中完全符合和比较符合分别占 11.9%和 43.3%，也就是说，55.2%的教师认为“有时惩戒是由学生、班干部、班集体执行的”符合教育现状，卡方检验结果显示，教师性别差异不显著，从教学校的差异显著($\chi^2=11.505$，$P=0.021<0.05$)，中学教师比小学教师更多地认为存在这种现象。可见，在日常教育过程中，学生代替教师行使惩戒权的现象比较普遍。

2. 失范行为(不良行为)

失范行为是指不符合社会规范的行为，也称不良行为，可分为不同等级。① 违法行为触犯了法律，要由国家法律部门作出相应处理，不是法律部门以外的机构或个人能够处理的。在学校中，失范行为不仅指的是不符合社会规范的行为，也指违反学校规章制度的行为。惩戒教育的目的是戒除失范行为，从而使学生改过迁善。正因为失范行为的出现，规范者才实施惩戒，也就是说，惩戒的对象是失范行为。

调查结果表明(如表 3.19 所示)，61.8%的教师赞同学生违纪应当受到惩戒，54.2%的教师赞同学生学习态度不好应该受到惩戒，45.7%的教师赞同学生没有完成规定的学习任务时应当对其进行惩戒。由此可见，违纪行为是教师惩戒的第一大对象。

在学校惩戒教育中，失范行为有以下特征：第一，失范行为是与学校规章制度、社会规范背道而驰的行为，是不符合社会要求的行为；第二，未触及国家法律的失范行为由学校相关部门或人员进行惩戒，一旦触及法律将交由法律部门进行惩治；

① 本书对不良行为的等级划分详见第四章第三节中“学校惩戒教育制度的内容”部分。

第三，失范行为的发生是故意的，因帮助他人导致上学迟到之类行为出于善意，不属故意为之。

3. 惩戒教育影响

惩戒教育影响是指惩戒教育活动中规范者作用于失范行为者的全部信息，这些信息在内容上包括道德规范、行为规范、价值观等符合社会要求的内容，在形式上包括惩戒方法、惩戒组织形式。惩戒教育中的道德规范、行为规范、价值观等，是根据惩戒教育的目的以及学生社会化要求、身心发展规律从社会规范和人类文明中有选择性地组织、呈现出来的，具有很大的发展价值。惩戒教育活动的目的在于充分和有效地利用上述惩戒教育内容促进失范行为者改过迁善，使之符合社会要求及自身发展的要求。惩戒教育方法和组织形式是围绕着惩戒教育内容设计的，受惩戒教育内容的制约，反映了行为失范者的身心发展规律和失范行为的性质与严重程度。惩戒方法和惩戒组织形式就是把惩戒教育内容以适当的方式呈现给失范行为者，并促使他们的行为和思想向正确的方向转化。

没有规范者，惩戒教育就不可能展开，失范行为就得不到矫正，失范行为者的发展就会迷失方向。没有惩戒教育影响，惩戒教育活动的目标就无法实现。失范行为是规范者与惩戒教育影响的活动对象，惩戒教育的最终目标之一就是消除失范行为。

二、遵循学校惩戒教育的原则

惩戒原则是有效进行惩戒教育的基本要求，是规范者对失范行为者进行惩戒应该遵循的基本要求。它以个体身心发展规律和社会规范为依据，概括了惩戒教育实践经验，反映惩戒教育的规律性。惩戒教育原则对组织开展惩戒教育，提高惩戒教育的实效具有很强的指导意义。针对失范行为，选择正确的惩戒教育途径和方法，恰当地处理规范者与失范行为者之间的关系以及各种惩戒问题，都可以从惩戒教育原则中得到一些启示。

功利主义惩罚理论的代表人物边沁对惩罚理论的研究十分透彻，在《道德与立法原理导论》中，他指出以下四种情况不宜惩罚：“第一，惩罚无理由，即不存在要防止的损害，行动总的来说无害。第二，惩罚必定无效，即不可能起到防止损害的作用。第三，惩罚无益，或者说代价过高，即惩罚会造成的损害将大于它防止的损害。第四，惩罚无必要，即损害不需要惩罚便可加以防止或者自己停止，亦即以较小的代价便可防止或停止。”①同时，他也提出了十三个惩罚的规则②，这十三个规则运用到惩戒教育中，可以归纳为以下八个原则：

① 边沁.道德与立法原理导论[M].时殷弘，译.北京：商务印书馆，2000：217.

② 边沁.道德与立法原理导论[M].时殷弘，译.北京：商务印书馆，2000：225-231.

第一,惩戒给失范行为者带来的痛苦要超过失范行为给其带来的“快乐”或满足。

第二,在制定相应惩戒措施时,要根据失范行为的危害程度设置程度不一的处罚手段。

第三,惩戒条例的制定能起到威慑作用,防止失范行为的产生。

第四,规范者不能滥用惩戒,不能过度惩戒。

第五,规范者在惩戒失范行为者时,要考虑到失范行为者的心理特点及相关因素,适当惩戒。

第六,制定相关制度时,要防患于未然,给予威慑。

第七,如果契合道德教育的目的,惩罚程度可以提高、加深。

第八,规范者在惩戒时,要充分认识到惩戒是否能有效制止失范行为与转化失范行为者。

关于惩罚,贝克尔(W. C. Becker)也给出了自己的建议:①及时惩罚才有效;②惩罚若要见效,就得把强化物拿走,并明确告诉学生要怎么做才能取回强化物;③在惩罚之前要有信号,通常是言语“不”、“停下”;④有效的惩罚应该就事论事,心平气和;⑤在进行惩罚的同时,对那些与受惩罚行为不相容的行为进行强化;⑥要惩罚就不能反悔,不可对受罚行为予以强化。[①]

综上,合理的惩戒教育的实施应该遵循以下九条基本原则:

1. 慎用性原则

慎用性原则,是指在教育中要尽可能减少不必要的惩戒,更不能采用体罚、变相体罚、心罚等方法,要多采用说服教育、劝诫、鼓励、赏识的教育方式,以免给失范行为者,特别是中小学生失范行为者的身心造成严重伤害;如果在不得不采取惩戒的方式时,不能放弃惩戒,但要注意惩戒的程度要适度,尽可能轻。

也就是说,在教育中惩戒的使用要谨慎,尽量少用,惩戒是教师所有教育方式中最后的一个选择。心理学研究表明,一旦惩戒使用过多或者失当,对儿童会造成比较大的负面影响。“从另一个角度说,惩罚如果使用不当,则有可能产生消极作用。毋庸讳言的是,青少年学生是不喜欢惩罚的,而且,都尽可能地避免受到惩罚。”[②]“如果儿童经常受到教师的批评、同伴的斥责,久而久之,他会觉得自己的能力有问题,看不到自己的力量,从而形成消极的自我评价,产生自卑心理,认为自己干什么都不行。”[③]也就会产生我们常说的“破罐子破摔”的现象。

惩戒运用慎重,对于矫正学生不良行为效果明显。下面两个案例充分说明了

---

① 谢维和. 教育活动的社会学分析:一种教育社会学的研究[M]. 北京:教育科学出版社,2000:358.

② 谢维和. 教育活动的社会学分析:一种教育社会学的研究[M]. 北京:教育科学出版社,2000:358.

③ 汪新建. 人类行为与社会环境[M]. 天津:天津人民出版社,2008:261.

这一点。

案例1[①]

陶行知先生在教学中巧妙地处理过这样一件事。考完试之后，一个孩子拿着自己的试卷要求陶先生将“99”改成“100”，陶先生仔细看了一遍试卷后，什么话也没有说，将“99”改成“100”，只不过随手在一个字上点了一个小红点。许多年过去了，那个孩子还时常回忆起这件事，并爱说一句话，那个点点到了我的心里去，它教会我怎样诚实做人。原来陶先生点点的那个字是被孩子改过的。

面对学生撒谎，陶行知并没有直接戳穿并采取惩戒措施，而是采取了一种艺术的处理方法。惩戒一定要慎重，这样才不会伤害学生的自尊心，在教育教学中，能不惩戒就不要实施惩戒。

案例2[②]

20世纪90年代，联合国教科文组织举办了各国教师和学生参加的联欢活动，举办了四天。最后一天，会议主办者给与会的各国教师讲了一个事例：

有两个男孩，15岁，双胞胎。他们俩上学经常迟到。当他们的父母了解这一切后，决定给他们两人买一部轻型轿车。父母以为这样就可以解决孩子迟到的问题，但是结果这两个孩子依然迟到。一次考试，两个孩子居然迟到了20分钟。老师问：“今天考试怎么又迟到了？”这两个孩子回答说，车在路上爆胎了，去修理轮胎花了半个小时，所以迟到了。老师听后，让这两个孩子进入考试。但是事后，老师去汽车场看孩子的车，没有发现轮胎有更换的痕迹。显然，孩子说谎了。

主办者就此事问老师们，考试后，你们如何处理与教育这两个孩子。要求每个参会的老师写出方案与意见，要求用简短的文字表述怎样处理。

下面是各国老师的回答：

中国：这是一个很严重的问题，需要严肃处理，令其写出深刻的书面检查，通知家长配合教育，取消两个学生本年度评“三好学生”的资格。

韩国：这个问题应交全班同学讨论，由他们来决定怎么处理。

日本：考试过后，由两位老师把两个学生分别带到两个办公室，进行询问，坦白从宽，抗拒从严。

法国：考试后，把孩子叫到身边，问他们，最近你们说谎了吗？

美国：如果今天不是考试，或者是橄榄球比赛或者吃冰激凌，你们的车还会爆胎吗？

新加坡：每个人先打自己两嘴巴再说。

---

① 郑丽贤．用人格感化学生，做学生喜欢的老师[J]．科教文汇，2012(12)：9．

② 付雄英．用爱点燃孩子的心灵[EB/OL]．(2012-05-28)．http://blog.sina.com.cn/s/blog-5eae1p01015t95.html．

巴西：你们的错误是严重的，要严肃处理，要受到应有的惩罚，你们半年以内，不许在学校操场上踢足球。

埃及：你们回家后，每一个人给真主写一封信，讲述你们今天做了些什么。这封信不用给老师看了。

以色列：考试之后，把两个学生分别带到两个办公室继续考试，三道题目都是一样的。①你们的汽车爆的是哪一个轮胎？②你们到哪一个修理店修车？③修车花了多少钱？孩子答完后，把试卷摆在他们的面前，微笑着不说话。

会议组织者把这些不同国家处理问题的方案向全体与会学生公布，由学生投票赞成哪一个国家的老师的处理办法，结果80%的学生把赞成票投给了以色列教师。会议主持人问学生："你们为什么要把赞成票给以色列老师？"学生回答："以色列老师的处理办法让学生难为情又不难堪。"

在通常情况下，教师遇到学生类似的错误，会简单直接地给予学生相应的惩戒，如案例2中大多数国家教师的做法只是方式方法不同而已，但是大多数学生能接受的是以色列老师的做法。

2. 公平性原则

公平性原则是指在惩戒教育中规章制度的制定、失范行为的处置，在一般情况下要体现公平，即对待不同个体的同一失范行为要一视同仁。

另外，公平性还有另外一层意思：在惩戒教育过程中，惩戒的实施应当保持前后一致，不得随意变更，惩戒的力度应该与失范行为的严重程度对等并具有一贯性。如确有必要变更，应当将变更的内容和理由及时告知学习者。"如果错误的行为没有受到惩罚，或者教师放弃了应有的惩罚，那么惩罚在学生心目中的可信度就会降低。尤其当其他的学生注意到这种不连贯性的话，那么，更多的错误行为就有可能产生。"①

公平性原则是惩戒教育所要遵循的首要原则，是惩戒教育能否顺利开展下去的关键因素。特别是在中小学中，学生对公平的要求十分强烈，一旦失去公平性，不仅惩戒教育难以开展，还会影响到正常的教学活动。

惩戒要公平，对于教师规范学生行为具有很重要的作用，下面两个案例就从正反两方面说明了这一点。

案例3②

我们班有一个出了名的"调皮大王"叫胡展源。一次，他和班长王学文发生了矛盾。我把他们叫到面前询问原因，他们各自据理力争，把责任都推给了对方。当

---

① T. Husen，T. N. Postlethwaite. 国际教育百科全书：第6卷[M]. 贵阳：贵州教育出版社，1990：30.

② 王少云. 爱学生就要公平地对待每一个学生[EB/OL]. (2010-06-01). http://www.nhxx.mpedu.cn/banjigongzuo/html/? 1765.html.

时我很生气，批评了他们。因为胡展源平时就非常调皮，所以我就多说了他几句。只听他愤愤不平地小声嘀咕："偏心！"虽然声音很小，但我听得清清楚楚。我的心随之一震，反思一下自己，似乎在无意中真的有些偏袒了王学文，我在心里说我真的错了吗？于是我马上调整了处理这件事的心态，教育王学文身为班干部，不应该推卸责任，应该多作自我批评。再看这时的胡展源不服气的表情渐渐消失了，胖乎乎的脸上洋溢着似乎比较满意的微笑。

案例 4①

今天早上，我早早地来到了学校，走进教室，我的第一件事情是检查学生的作业，不一会儿，第一节上课的铃声响了，我让学生迅速拿出语文书，经过我的一番导入，就进入了今天新课的学习，在我转身要在黑板上写课文题目的时候，我看到黑板上还留着昨天上课的内容，我皱起眉头，大声地问道："今天谁值日？为什么不擦黑板？"班上鸦雀无声。我见没人答应，火上来了，生气地又问了一遍。这时，坐在最后的刘传策同学跑上来，迅速地擦黑板。这是一个学习较差的学生，老师们都不喜欢他。他认真地擦着黑板的每一个角落，弄得教室内尘土飞扬。这时，我说："同学们，你们都看见了吧，这就是由于一个人的不负责任造成的。"不知是谁小声嘟囔了一声："今天不是他值日。"这时，我们班成绩优异的王泽慢腾腾地站了起来，用几乎听不到的声音说："今天……是……是我……值日。"我愕然了，干咳一声，说："你先坐下，下回注意。"这时，刘传策同学擦完黑板，默默地回去了。课后，我无意中听到学生的私语："王泽同学真是厉害啊，他不就是学习好吗，不做值日，老师都不会责罚他；上次，我忘了擦黑板，老师很严厉地惩罚我。我真是生气，这是什么老师啊！""谁叫你的成绩不好？""老师就是偏心"……

对待学生的失范行为，教师要做到一视同仁，不偏不倚。教师不能因为某个学生成绩好或听话，就对该学生的错误或缺点"睁一只眼、闭一只眼"，不闻不问，偏袒该学生；更不能因为某个学生成绩差，比较调皮，就漠视该学生的优点，放大该学生的缺点，对他产生偏见；否则，学生就会感到老师厚此薄彼，处理不公正，这不仅影响教师的威信，也难以建立亲密的师生关系。

学生是从周围成人的反应——肯定或否定、奖励或惩罚、赞许或批评中，逐步形成道德认识的。因此，教师应该认真对待学生的每个行为，作出公正的评价。正确的做法，应是对事不对人。一个人犯错误，不管他是成绩优秀的还是较差的，该惩戒的都要惩戒。一旦出现无人承认的坏事，教师应实事求是地调查，而不应想当然地以为好事总是他心目中的好学生做的，坏事总是他心目中的问题学生做的；否则，弄不好就会冤枉好人，伤害学生的自尊心。

① 李琳. 班主任工作案例[EB/OL].（2009-10-23）. http://bzr.teacherclub.com.cn/dts/publichomework/publichomework! public_homework_show.action? id=2891003&trainingid=119.

3. 教育性原则

教育性原则，是指规范者在惩戒教育过程中要根据实际情况，采取积极的惩戒方式，始终注意矫正失范行为者的失范行为及错误观念，帮助失范行为者树立正确的行为习惯和思想观念。惩戒的目的是矫正失范行为，惩是手段，戒是目的，惩戒教育应具有教育的意义，也就是发展人，培养人。同体罚、变相体罚不同，惩戒教育中，惩不是目的，其出发点不是为了使学生感到痛苦。它是手段，也是一种教育方式，是为了使学生知道个体必须对自己的失范行为所造成的后果承担责任。针对中小学生在学校学习、生活、交往中产生的对教师、同学及相关事物的失范行为、错误观点甚至敌对情绪与态度，在惩戒教育过程中，规范者应帮助他们明辨是非，进行实事求是的分析，达到矫正、规范的目的。

教育性原则是惩戒教育的基本原则，惩戒教育必须依照这个原则展开，它是惩戒教育实施的意义和目的所在。

案例 5①

中国台湾作家三毛早在 13 岁时就曾自杀过。三毛自幼性情孤僻，感情脆弱，在读初中二年级时数学成绩很差。数学老师平时对三毛十分冷淡，有一天，三毛做不出习题，老师便把她叫到面前，当着全班同学的面讲："我们班有一个同学最喜欢鸭蛋，今天我请她吃两个。"说着就用饱蘸墨汁的毛笔在三毛眼睛周围画了两个圈，然后让三毛转过身让全班同学看。少年三毛根本不知道如何保护自己，便顺从地转过身，全体同学顿时哄堂大笑。老师等大家笑够后让三毛到教室角落一直站到下课。下课后，老师又罚她从有众多学生的走廊和操场绕一周再回到教室。许多学生看了三毛这副模样都尖叫起来。三毛在学校受到莫大的精神刺激和侮辱，回家后并未告诉父母，自己也没有掉泪。直到三天后才显现出这件事的后遗症：三毛早上去学校，在走廊看到自己的教室时立刻昏倒了。后来，她一想到要去学校，便会立刻昏倒而失去知觉。13 岁的三毛受不了心灵的如此摧残，由逃学发展到不得不休学，休学期间产生了极度的自卑感，由此割腕自杀，幸而发现及时而被救活，可左臂缝了 28 针，心中留下了永远抚不平的疤痕，潜意识里深深烙上再度自杀的病根。

三毛的数学老师只是一味地讽刺三毛，却没有找出三毛数学差的根本原因来采取进一步措施，给三毛的心理造成了难以弥补的伤害。在当前的教学过程中，不少学生的遭遇与三毛的遭遇极其相似。教师对学生的惩戒一定要有教育性，这样，惩戒才符合教育的本真意义。下面这个案例从另一面说明了惩戒运用得当，会取得很好的效果。

---

① 小柳泛舟. 爱学生，就要公平公正地对待学生[EB/OL]. (2007-01-15). http://blog.jyjy.net.cn/user1/liuqiuhua/archives/2007/15863.html.

案例 6①

麦克劳德从小充满好奇心，凡事总喜欢寻根究底，不找出答案誓不罢休。有一天他突发奇想，想看看狗的内脏到底是什么样的，于是便和几个小伙伴偷偷地套住一只狗，将其宰杀后，把内脏一个一个割离，仔细观察。没想到这只狗正是校长的宠物犬。对这事，校长十分恼火。经过反复思考后，校长作出了这样的处罚决定：罚麦克劳德画一幅人体骨骼图和一幅血液循环图。知道惹下大祸的麦克劳德决心改过自新。于是他按照校长的要求，认真仔细地画好了两幅图，大度的校长看后很满意，不但对杀狗之事既往不咎，还大大夸奖了麦克劳德一番。

后来，麦克劳德成为一位著名的解剖学家，还与班廷医生一道研究发现了以前人们认为不可治的糖尿病的胰岛素治疗方法，并获得 1923 年诺贝尔生理学或医学奖。

这位校长并没有像三毛的数学老师一样对麦克劳德大加批评，严厉惩戒，而是采取另一种充满教育性的惩戒措施，不仅让麦克劳德认识到了自己的错误，又保护了他的好奇心，还给了他一次学习生理知识的机会。如果当初校长简单粗暴地严厉批评，让小麦克劳德当众检讨，那么麦克劳德会有后来的伟大成就吗？

4. 奖惩结合原则

奖惩结合原则，是指在惩戒教育过程中，惩戒必须与奖励相结合，有“惩”就有“奖”。

惩戒与奖励是辩证统一的。有惩才有奖，有奖才有惩。没有奖励，无所谓惩戒；没有惩戒，就无所谓奖励。针对失范行为者，“胡萝卜加大棒”的措施更有效。特别是失范行为者在经历惩戒之后，矫正了行为，更希望得到同伴、群体的肯定，这时个体行为得到强化，更能认识到规范行为的价值。

案例 7②

某班每周五的班会课中有一项内容是组长总结本组工作，并选出明星组员和表现最不好的组员，明星组员给予奖励，表现不好的组员，组长有权安排他到最后一个位置上坐一周，以示惩罚。这个做法效果非常好，这些表现不好的学生往往会主动找组长希望给予改正的机会。有些改正得好的学生在下一周会当选为明星组员。这一正一反，奖励与惩罚，形成鲜明的对比，不能不在学生中留下很多回味。

奖励作用的发挥离不开惩戒，惩戒作用的发挥也离不开奖励。该班老师把奖惩结合起来，收到了良好的效果。

---

① 赵化南.保护孩子的“闪光点”[J].家教博览，2000(11)：16.

② 杨牡丹.恰如其分的惩罚会起到意想不到的效果[EB/OL].(2012-04-09).http://xzbfzx.30edu.com/Article/478986e7-fa42-4af4-81eb-5dfc67a9abf7.shtml.

案例8①

陶行知先生在担任育才小学校长时，有一次看到男生王友用泥块砸班上的同学，当即制止了他，并要他放学后到校长室去。

放学后，陶行知来到校长室，王友已经站在那里准备挨训。可一见面，陶行知却掏出一块糖果递给他，并说："这是奖给你的，因为你按时来到这里，而我却迟到了。"王友惊疑地接过糖果。随后，陶行知又掏出一块糖果放在他手里，说："这块糖也是奖给你的，因为当时我不让你再打人时，你立即就住手了，这说明你很尊重我。"王友更诧异了，眼睛睁得大大的。

陶行知又掏出第三块糖果塞到王友手里，说："我调查过了，你用泥块砸那些男生，是因为他们不守游戏规则，欺侮女生。你砸他们，说明你很正直善良，有跟坏人作斗争的勇气！"王友感动极了，他流着泪后悔地说道："陶……陶校长，你……你打我两下吧！我错了，我砸的不是坏人，而是自己的同学呀！"

陶行知满意地笑了，说："你能正确地认识错误，我再奖励你一块糖果，可惜我只有这一块糖果了，我的糖给完了，我看我们的谈话也该完了吧！"说完，就走出了校长室。

在王友用泥块砸同学时，陶行知当即制止了王友，并要求他放学后留校，作出了初步的惩戒，放学后，陶行知并没有批评王友，而是通过奖励王友见义勇为、知错能改的行为，让王友自己认识到错误。这种奖惩结合，比一味地惩戒效果更好。心理学研究表明，认识到自己犯错误的人，都会有承担责任、接受惩罚的心理准备，以求得心理平衡，"不惩反奖"反而不符合受教育者的心理，由此更能激起他对自己错误的反思，达到自醒、自悟的目的，这种"惩"促使受教育者由"他律"转化为"自律"，是教育的最高境界。表3.43也显示，77.0%的学生赞同"改正错误后，老师最好能表扬鼓励一下，这样我才会有动力"，可见奖惩相结合原则在实际的惩戒教育实施中是一个必须重视的原则。

5. 适度性原则

适度性原则，是指在惩戒教育的实施过程中，需要把握好"度"：惩戒给失范行为者带来的伤害程度要适度，不能过分严重，产生副作用；否则只可能获得短期效应，而丧失了发展的机会，更有甚者会适得其反。

在日常的教育教学过程中，教师惩戒学生经常出现过度的现象，如罚抄写课文100遍，这样的惩戒方式是不可取的，因为它不仅给学生造成了伤害，使之产生厌学情绪，更违反了教育性、适度性等惩戒教育的基本原则。

---

① 陶志琼．中小学生价值教育的关键内容构成[J]．教育发展研究，2013(8)：36．

案例 9①

苍南一中学某女生上美术课时带错了铅笔，学校美术老师便强迫她吃下 5 个红辣椒，导致孩子喉咙红肿、沙哑。当时班里忘记带铅笔或是买错文具的学生，每个都受到了同样的惩罚。

这样的惩戒其实就是变相体罚，不仅不能取得效果，还会恶化师生关系。

6. 激励性原则

激励性原则，是指在惩戒教育过程中，规范者对失范行为者的惩戒能使失范行为者知耻而后勇，激发他们的自尊心、上进心，形成强大的、持久的动力，并积极引导他们向正确的方向发展。这是挖掘学生潜能，提高教育质量，加速行为矫正、思想转变的关键。

这一原则的本质是指规范者在惩戒教育中为了达到惩戒目的，最大限度地调动失范行为者改过迁善的积极性，使学生发挥自身潜力，主动、高效地进行矫正，并逐步形成主动习得良好行为习惯的强大不息的动力。

案例 10②

魏书生的学生，如果违犯了班级常规，或者某项任务没有及时保质保量完成，就要写一份说明书。说明书的字数不固定，根据具体情况而定。说明书不同于检讨书，因为学生所站的角度不同，所以写的情感及其效果也不同。魏书生的一个学生说："我爱淘气，小学时常写检讨书，越写越恨老师；现在写说明书，越写越恨自己！"写说明书的目的是说明之所以违犯了班级常规，或某项任务没有及时保质保量地完成的原因、过程、结果，让同学、老师或家长知道，以得到理解或谅解。更重要的是，通过写说明书来达到学生自我教育的目的。写说明书，是让学生做自我心理裁决，让学生心平气和地思考这样做的利弊关系。这样有利于将师生矛盾转化为学生的自我矛盾，学生"新我"与"自我"作斗争，正是自我教育的最佳方式。

当前，中小学最常见的惩戒方法就是写检讨书，而魏书生却把检讨书转换成说明书，让学生自己在解释过程中认识到自己的错误，在自我教育中改正缺点和不良行为。

7. 预防性原则

预防性原则，是指引导个体在作出失范行为前，能够预先认识到失范行为将带来的后果、即将受到的惩戒，从而改变行为选择，作出规范、正确的行为。

---

① 应忠彭，苗丽娜. 不带铅笔，罚你口含辣椒[N]. 钱江晚报，2009-08-28(B1).

② 司志会. 试举魏书生育人之法宝[EB/OL]. (2014-05-01). http://www.weishusheng.org/63/263.html.

案例 11[①]

著名儿童教育专家孙云晓在一次报告会上讲过这样一件事：他的女儿上初中时，每天早晨起不来，以至于他和他夫人每天总要三番五次地喊。这一天，他决定改变策略。他买了一个小闹钟给他的女儿，并且告诉她，从第二天起不再喊她起床，迟到及由此引起的一切后果自己负责。果然，第二天女儿在闹钟的提醒下早早地起了床。

通常，学生犯了错误之后，并不知道自己犯了什么错误，或是这种错误会导致什么严重后果。孙云晓在事前给女儿讲明了不起床的后果，起到了一种预防作用。

8. 适切性原则

适切性原则，是指在惩戒教育中，要根据学生的身心发展规律作出惩戒，同时要根据不同学生的实际情况实施惩戒，不能一刀切。

适切性原则从表面上看与公正性原则在内容上有出入，其实不然，适切性同样讲究公平合理。不同失范行为者的情况、境遇不同，根据这些客观原因采取不同的惩戒措施，更体现公正性。

案例 12[②]

星期二早上，有两名同学上学迟到了，一名是迟到"老客户"小磊，另一名是班干部小静。根据班规，两人进入教室前要面向全班同学说一声："对不起，我迟到了。"只见小静道歉时满面通红，小磊却是一副满不在乎的样子。班主任见状，灵机一动，对小磊说："鉴于你屡教屡犯，现决定你每迟到一次就罚一星期不准打篮球。"小磊一听顿时像泄了气的皮球，要知道打篮球可是他的最爱。说来也怪，自从班主任宣布这一针对他的处罚规则后，小磊上学再也没有迟到过。

同样面对道歉惩罚，小磊和小静的反应大不相同，对小静来说羞愧的事对小磊来说显然不值一提，而班主任老师"罚一星期不能打球"却很快"降服"了小磊，究其原因，正是因为原来的惩罚并不适用于小磊，起不到应有的教育作用，这时加大惩戒强度才真正触动了他，这正是惩戒教育适切性原则的体现。

9. 适时性原则

适时性原则，是指在惩戒教育过程中，选择惩戒的时机要适当。在应该及时惩戒的时候，必须及时惩戒；在需要延迟惩戒的时候，就要延迟惩戒。

通常我们要求规范者及时惩戒，认为只有这样才能达到惩戒的目的和应有的效果。但是学生失范行为的产生，不受时间、地点的控制，在特殊情况下，延迟惩戒很有必要。同时，失范行为的产生有可能与其他原因有关系，需要规范者调

① 东方既白. 有关教育的惩罚的故事[EB/OL]. (2009-08-06). http://blog.sina.com.cn/s/blog_4a15b8250100eb2q.html.

② 根据笔者的教育实践撰写。

查研究、深入分析后才能得出，如善意的谎言、因为做好事而耽误了学习等。说谎、迟到等失范行为如果事出有因，我们就必须从轻处罚或不处罚，而不是简单作出惩戒。

案例 13①

一天，教室里空无一人。我坐在小洁的座位上改作业。在他的课桌上，我看到了一行用小刀刻出的歪歪扭扭却十分清晰的小字：吴××是王八蛋！

"这小子，竟敢对他的班主任进行人身攻击，我饶不了他！"我恨不得立刻狠狠地收拾他一顿，但多年的教育理性和习惯强迫自己必须冷静下来："我得先弄清楚原因呀！"

结果大大出乎我的意料。上周二，体育老师请假，学校安排我代课。我没有像以往那样带领学生进行户外活动，而是把全体学生留在教室里补上了一节以前落下的语文课。当时有个别学生不太高兴，小洁还提出强烈的抗议。我就让全体学生举手，以三分之二的表决票数否决了他的抗议。没想到他刻字辱骂老师竟然就为了这一点点小事。事情没出一天，他自己也早把它忘到九宵云外去了。原来看似大逆不道的不尊师行为背后的原因竟如此简单，简单得似乎不值一提。我庆幸自己当时的冷静。

事情过去了几周，又是一节体育代课，我照例带孩子们进行户外活动，并且活动的内容是小洁最喜欢也最引以为豪的篮球比赛。他率领一批班内篮球精英向我发出挑战。我感觉"整"他的机会来了，便跟他赛前约定，输一分做一个俯卧撑。我特地换上了球衣球裤，率领几个他挑剩下的"老弱病残"和他率领的"精兵强将"进行了几番厮杀，把他打得目瞪口呆，做俯卧撑的个数绝不少于 200 个，累得他瘫倒在地。

小洁半躺在我身边，手脚都软了，半腆着脸说："吴老师，你今天好猛啊！平常也没见你这么厉害呀？"

"是呀！这叫真人不露相，哪像你半瓶水直晃荡。怎么样？服不服？要不要再来呀？"

"不来了，不来了，我从头到脚都认输了。早知如此，还不如乖乖地留在教室复习语文……"

"我可不敢再留你们了，要不然，某些同志发起性子来，再在桌子上刻下一两句难听的话来，我可没有再次容忍的肚量了……"我有意识地给他施加了一点压力。

"噢！那事呀！吴老师，你都知道了呀！我早忘了！我不是成心要骂你的，只是一时之气。"他一点也不在乎。

---

① 王晓春. 做一个专业的班主任[M]. 上海：华东师范大学出版社，2008：69-71.

“你忘了,我可没忘！桌子也没忘！要不是看在你是个小屁孩的份儿上,我早揍你了。老师是那么好骂的吗?”我加重了语气。

他似乎感觉到不妙,赶紧道歉:“别别别,我认错,我道歉！我改还不行吗?”

“改？别光说不练啊？怎么恢复我的名誉？损坏的桌子怎么办?”我提出了具体的要求。

“这事就我们几个打篮球的知道,绝没有外传。您让我们做了 200 多个俯卧撑还不解气呀?！至于桌子上的那行字,您放心,我一定会妥善处理的!”

第二天,小洁的课桌上贴上了一幅美丽的图画,谁也不让揭！第二周,小洁把课桌带回家,重新油漆了一遍。

吴老师没有在发现小洁的过错行为后立即采取惩戒措施,而是先通过调查搞清该行为产生的原因,再选择适当的时机,巧妙地对小洁进行了惩戒,并使小洁心悦诚服地认识到了自己的错误,主动进行了改正。在整个教育过程中,吴老师惩戒小洁的时机和程度都非常适当,分寸掌握得很好,把一个棘手的问题解决得十分妥帖。结果不但使学生改正了错误,而且增强了师生友情,是一次非常成功的惩戒教育。

三、选用适当的学校惩戒教育方法

惩戒教育方法是指用来矫正失范者失范行为,提高失范者思想认识,培养失范者良好行为规范,形成良好品德的方法。它一般是具体的,归属于不同的惩戒教育手段。由于司法惩戒由司法机关执行,因此在学校惩戒教育中主要探讨学校行政惩戒和教师教育惩戒这两种手段中包含的惩戒教育方法。

李军等人概括了国外比较常见的惩戒教育方法,有:①口头训诫;②取消特惠;③放学后留校;④学业制裁;⑤惩戒性转学;⑥短期停学;⑦长期停学或开除。[①] 王辉介绍,在各国法律规定及实际运用中常见的中小学生惩戒教育方式一般包括以下几种:①言语责备(verbal reprimands);②隔离措施(time out);③剥夺某种特权(denial of privilege);④没收(confiscation);⑤留校(detention);⑥警告(warning);⑦记入学生档案的处分(record of discipline);⑧停学和开除(suspend & expulsion)。[②]

王晓春将国内中小学班主任实际上常用的惩罚措施分为可以适当采用的和应该禁止的两类。可以适当采用的惩罚包括:①剥夺型惩罚(取消发言权、不准进教室、请出教室、回家取东西、放学不让回家、停课、调座位、没收物品、取消参加活动权、停职撤职);②偿还型惩罚(要求道歉、赔偿、罚抄作业、强制补课、写检查、当众

① 李军,曹莹雯.中小学生惩戒实施状况的中外比较与借鉴[J].外国教育,2006(15):37-38.

② 王辉.对国外中小学学生惩戒的方式探析[J].教学与管理,2001(12):77-80.

检讨)；③吃苦型惩罚(罚站、罚劳动、罚跑步等)；④冷淡式惩罚(即“我不理你”)；⑤间接惩罚(即报告家长)；⑥升级型惩罚(报教务处给予纪律处分)。[①]

这些惩戒教育方法可以从学校行政惩戒和教师日常教育惩戒两方面加以划分。

学校行政惩戒方面的惩戒方法包括警告、严重警告、停学、强制性转学、开除等，这些惩戒方法适用于比较严重的失范行为，属于行政处分。

教师日常教育惩戒层面的方法包括言语责备、剥夺学生某种权利、罚学生为班集体做事等。这些方法是日常惩戒教育中比较常见的方法，也是教师使用频率较高的方法，一般适用于较轻微的失范行为。这一层面的方法灵活性较强，可根据实际情况由班主任与学生共同商量确定。比如，魏书生把“检讨书”转变为“说明书”，罚学生为同学唱一首歌等。惩戒方法不是固定的，要根据实际情况加以运用创新，前提是要符合惩戒教育实施的原则，且不能对学生身心造成过度的伤害。

口头训诫与言语批评的含义相同，只是最轻微的一种惩戒方式，是指对学生不良思想、行为的指责。当发现学生有某种失范行为时，就及时用语言直接给予学生适当批评，指出学生行为的失范性、严重性，以督促学生注意和立即改正。训诫、批评可以针对个人，也可以针对集体。无论是针对集体，还是针对个人，这种惩戒方式可以是公开场合进行的，也可以是私下场合进行的，如何选择应根据实际情况的需要来决定；可以是直接的口头批评，也可以是间接的言语暗示。其目的在于引起学生的注意，使学生明白自己行为的越轨性，从而帮助学生自我控制行为，遵从各种行为规范。

取消特惠与剥夺某种特权含义接近，都是指剥夺学生的某种权利，是对学生失范行为的一种否定性制裁，常表现为对其参加课外活动的权利予以限制。在国外中小学，课外活动十分丰富，中小学生会根据自己的兴趣选择不同的社团，参加活动，诸如棒球社团、篮球社团等。一旦学生行为不当或过错严重，学校会剥夺其参加这些活动的权利，或者是剥夺其参加春游、野炊活动的权利。但要特别指出的是，这种被剥夺的权利不与正常的接受教育的权利相联系。我国中小学常常采取的惩戒方法是剥夺学生上课的权利，这在国外是禁止的。在国外，被剥夺的特权必须是学校正常教育教学活动之外的、与学生受教育权无直接联系的权利，即使在课堂上作出不当行为，教师也不能禁止其上课，总之，受教育权是不能被剥夺的。

留校，这在我国也是比较常见的一种做法，是指推迟失范行为学生放学时间，使其在学校多停留一段时间，进行服务或反思。无论国内还是国外，留校的时间一

① 王晓春.做一个专业的班主任[M].上海：华东师范大学出版社，2008：63-67.

般由教师根据学生失范行为的严重程度决定其长短和性质。不同的是，在国外，留校通常不应超过半个小时，在国内，留校时间长短并没有一个统一的规定。而且在国外，留校学生通常会接受心理辅导活动，这也是与国内差别比较大的地方。国内在这方面的制度还不是很健全。对学生实施留校的惩戒方法，要注意两个问题：第一，必须给学生安排一定的活动，并要保证学生的安全；第二，要告知家长学生晚归的原因，并保证学生安全到家。

没收，是指当学生的失范行为与其特定的物品有关，这些物品的存在妨碍了学生本人或他人的学习、受教育或威胁到其健康与安全时，作为惩戒，教师可以没收这些物品。教师没收的物品，不能随意丢弃、归为己用或者赠送他人，否则此行为不属于惩戒，而构成法律上的非法侵占他人财物。对那些只具有一定扰乱性、自身并无危害性的物品，如玩具、课外书籍、宠物等，没收只是暂时的，教师应在对学生进行教育后将其归还给学生本人或家长。

学业制裁，国内外做法大致相同，即对于失范行为学生，在成绩上予以扣分、留级。

另外，在惩戒教育中，教师一定要注意方法的使用，不能使用体罚。这首先是因为国家明令禁止教师使用体罚惩戒学生；其次，学生、家长对体罚也持否定的观点，不赞成教师使用体罚。调查显示(表 3.27)，89.0%的学生不赞成体罚，78.7%的家长不赞成体罚，说明学生和家长认为体罚在一定程度上会对学生的身心造成伤害。

四、符合学校惩戒教育的程序

在班级管理中，教师会设置一些具体的规章制度，一旦违反这些规章制度，就会实施相应的惩戒，换言之，就是设立惩戒条例。任何惩戒方法的实施，都依靠具体可行而完善的规章制度。从制订规章制度开始，惩戒教育的实施有以下几大步骤：

1. 制订规则

制订规则，是指教师依据学生身心发展的特点，制定维持正常教育教学活动的纪律和制度，一旦违反，就有相应的惩戒方法。

规则的制订必须依据学校的规章制度和现行的法律法规，不得与之相违背。在每学期开学第一天，教师就应通过民主的方式，如班会、集体讨论的形式，与学生共同制订规则，并制订相应的惩戒方法。民主制订的好处在于，这样制订出的规则容易被学生接受。

在调查中，当问及“依照师生共同商定的规则实施惩戒能取得最好的教育效果”是否符合现实状况时，教师观点如表 3.49、表 3.50 所示。

表 3.49　教师、家长关于惩戒规则的态度的总体情况

惩戒规则	群体	完全赞同		比较赞同		不确定		比较不赞同		完全不赞同	
		人数	比例（%）	人数	比例（%）	人数	比例（%）	人数	比例（%）	人数	比例（%）
依照师生共同商定的规则实施惩戒能取得最好的教育效果	教师	50	42.4	48	40.7	14	11.9	3	2.5	3	2.5
学校各种规则，特别是惩戒条例的制订应征询家长的意见	家长	201	41.7	179	37.1	59	12.3	26	5.4	17	3.5

表 3.50　教师对于“依照师生共同商定的规则实施惩戒能取得最好的教育效果”的态度的差异性

项目		P	完全赞同		比较赞同		不确定		比较不赞同		完全不赞同	
			人数	比例（%）	人数	比例（%）	人数	比例（%）	人数	比例（%）	人数	比例（%）
性别	男	$\chi^2=1.323$	13	40.6	14	43.8	4	12.5	0	0	1	3.1
	女	$P=0.857$	37	43.1	34	39.5	10	11.6	3	3.5	2	2.3
从教学校	小学	$\chi^2=7.082$	14	35.0	18	45.0	4	10.0	1	2.5	3	7.5
	中学	$P=0.132$	36	46.1	30	38.5	10	12.8	2	2.6	0	0

教师的回答主要集中在完全赞同和比较赞同的范围内，分别占 42.4%和 40.7%，也就是说，83.1%的教师认为依照师生共同商定的规则实施惩戒能取得最好的教育效果；卡方检验结果显示，教师性别和从教学校的差异均不显著。

惩戒方法的直接作用对象是学生，惩戒能否被学生接受，是能否取得惩戒效果的关键因素。所以，事先取得师生一致，对教师在惩戒学生的过程中顺利实施惩戒、得到学生认可至关重要，同时，避免了师生矛盾的产生。

在某些低年级阶段，学生还没有能力制订相应的规则，这时候需要教师根据经验制订规则，但是必须在开学之初，组织学生学习规则，并把规则的具体含义解释清楚，使学生明白其中的含义。

2. 告知家长

告知家长尤其重要，惩戒教育的实施离不开家长的支持。作为学生的监护人，家长是学生利益的保护者。教师与家长之间的矛盾冲突很多时候是因为教师惩戒学生引起的，在开学之初把制订出的规则告知家长，有利于家长表达自己的意见，便于教师根据家长的意见修改，这样家长与教师能够通力合作，达到教育的目的。

在调查中，当问及您是否赞同“学校各种规则，特别是惩戒规则的制订应征询家长的意见”时，家长观点如表 3.49、表 3.51 所示。

表 3.51 家长对于"学校各种规则，特别是惩戒规则的制订应征询家长的意见"的态度的差异性

项目		P	完全赞同		比较赞同		不确定		比较不赞同		完全不赞同	
			人数	比例(%)	人数	比例(%)	人数	比例(%)	人数	比例(%)	人数	比例(%)
性别	男	$\chi^2=8.628$ $P=0.071$	84	41.0	66	32.2	34	16.6	13	6.3	8	3.9
	女		117	42.2	113	40.8	25	9.1	13	4.7	9	3.2
学历	小学	$\chi^2=45.569$ $P=0.001^{**}$	15	40.5	15	40.5	1	2.7	4	10.8	2	5.5
	初中		50	33.7	54	36.5	26	17.6	14	9.5	4	2.7
	高中		46	37.7	45	36.9	22	18.0	4	3.3	5	4.1
	大专		37	49.3	30	40.0	6	8.0	0	0	2	2.7
	本科		39	59.1	21	31.7	4	6.1	0	0	2	3.1
	研究生		14	41.2	14	41.2	0	0	4	11.8	2	5.8

调查结果表明，家长的回答集中在完全赞同和比较赞同的范围内，其中完全赞同和比较赞同分别占 41.7%和 37.1%，也就是说，78.8%的家长认为学校各种规则，特别是惩戒规则的制订应征询家长的意见；卡方检验结果显示，家长性别差异不显著，学历差异非常显著（$\chi^2=45.569, P=0.001<0.01$），小学、初中和研究生学历的家长不赞同此观点的人数显著多于其他学历家长。

惩戒对于学生会造成一定的痛苦，作为学生的家长，必然十分注意惩戒规则以及相应的惩戒方法。小学和初中学历的家长由于自身文化程度原因，对教师充满信任、相信教师所做的选择；而研究生学历的家长对问题更有自己的看法和观点，可能更尊重和承认教师教育工作的专业性，因此他们与其他学历的家长相比，不赞成惩戒规则的制订事先应征询自己意见的比例更高。但从总体来看，赞成惩戒规则的制订事先应征询自己意见的家长(78.8%)远远多于不赞成此做法的家长(8.9%)。

3. 实施惩戒

实施惩戒首先要分析学生失范行为产生的原因。失范行为的产生原因多种多样，有学生自身的因素，比如赖床迟到，也有外部因素，比如因堵车而迟到。前者需要教师采取适当方法教育，后者就不需要教师采取惩戒的方法。同样是迟到行为，教师的处理方式要考虑到失范行为产生的原因，这样才能合理惩戒。不分青红皂白，滥施惩戒，不仅不能达到惩戒效果，还会使学生产生对抗心理。

分析原因得出失范行为是学生故意为之，那么教师就应当选择合适的方法实施惩戒。方法的选择十分重要，要考虑到学生的身心发展水平和对特定惩戒方法的反应及态度。对教师来说，方法的选择是十分困难的，好的惩戒方法，可以事半功倍，取得良好的效果。一旦方法选择不当，就会事倍功半，甚至没有效果。

惩戒之后，教师要运用合理的辅助手段，帮助学生认识自己的错误，正确对待惩戒。辅助手段有惩戒之后找学生谈话、适时的表扬等。特别是在学生经过惩戒改正错误后，教师应在第一时间予以表扬，强化学生的正确行为。

五、提供学校惩戒教育实施的保障

实施保障，是指保证学校惩戒教育各项规定不受侵犯并能得以正确实施的一切制度和观念。实施无保障，实施可能会很不充分，或者得不到正确的实施。如果没有相关法律法规明确规定，教师在惩戒学生时就会缩手缩脚、睁一只眼、闭一只眼，或者是任意妄为，导致师生矛盾激化。因此，关于惩戒教育的实施保障，学者们关注的焦点主要集中在惩戒教育法律制度问题、建设监督机制等方面，比较一致的看法是我国在教育立法中忽略了对惩戒教育的规范，加上法律相关条款体系还不健全，造成学校惩戒教育实施不力，因而惩戒教育的实施应从制度入手，建立健全惩戒教育法律法规体系，规范惩戒行为。

那么，在教师看来，影响其实施惩戒教育的因素有哪些呢？在调查中，问及“您在考虑是否使用惩戒时，下列哪四项因素对您的影响最大”时，教师观点如表 3.52 所示。

表 3.52　教师关于影响惩戒使用的因素的观点(排序)

项　目	教　师	
	频数	比例(%)
1. 家长对惩戒的态度和反应	77	67.5
2. 社会媒体对惩戒的态度	71	62.3
3. 学生对以往类似行为受到惩戒时的反应	69	60.5
4. 学生相关权益的规定	66	57.9
5. 所在学校对惩戒教育的态度	61	53.5
6. 学生对当前行为或事件的判断及是否支持惩戒	47	41.2
7. 惩戒本身的度难以掌握	43	37.7
8. 赏识教育理念等相关教育思潮	22	19.3

调查研究表明，教师认为考虑是否使用惩戒时，以下四项因素对其影响最大：①家长对惩戒的态度和反应；②社会媒体对惩戒的态度；③学生对以往类似行为受到惩戒时的反应；④学生相关权益的规定。这四项分别占教师观点的 67.5%、62.3%、60.5%和 57.9%。

家长的支持与否，决定了惩戒能否顺利进行。近年来，因为教师惩戒学生造成的教师与家长的冲突不断，甚至出现了一些极端后果，所以教师在惩戒学生时不得不考虑家长的态度和反应。家长是未成年孩子的法定监护人，虽然教师拥有惩戒权，但惩戒权的实施必须得到家长的支持。社会舆论承担了重要的监督责任，大量体罚学生事例的曝光，对约束教师行为、促进教师合理惩戒学生发挥了很大的作用。社会舆论的广泛传播效应，使得教师感受到了更广泛的压力。所以，教师在惩戒学生时，社会舆论是不得不考虑的因素。教师惩戒学生的目的是使之改过迁善，目的能否达成，与学生对惩戒的反应直接相关。当前，人们的权益保护意识逐渐增强，学生的自我保护意识和权益意识也较以往更加强烈，教师行为是一种责任行为，惩戒行为一旦违反相关法律法规和教育部门的规定，教师就必须承担责任。

因此，在惩戒教育的实施保障中，制度的保障与观念的保障十分必要。

1. 制度保障

制度保障是学校惩戒教育保障中极其重要的一部分，没有好的制度，没有相关法律法规详细明确的规定，惩戒教育就会陷入两难境地：无法可依与有法难依。我国当前涉及惩戒教育的法律法规并不多。[①] 而且在这些法律法规中，多是对学生，特别是未成年学生权利的规定和保护，对于教师惩戒批评学生的权利都做了限制。从中，我们能确定的是：第一，在我国，禁止教师对学生实施体罚或变相体罚；第二，教师有惩戒批评学生的权利。但是，众多法律法规中并没有明确教师对学生的正当惩戒权及其在教育过程中的实施问题，有的只有原则性的意见。而在人们的惯性思维中，通常把教师对学生的惩戒行为与体罚、变相体罚联系在一起，学生家长、社会媒介容易把教师正常的惩戒行为也看作是违法违规的，这极大地制约和影响了教师惩戒教育的正常实施。

没有明确的法律法规保护，教育惩戒在教育教学过程中就会产生前文所述的两种现象：无法可依与有法难依。在教育实践中，这种事例并不少见。2008 年，有媒体报道："安徽长丰县双墩镇吴店中学的两名学生在课堂上打架，被曝授课教师杨经贵没有制止，而是坚持继续上课，以致一名学生死亡。杨老师的作为被网友称为'选择站在三尺讲台上当看客'，其本人也被冠以'杨不管'的绰号。"[②]另外，有媒体报道："女教师被逼向学生下跪道歉后进精神病院"[③]，"老师因批评学生挨耳光并被打倒在地"[④]。

因为没有明确的法律法规，很多一线教师对惩戒学生"心有余而行动不足"，就出现了"杨不管"；一旦"行动"，又会导致学生告状，引来上级部门的批评和压力。更有甚者，学生用武力报复教师。实践告诉我们，必须在立法上明确教师的惩戒权。

(1)完善相关法律法规

第一，法律法规应进一步确立教师惩戒权。在教育教学过程中，教师有正当使

---

① 参见第二章第六节相关内容。

② 新华网. 任学生打架致 1 人死 "杨不管"被指比"范跑跑"恶劣[EB/OL]. (2008-07-12). http://news. xinhuanet. com/edu/2008－07/12/content_8532962. htm.

③ 新浪网. 女教师被逼向学生下跪道歉后进精神病院[EB/OL]. (2008-12-08). http://news. sina. com. cn/s/2008－12－08/074016803285. shtml.

④ 郝涛. 老师批评学生挨耳光[N]. 北京晨报，2008-12-08(A5).

用惩戒的权利。这可以说是教师这个职业所特有的权利和义务，是理所当然、约定俗成的。如今的社会是一个法治的社会，任何权利和义务必须明确，这样才能做到责任到人。而且，历史上的惩戒教育多是体罚教育、变相体罚教育，不在法律法规上加以明确，容易混淆惩戒教育与体罚教育、变相体罚教育，以致教师惩戒权受到质疑。同时，当前提倡保护儿童权利，学生的权利、权益自我保护意识增强，但由于心智未发展成熟，有时他们会滥用自己的权利，所以不在立法上确立教师惩戒权，教师很难在教育教学过程中惩戒学生。

第二，法律法规应确立惩戒的使用条件，明确在何种情况下，在什么条件下，教师能够对学生实施惩戒。

第三，法律法规应确立惩戒的内容范围。在日常教育过程中出现教师滥用惩戒权的情况，造成对学生的伤害。正是因为没有可参照的法律法规，导致教师随意惩戒的现象时有发生。我们在立法上应明确惩戒的内容范围，避免此现象的出现。

第四，法律法规应明确惩戒的实施标准。惩戒过轻达不到教育效果，过度惩戒又损害学生的身心健康，制定科学的惩戒标准，并用法律的形式明确下来，有利于教师开展教育教学活动。

第五，法律法规应明确惩戒的实施程序以及救济途径。当前，学校的惩戒教育随意性、无序性十分严重，怎样惩戒学生、何时惩戒学生多由教师自作主张，所以明确惩戒的实施程序和救济途径十分必要。

(2)完善行政制度

法律法规只能在大的方向上给学校、教师以指导，在惩戒细则方面需要教育管理部门和学校制定更加细致、完善的制度保障教师惩戒权。

首先，就是要培养教师的法律意识，当相关法律出台之后，要定期组织教师学习培训，增强教师的法制观念。

其次，教育行政主管部门要建立相关的机构，监督教师惩戒行为，同时防止"一刀切"，避免只要是家长、学生投诉，就把主要责任归为教师一方。要建立一个独立的调查机构，弄清事实。

再次，学校应根据实际情况，在保护学生正当合法权益的基础上，制定惩戒教育实施细则，便于教师操作。但是，这些细则的制定不是随意的，它必须符合国家的法律法规、教育主管部门制定的规章制度，而且，必须符合学生身心发展的规律，符合学生的年龄特征。细则的制定同时要符合教育目的，惩戒教育自始至终都是一种教育方式，它的目的是培养人。防止惩戒变成报复、报应。学校要充分维护教师惩戒权的运用。在教师评定中，要客观地看待教师惩戒学生的行为，正确的惩戒教育行为应该予以肯定。

最后，学校应建立家长学校制度，通过各种形式，使家长对惩戒教育有一个正确的认识，熟识惩戒教育的各项规章制度。同时，应加强家长与教师的沟通联系，使家长与教师共同掌握学生的情况。

2. 观念保障

(1)更新教师观念

当前，教师对于惩戒教育的误解主要体现在两个方面：认知误解和行为偏差。

首先，是对惩戒教育的概念辨识不清。第一，容易混淆“惩戒”与“体罚”。一部分教师认为惩戒就是体罚，所以在学校中我们经常看见教师惩戒学生的手段就是罚跑步、罚站。第二，对惩戒的本质认识不清。有些教师惩戒学生是为了以牙还牙，报复学生。学生不做作业，教师通常是让学生抄写作业多少遍，以此来惩戒学生，而忘了惩戒的本质目的和教育意义。

其次，对惩戒权认识不清。教师对于惩戒权的认识，通常有两个极端：一种是无视，如表 3.6 所示，有 22.9%的被调查教师不认为自身拥有惩戒权；另一种就是过分使用、滥用。在当前的教育过程中，“杨不管”现象不是少数，为了逃避责任，避免麻烦，很多教师对于学生的错误行为从不加以制止和批评。另一方面，一部分教师随意使用惩戒权，造成对学生的伤害，这样的案例也屡见不鲜。

教师惩戒行为的随意性、主观性强，在没有明确法律法规的约束下，教师的惩戒行为常常出于自己的主观判断。学校中也不乏这样的事例：教师自认为自己对学生的惩戒行为是为学生的发展考虑，但是却适得其反，不仅违反教育规律，还给学生身心造成巨大的伤害。

在这种情况下，教师应加强学习，正确认识惩戒教育。

(2)转变家长意识

心理学研究发现，家长对孩子的教育通常有三种类型：权威型、民主型、放任型。我国自 20 世纪 80 年代以来，多数独生子女家长在教育孩子的类型上属于放任型，表现为对孩子百依百顺，俗语说的“含在嘴里怕化了，捧在手里怕摔了”就充分体现了这一点，孩子成了温室里的花朵，经不起“风吹日晒”，受不了批评和挫折。家长过度保护孩子，当孩子在学校受到教师的批评时，家长就会对教师不满，甚至替孩子“讨公道”，无形中助长了孩子恣意妄为的品性，即使因为错误受到了教师的惩戒，依然不会改正错误。在现实生活中，家长带人打伤甚至打死老师的事件也有发生。教师正确的惩戒行为，通常被家长看作是教师对孩子的恶意。另一种情形就是家长对孩子放任不管，把孩子托付给教师，殊不知，良好的教育需要家庭、学校、社会三方共同努力，任何一方出现问题，教育就难以发挥良好的作用。

家长要积极通过多种渠道，如读书、看报、上网等渠道学习法律法规、教育规律等方面的知识，加强自身修养，提高认识能力和水平。要从子女全面发展的角度，尤其是从孩子身心健康发展的角度重新审视、评价和对待惩戒教育。首先，应了解教师惩戒的目的不在于"惩",而在于"戒",最终的目的在于教育。家长应该正视教师对学生的惩戒,并且应该敢于同孩子一起接受由于个人过错而导致的惩戒。其次,家长要明白学生的合法权益,熟悉教师惩戒权行使的条件、内容和范围等,当孩子遭到教师不当惩戒时要积极寻求各方面的救济。此外,家长还应充分信任学校与教师,切实依托学校、教师,把教育、管理学生的权利交给学校和教师。

(3)消除社会偏见

如表3.52所示,62.3%的教师认为社会舆论对教师惩戒行为的影响很大,排在所有八个因素中的第二位。当前,社会舆论和普通大众普遍偏向学生权益的保护,使得教师越来越不被理解,特别是教师的惩戒行为,即使是对的,也往往得不到认可。舆论、大众往往认为还有更好的教育方式可以代替惩戒教育。但是,我们应该看到,在越来越强调学生权利的今天,在独生子女占大多数的社会背景下,学生越来越难教育。鼓励、赏识教育固然很好,但是适当的、正确的惩戒教育也是必要的。媒体应该形成正确的新闻导向,在全社会范围内提高对惩戒教育的正确认识。同时,对一些教师不正确对待学生、侵害学生权益的事件,如体罚、变相体罚等,要给予客观、公正的报道,使人们充分地认识到在给学生更多的自由和权利的同时,惩戒是必不可少的,但必须采用正确的合理合法的惩戒教育方式。

第四章

学校惩戒教育的制度化

惩戒制度是生活在社会中的每个人不可回避的制度之一。人在社会实践活动中有自己的利益需要，为了避免纠纷和促进人与人之间的合作，道德和规则就产生了。为了解决利益冲突的问题，惩戒制度就产生了。正如《荀子·礼论》记载："礼起于何也？曰：人生而有欲，欲而不得，则不能无求，求而无度量分界，则不能不争。争则乱，乱则穷。先王恶其乱也，故制礼义以分之，以养人之欲，给人之求。使欲必不穷乎物，物必不屈于欲，两者相持而长，是礼之所起也。"学校惩戒教育制度化是学校惩戒教育合法性、规范性的必然要求和趋势，其核心是建立起一套内容完善的学校惩戒教育制度及其运行机制。

第一节　学校惩戒教育制度化的必要性

一、学校惩戒教育制度的含义与特点

1. 学校惩戒教育制度的含义

制度的定义各种各样。从字面上来看，"制"作为动词有"制定"、"限制"的意思，"度"有范围的含义，因此制度就是制定、限制范围，规范人的行为的意思。广义的"制度"对应英语的"system"，不仅包括正式的、成文的、理性化的制度形式，也包括禁忌、风俗、习惯、道德、价值观等非正式的、不成文的、非理性化的表现形式；狭义的"制度"对应英文的"institution"，指具体的规则、规范、程序和确定的活动形式等。[①] 通常，人们认为制度是为达到一定的目标要求，所有成员共同遵守的办事规

① 康拾才.论制度化教育的合理性及局限[J].教育研究与实验，2007(2)：32.

程或行动准则。

不同领域的学者对制度有不同的见解。在经济学领域中，旧制度经济学代表托斯坦·凡勃伦(Torstein Veblen)认为制度就是个人或社会对有关的某些关系或某些作用的一般思想习惯。[①] 新制度经济学代表道格拉斯·诺思(Douglas C. North)认为制度由一系列道德的、伦理的规则和规章组成，这些规范限定着行为的界限。[②] 在政治学领域，制度一直是热议的话题之一。不同的政治学家对制度的理解也各不相同，有的政治学家把制度理解为法律制度、风俗习惯等，有的则把制度理解为一种规则。美国著名法哲学家、伦理学家罗尔斯认为制度是一种公开的规范体系，这些规范规定许可的行为和禁止的行为，并规定违反规则的惩罚和保护措施。[③] 在社会学领域，制度也是不可少的研究内容之一。社会学意义上的制度有两层含义：一是指在一定的历史条件下形成的关于政治、经济、文化等领域的准则体系，以及某群体、行业或部门根据具体情况制定的要求大家共同遵守的规章；二是指在一定的历史条件下人们制定、完善规章制度的活动。[④] 在社会学家看来，制度产生于人类社会的需要，是基于社会生活中反复出现的问题而提出的固定的解决范式。[⑤] 从管理学角度来看，制度是由一定社会、国家、民族、阶级、集团制定的，是用来管理人们的行为活动，调节人们社会关系的准则体系。[⑥] 制定制度的目的是为了更有效地进行管理，而制度规范了管理的范围。现代人类学创始人马林诺夫斯基(Malinowski)认为制度是行动被组织起来以满足系统存在的必要条件的普遍的、相对稳定的方式。[⑦] 马克思主义学说从唯物史观出发，认为制度属于历史范畴，是社会关系的产物：一方面，制度起源于人类维系生存的需要；另一方面，制度是人创造的，人是制度的目的。[⑧] 在教育学领域中，有学者认为制度是学校为了完成教育和教学、实现管理目标和培养目标，以条文的形式对学校成员在工作、学习和生活中必须遵守的行为作出的规定。没有了规章制度便没有了学校的管理。制度的内容是把学校管理中那些行之有效的措施、办法用规章制度的形式固定下来，包括办事的规程和师生员工的行为规范、标准等，它有的是针对教职工制定的，有的是针对学生制定的。励雪琴教授认为教育制度是在一定的历史条件下形成的调节教育领域内的社会关系和教育活动的规范体系，它由概念、规则、组织和设备

---

① 托斯坦·凡勃伦.有闲阶级论:关于制度的经济研究[M].蔡受百,译.北京:商务印书馆,1964:139.
② 孙国峰.制度演进的互利原则研究[M].兰州:兰州大学出版社,2003:17.
③ 约翰·罗尔斯.正义论[M].何怀宏,译.北京:中国社会科学出版社,1988:50-51.
④ 龚天平.论制度伦理的内涵及其意义[J].宁夏大学学报(哲学社会科学版),1999(3):24.
⑤ 伊恩·罗伯逊.社会学[M].黄育馥,译.北京:商务印书馆,1990:109.
⑥ 龚天平.论制度伦理的内涵及其意义[J].宁夏大学学报(哲学社会科学版),1999(3):25.
⑦ 郭建如,马林霞.社会学的制度与教育制度研究初探[J].比较教育研究,2005(4):2.
⑧ 冯永刚.制度架构下的道德教育研究[D].济南:山东师范大学,2008:48.

四个要素组成。①

借鉴上述见解，本研究中的制度指的是正式的制度，是一种定型的、公开的规则体系，用以引导、规范、约束人们的行为。学校惩戒教育制度是学校为了完成教育和教学、实现管理和培养目标，以条文的形式公开的关于惩戒教育的规则体系，这些规则规定学生许可的行为和禁止的行为，并规定违反规则的惩戒和保护措施，它是学校和教师实施惩戒教育的基础和依据，是执行惩戒的标准和原则。

2. 学校惩戒教育制度的特点

学校惩戒教育制度与其他制度一样，有着制度的一般特性，但是作为一种规范强制手段的制度，除了权威性，也需要具备人文性，要有可操作性，也必须有道德性，不能顾此失彼。

（1）权威性

制度的权威性来自民主协商的结果或者统治阶层对其的规定，是一种权威的象征，对于要求遵行者而言是一种外在的约束力量，具有一定的强制性。惩戒教育制度的权威不仅来自制定者，还来自执行者和遵行者。如果人人都自觉遵守制度、认同制度，这无疑是赋予制度最高的权威。制度规定人们什么行为是许可的，什么行为是不许可的，违反制度将会受到制度所规定的惩罚，以及公众舆论的谴责，这给违反制度的人施加了压力，进而取得制度所期望的效果，维护制度的权威。制度不像道德那样是一种基于内心的“软性约束”，制度有一种外在的刚性力量在制约着人们的行为，它相比道德更具有强制性和权威性。在惩戒教育制度的建构过程中，建构者对已有的惩戒教育手段作出道德判断，保留合乎道德的惩戒手段，删除不合道德的惩戒手段，最终以制度的形式确定下来。这是一种道德教育与制度建设相结合的过程，实现道德与制度的优势互补，有效避免道德过于软弱的不足，也防范制度过于专制的危险。

（2）操作性

制度是一种外在的规范，是人们行为的依据和导向，具有很强的可操作性。惩戒教育制度根据学生追求美好行为、畏惧受罚的心理倾向，直接作用于学生的行为层面，更具有直接性。惩戒教育制度规定具体的不良行为并划分等级，又根据不同等级划分行为后果，使不良行为与惩罚措施一一对应。这就方便教师对学生的不良行为作出判断，只要熟悉制度规则，就能在较短的时间内作出正确的判断，运用最合乎科学和道德的惩戒手段，从而提高教师管理和教育学生的效率。

（3）道德性——公正

公正是最基本的道德，因而，制度最根本的价值属性与道德原则一样，在于

---

① 励雪琴. 教育学是什么[M]. 北京：北京大学出版社，2006：229-232.

公正性。柏拉图说过，正义就是给每个人以适如其分的报答。[①] 休谟(David Hume)认为公正起源有二：一是财富的相对匮乏；二是人性的自私和有限的慷慨。[②] 惩戒教育制度需要内在的公正性是出于人性的自私和有限的慷慨这一原因。人的自私本性决定了学生在学校生活中关心自己胜于关心他人，当学生作出自私的举动时，就可能会损害到他人的利益。例如，当学生为了表现自己的聪明能干在课堂上不遵守纪律而发言时，他就侵犯了他人正当发言的权利，这就需要公正来主持公道，对不守纪律的学生施行惩罚，以弥补其他学生受到的损失。同时这一过程也具有教育其他学生要遵守纪律的作用，当然这并不是惩戒教育制度的主要目的，而是附加的功能。惩戒教育制度具有良好的内在价值，这体现在制度制定程序的公正性上。惩戒教育制度是由学校、教师、家长和学生共同协商制定的一套制度，每个群体都有对制度提出意见的权利，这体现了程序的公正性，不论制度制定的结果如何，共同制定制度这一举措本身就满足了家长、教师和学生作为公民参与制度建设的内在需要。程序公正体现了惩戒教育制度制定过程的道德性，也是教导所有的成员，为了达到良好的目的，过程和手段必须是道德的，即使不能达到很好的目的，过程本身也应该是符合道德的。一般来说，符合道德的程序必然导致结果的公正。

衡量是否公正的依据在于是否达到等利交换或者等害交换的条件。例如，每个学生都有受教育的权利，同时每个学生也都有不妨碍其他学生接受教育的义务，权利和义务相等是公正的体现。当某学生在课堂上扰乱课堂秩序时，便是侵犯了其他学生接受教育的权利，教师有为保证其他学生的正当权利而对该生进行处罚的义务。教师不能顾此失彼，为了照顾一个学生的需要在课堂上花大量的时间对其进行教育，这会使其他学生失去受教育的机会。惩戒教育制度作为事先研究而制定的一套规则，可以在课堂上为教师提供及时的指导，使教师采取正确的、合乎道德的惩戒措施，既可以有效地制止学生的不良行为，也不损害任何一个学生接受教育的权利。这种双赢的结果体现了惩戒教育制度在结果和目的上的公正。公正的制度环境下的教职员工和学生会相互影响，进而形成良好的集体氛围，在无形中塑造学生积极的行为和抑制不良的行为。只有学校的教职员工、学生以及家长一致认识到惩戒教育制度的公正合理，才能发自内心地肯定该制度的价值，并自觉地遵守和维护之。

(4)人文性——善

“善”是事物所具有的能满足需要、实现欲望、达成目的的效用性，是人们所

---

① 柏拉图．理想国[M]．郭斌和，张竹明，译．北京：商务印书馆，1986：7．

② 王海明．伦理学原理[M]．北京：北京大学出版社，2009：207．

赞许、所选择、所欲望、所追求的东西。[①] 亚里士多德(Aristotle)说过,一切规划都应以某种善为选择。制度中蕴含着"善"的价值取向。制度中规定应该做的和不应该做的实际上是对"善"的价值观的倡导,因而制度有内在的善。对于惩戒教育制度来说,不仅有内在的善,还有目的上的善,因为惩戒教育制度的目的是为了规范教师惩戒学生的手段,促进学生身心的健康发展,能够满足教师和学生的共同需要。对于学生来说,他们追求的是惩戒教育制度中"应该"所规定的内容,这是行为上的一种善。例如,《中学生日常行为规范》第9条规定:"尊重教职员工,见面行礼或主动问好,回答师长问话要起立,给老师提意见态度要诚恳。"在这条规范中,学生在面对师长问话和给老师提意见时,"起立"和"态度诚恳"就是行为上的善。

除此之外,惩戒教育制度还有手段上的善。惩戒教育顾名思义就是通过惩戒达到教育目的。为达到善的目的,不能使用不道德的手段,即使结果是不好的,也应该使用道德的手段。从表面上看,惩戒教育制度为达到教育目的而使用的手段是恶的,但实际上这种恶是必要的恶。王海明教授说:"必要恶的净余额是善,因而实质上仍然属于善的范畴。"[②]惩戒教育对于学生来说可能是一种恶,因为它会给学生造成不愉快的感受或者痛苦的体验,但是却能抑制不良行为,从长远来看,这更加有利于学生的身心健康发展,这对于学生来说是一种更大的善。因此,惩戒教育制度无论在自身的内容上,还是在结果和手段上,都是善的,都具有善的价值属性。

二、学校惩戒教育制度化的必要性

"化"是一种倾向,是一种正在发展、形成的某事物或某体系。一个制度的形成,需要经过三个阶段,即口授阶段、习俗阶段和制度化阶段。在口授阶段,通常由领导或者教师在会议上或者在日常教育过程中反复强调各种要求,这些通常是根据学校实际状况提出的要求。在习俗阶段,具体表现为教师和学生之间已经达成共识的习俗、习惯、风气等。制度化阶段即条文化的制度和规范阶段。制度化阶段是学校教育管理中多要素、多层次、多结构、多边活动中的一种高级管理形态。制度化的过程也是一个从不稳定、不严谨、非结构的形式,发展到稳定的、有序的、有结构的形式的过程;甚至可以说是从非正式的控制到正式的控制的过程。[③]

学校惩戒教育的制度化是一个内涵丰富的过程,有人认为惩戒教育制度化是以制度为中心的,即强调惩戒教育的成文化和公开化,倡导为惩戒教育立法,

---

① 王海明. 伦理学原理[M]. 北京:北京大学出版社,2009:23.

② 王海明. 伦理学原理[M]. 北京:北京大学出版社,2009:25.

③ 康拾才. 论制度化教育的合理性及局限[J]. 教育研究与实验,2007(2):32.

通过制定、执行惩戒教育制度对师生的行为进行管理；有人认为惩戒教育制度化是以教育为中心的，即强调惩戒教育制度本身的教育功能，通过制度对学生进行教育；也有人认为惩戒教育制度化是以惩罚为中心的，即强调惩戒教育制度的惩罚、约束功能，通过制度对学生实行惩罚。无论哪一种观点，取其一都是片面的，本研究中所认为的惩戒教育制度化，是这三方面合力的结果，它是以教育为目的，以惩罚为手段，以制度为载体的有机统一。这要求惩戒教育制度是符合教育规律的、是合乎人道主义精神的、是合乎伦理道德规范的，而实现这一过程则需要成文化、公开化、规范化的手段和途径，也就是建立制度的过程。因此，惩戒教育制度化是指学校越来越以条文的形式对学校成员在惩戒教育方面必须共同遵守的行为作出规定的倾向，其中包括：没有惩戒教育制度的学校建立惩戒教育制度；有不成文的惩戒教育习俗的学校形成成文的规定；对已有的不合理的惩戒教育制度进行修改。

制度化是学校惩戒教育合法化、规范化的必然要求和趋势，其必要性取决于以下几个方面。

1. 教育学生的需要

在教育学生的过程中惩戒与赏识同样重要。赏识针对学生的良好行为，惩戒针对学生的不良行为。学生犯了错，需要教师对其进行纠正和规范，而不是对学生所犯的错误视而不见，转而表扬学生其他好的行为，似乎这样不良行为就会自动消失一样。众所周知这是一个谬误，不良行为的矫正除了引导、劝说之外，必要时必须运用惩戒教育手段。奖励学生需要有制度的激励，惩戒学生同样需要制度的保障和规范。惩戒教育制度是学校和教师实施惩戒教育的基础和依据，是执行惩戒的标准和原则，没有惩戒教育制度，学校的惩戒教育将变成人治。

制度作为学校中一种普遍的行为准则，对学生的教育功能是显而易见的。惩戒教育制度亦然。首先，惩戒教育制度有利于锻炼学生应用制度、执行制度的能力。应用能力是学生需要发展的能力之一，这不仅是课堂的教学目标，也是学生作为一个社会公民所需要具备的能力。学生执行制度是一种高度程序化的能力学习，通过对惩戒教育制度的执行，能够培养学生的执行能力。其次，在制定惩戒教育制度的过程中，学生主动参与到制度的建设中，能够培养学生的民主意识和公民意识。民主意识和公民意识能够在个体参与制度建设的过程中形成，青少年儿童形成这样的意识需要教师通过学校的制度对学生进行教导。要让学生走上社会之后具备这方面的素质，在校的制度教育是不可或缺的。最后，教师引导学生学习惩戒教育制度时，是在利用制度对学生进行道德教育，学习制度中关于道德的内容，使学生明白何为善，何为恶，强化学生不愿意犯错的心理和行为倾向，从而鼓励正面“德性”的出现，促进个体道德意识的形成和发展。教师通过惩戒教育制度教导学生如何遵守规则而成为一个合法的公民，使学生明白犯了错就要受到惩戒，这有助于防范走上社会后的他们因为对制度的无知无畏而触犯法律。

2. 保障和规范惩戒权力的需要

法国社会学家涂尔干认为，教育本质上是一种权威性的活动，教师是权威的代表，这种权威既来自社会，也来自教师个人的人格魅力。日本学者小川一夫将教师权威的源泉归为五种势力，其中一种就是强制力，即教师掌有对学生进行处罚的权限。德国政治学家和社会学家韦伯(Max Weber)认为，真正的权威是四种权威合力的结果，第一种是传统的权威，第二种是感召的权威，第三种是个人魅力的权威，第四种是法定的权威。教师的权威不取决于其中任何一方，而是这四种权威的结合，缺少任何一种权威，教师的权威便不完整。例如，当教师缺乏在教育系统中的位置，即法定因素时，便不能称之为"制度权威"了。[①] 虽然说教师真正的权威来自"生授"，但是在惩戒教育方面，没有一个个体天生是喜欢被惩戒的。因此，在惩戒教育框架内，更加需要强调的是法定因素对教师权威的保障。法定权威离不开制度。制度是教师惩戒工作规范性的体现，它使得教师有章可循、有据可依。

惩戒教育制度化不仅可以使教师惩戒学生有据可依，还可以约束教师的惩戒行为，约束教职员工的情绪、脾气、偏好等，使惩戒不再是随性而发的泄欲行为，而是有据可依的合理合法的教育手段。通过约束、规范教职员工的惩戒手段还可以提升教师队伍的素质，使教职员工的教育行为更加科学化和人文化。

3. 学生发展的需要

学生的身心发展不但受到外在因素(如教育和环境)的影响，还受制于个体内部的因素，如自身的需要、已有的身心发展水平等。中小学生处于身心不断发展的阶段，缺乏明确的道德意识，道德观念不强，道德知识和经验不足，道德认知水平不高，情绪不够稳定。同时，处在这个年龄段的学生有着强烈的好奇心，容易受不良需要、好奇心、试探和模仿等心理因素的驱使，经常采取错误的行为方式。惩戒教育制度化有利于约束学生的这种不良欲望。学生难免会犯错，会出现消极和错误的思想行为，甚至作出违法乱纪的尝试。惩戒教育制度化能通过惩戒削弱学生的不良欲求，最终纠正、消除学生的不良行为。如果对学生的错误行为不进行惩戒，就会导致不良行为的泛滥。有了制度的明文规定，不但可以使学生明白行为的"边界"，预防违规，而且可以纠正已出现的不良行为，预防再次发生类似的违规行为，还可以让其他"有犯错想法"的学生约束其行为。

---

① 吴康宁. 教育社会学[M]. 北京：人民教育出版社，1997：207-211.

学生作为社会成员的一部分，天生就有与人交往的需要，有交往就会有冲突，因此，有人的地方就需要用制度来规范。学生从小就开始与人交往，也就是他们从小就需要过制度化的生活。当人与人之间发生冲突的时候，应该让学生学会运用制度来主持公道和解决问题。中小学生与教师的冲突、与同学的冲突、与环境的冲突以及与自身的冲突，可以通过惩戒教育制度的实施来解决。

4. 改善教育现状的需要

学生不同于公司的员工，教师不可以通过经济上的制裁对学生进行控制和管理。当教师达不到所期望的教育效果的时候，往往会不自觉地使用命令、警告、惩戒等强制性手段对学生实施控制。研究表明，体罚或者变相体罚在任何一个国家的中小学校都存在，在不少国家还相当普遍，至于命令、警戒、训斥等更是司空见惯的事。有学者表示，就"强迫命令与训斥而言"，可以毫不夸张地说，除了监狱之类的管制组织与部队之类的军事组织之外，没有哪一种社会组织中的强迫命令与训斥行为更甚于学校中的教师对学生的同类行为。① 学生既不是犯罪分子，也不是军人，而是正在发展形成中的"社会人"，运用制度来规范频繁施加在他们身上的强制手段显得意义重大。

目前我国法律法规虽然明文规定不得体罚学生，但是体罚学生的新闻事件屡见不鲜。例如，广东省中山市东升镇华盛学校某小学生因为忘戴红领巾和校卡，被教师打了 100 下，之后被责令抄写"红领巾校卡"五个字 1000 遍，交上去之后，教师发现该生只抄了 800 多遍，就又打了该生 100 下，打学生的工具是一根直径达 2 厘米的铁管。② 德园学校一名品学兼优的女生小文(化名)，因为没有理解老师让其收齐全班的本子是在上课收还是下课收，所以没动，老师就脱掉她的裤子，让其在班上走一圈。③ 除了体罚，教师也存在滥用"批评权"的现象，据中国之声《央广新闻》报道，合肥市第四十五中学的一名班主任曹老师，为了惩罚学生，让全班学生写小纸条批评班上的一个学生，并当着全班学生的面把小纸条的内容念出来，此举让这个学生有了轻生的念头。④ 让全班同学写小纸条批评一个犯错误的学生，就是这位教师对他拥有"批评权"的错误的理解和把握。2012 年 10 月 24 日，温岭×××幼儿园一位 90 后教师提着学生的双耳使其双脚离开地面，学生脸上露出痛苦的表情。该虐童事件发生之后，《中国青年报》发表文章称，虐童事件会导致家长和教师之间难以达成信任感，一位接送孙子的爷爷就一天五次在幼儿园门口"潜伏"，观

① 吴康宁. 教育社会学[M]. 北京：人民教育出版社，1997：255-256.

② 潘林，李佩佩，白杨. 实习女教师钢管教训小学生[N]. 羊城晚报，2012-04-11(A09).

③ 乌元春. 小学女生称遭老师脱光裤示众[EB/OL]. (2012-03-13). http://society. huanqiu. com/roll/2012-03/2521243. html.

④ 刘珏. 老师让全班批评一名学生，冷暴力体罚引争议[EB/OL]. (2011-11-26). http://society. huanqiu. com/roll/2011-11/2208873. html.

看孙子是否受欺。如此弥漫的焦虑，需要监管部门给出答案；这样耿耿于怀、不能安心的心理病，需要制度去救治。

除了新闻报道的恶性体罚事件之外，教师惩戒学生不当的事件多有发生，但是教师拿学生没办法的案例也不在少数。一些年轻的女教师，由于缺乏教学经验和掌控班级的能力，经常被“气哭了跑出教室”。也有一些学生对年老的教师十分不尊重，言语不敬甚至拳打脚踢。而对于这样的行为，年轻的女教师和年老的教师只能跑到校长办公室“诉苦”。另外，在教育领域中存在的争议使得教师不敢涉及这一“雷区”。有的教师认为罚站、罚抄作业是合理的惩戒教育方式，但有的专家学者却认为这也是体罚。那么这些到底算不算体罚？罚站多少时间算体罚？罚抄作业多少遍算体罚？这个度在哪里？目前，中小学中罚站、罚抄的现象还是相当普遍的，如果这算体罚，那么在中小学中存在大量的不合法行为。如果这些不算体罚，又没有制度的保障，那算什么呢？所以，现状期待国家尽快出台相关法律法规，对能实施的惩戒教育手段有一个明确的规定，便于中小学教师开展教育教学工作。

三、学校惩戒教育制度化的可行性

1. 法律法规的许可

法律是一系列社会规则和行为规范的组合，由国家强制力保证实施，这保证了法律的权威性。惩戒教育制度想要取得一定的效果，必须由国家通过立法来保证实施，取得一定的制度权威。一个社会只有建立起惩恶扬善、赏罚分明的利益调节机制，才能使人认识到自己的权利和义务，明确行为的界限。只有把道德规范转化为法律规范，以法律手段促进道德建设才会更有成效。民主的社会一定是一个法律严明、法制健全的社会。法律的供给一定符合法律的需求，没有法律的需求，法律的供给就没有意义，若供给太多，则必然走向反面。惩戒教育活动在法律上有需求，法律应予以供应，使惩戒教育成为权威的、有效能的活动。

虽然我国在惩戒教育方面的法律还不尽完善，但制定惩戒教育制度还依稀可以从一些法律条文中寻找到依据，例如，学校有权根据国家有关学生奖励、处分的规定，结合本校实际，制定具体的奖励与处分办法。[①]《中华人民共和国教师法》《中华人民共和国教育法》《中华人民共和国未成年人保护法》《中小学管理规程》等法律和教育部行政规章、各省（区、市）教育行政部门制定的学籍管理办法等地方性法规和规范性文件，就学校和教师的惩戒权、学生的权益和惩戒保护救济作了相关规定。[②] 这些法律条文为惩戒教育制度的制定提供了依据，使得惩戒教育制度符

① 褚宏启. 教育法制基础[M]. 北京：北京师范大学出版社，2003：42-43.

② 参见第二章第六节相关内容。

合国家的教育指导方针。

2. 科学理论的指导

建立规章制度比造几堵墙难得多。若把制度的条款视为砖块，那么科学理论在其中扮演钢筋的作用，虽然外表看不见，但却是连接建筑的筋骨。制度是价值观念的体现，每个制度都有一定的科学理论在背后起支撑作用，惩戒教育制度也不例外。惩戒教育制度隐藏着伦理学、教育学、社会学等多学科的理论依据，这些理论依据支撑着惩戒教育制度，使其不至于成为一纸空文，也不是有关人员闭门造车的结果。

从伦理学角度看，制度不仅是一种进行管理和实施控制的工具，制度本身就具有伦理道德性。合理的制度中蕴含着伦理道德的原则和价值判断，例如公正原则、普遍性原则和历史性原则。[①] 制度伦理不仅指制度内部所具有的伦理道德性，还包括将伦理道德制度化的含义，即用制度的形式规范人的行为。惩戒教育制度建构的过程，即把一定的社会意识形态纳入制度的过程，这些意识形态和价值观念一定是与当前主导的社会伦理要求相一致的。惩戒教育制度调节学生个体内部、学生和学生之间、学生和教职员工之间的矛盾和冲突，规定学生和教职员工应该做的和不应该做的。当学生和教职员工违反规定时，就需要根据制度规范受到惩罚，这是制度强制性作用的彰显，也是伦理道德固化的体现。

制度包含了道德规范，例如《中小学生守则》中就有“孝敬父母、尊敬师长、礼貌待人”等道德内容。学校的惩戒教育制度使得学校的教师不至于沦为专制者，也不至于使学生发展成为动乱者，从而防止道德败坏，维持学校成员的道德性。从责任和义务的角度来看，学生和教师在遵守学校规章制度的时候，就体现了他们的德行。所以，惩戒教育制度并非专制与控制的体现，而是道德本身，是一种道德教育、法制教育的工具。正如有的学者所说：“制度必然带有鲜明的伦理特征，具有道德的功能。制度与道德同属道德教育范畴，只不过是二者作用的方式有所差别而已，前者强调外在规范，体现道德教育过程中的‘他律’内容；后者强调内在自觉，彰显道德教育活动中的‘自律’精神。换一种角度而言，‘没有规矩，不成方圆’。在从他律到自律的道德教育过程中，制度是实现道德自律的重要保障。”[②]

从教育学角度看，教育是一种特殊的经验传递系统，有着传递社会经验，使人社会化的职能。个体要在社会中求得生存和发展，必须遵守学校的规章制度，学习社会生活的经验。鲁洁教授提出：“教育本身就是制度性的活动。”[③]制度是教育范畴内道德教育的工具和途径。制度也是道德教育的一部分，它强调外在

---

① 龚天平. 论制度伦理的内涵及其意义[J]. 宁夏大学学报(哲学社会科学版)，1999(3)：23.

② 冯永刚. 制度道德教育论[M]. 北京：北京师范大学出版社，2011：8.

③ 鲁洁. 德育社会学[M]. 福州：福建教育出版社，1998：223.

的约束和规范，是一种外在的“强制力”，体现“他律”的内容。在对青少年儿童的教育过程中，不仅仅只有主体内部发生变化才会促进主体道德水平的发展，外部教育环境、教育手段也会促进或者阻碍个体道德水平的发展。作为外部教育资源之一的制度，在道德教育中的作用不容小觑。在学生从外在地服从制度规范到认同制度内容直至信奉制度背后的价值观念的过程中，制度扮演了重要的角色。

在当今这样一个发展迅速的社会中，学校已经不是人们过去描述的“象牙塔”。学生在成长过程中遭遇各种不同的价值观，过度的宠爱和被满足又使得他们为所欲为，想干什么就干什么。人们一度质疑学校道德教育的功用。在这样的状况下建立学校的惩戒教育制度显得迫在眉睫。惩戒教育制度是当前道德教育的需要，教师和学生都需要惩戒教育制度发挥制约和规范的功能，改善目前道德教育无力的情况。

从经济学角度看，人们之所以知法犯法，一个重要的原因就在于违法后没有受到应有的惩罚，或者说，犯罪的成本低于所取利益，违约收益大于违约成本。① 运用这一原理，人之所以屡教屡犯，屡教不改，是因为他在做了“不能”做的事之后没有受到相应的惩罚，没有认识到错误的严重性，没有意识到违犯行为的后果比他违犯制度的代价更大。从这一角度出发，惩戒教育制度化的意义是十分明显的。

综上，惩戒教育制度化是教育工作者的内在心声，尤其是学校教师开展教育工作的切实需要。在教育过程中，教师根据自己的理论、经验，有时需要对屡教不改的学生动用惩戒教育手段，却碍于社会、家长、学生以及不正当舆论的压力而放弃，这是非常可惜的。越来越多的中小学生任性、自私、不喜欢被约束等特征日益突出，国家教育法规、政策规定“教师不得体罚学生”，但是对合理的惩戒手段却没有在制度上加以明确，因此现实教育中迫切需要“惩戒教育制度”的建立和运用，以保证中小学生健康地成长。

3. 国外经验的借鉴

我国提倡与国际接轨，但是在惩戒教育制度方面，似乎与国外还存在一定的差距。研究国外惩戒教育制度，可以对我国惩戒教育制度的建设提供一些有益的借鉴。

(1)美国：大多数州允许惩戒并有相关惩戒制度

美国有 20 多个州用法律规定学校可以对学生施行惩戒。例如，布赖恩独立学区(Bryan Independent School District)制定有完备的惩戒制度。该学区位于美国德克萨斯州布拉索斯县(Brazos County，Texas)，学区有公立中小学 23 所、私

① 冯永刚. 制度道德教育论[M]. 北京：北京师范大学出版社，2011：15.

立学校4所，学生超过16000名。德州立法机关授权独立学区对学生的行为进行管理。为了最大限度地实现学生的利益，学区根据《德州教育法》制定《学生行为准则》（以下简称《准则》）。《准则》主要分为三大部分，实质上是一套完备的惩戒制度。第一部分是准则的具体规定，也就是对学生行为的期望；第二部分是不良行为的后果，即惩戒体系；第三部分是纪律管理的实施程序，即惩戒实施的程序。[①]

学区惩戒制度包括对学生正面的要求、禁止的行为、违犯行为的定义、违犯行为的范围、例外情况以及法律依据。在该制度中可以找到例如纵火、袭击、恃强凌弱、作弊、破坏活动、扰乱课堂、扰乱交通等各项违犯行为的准确定义。另外详细规定违犯行为的发生范围，以便按规定实施惩戒。《准则》将违犯行为划分为5个级别，即一般的不良行为、重要的不良行为、严重的不良行为（下分两个等级）和应开除的不良行为。在严重的不良行为中又分为宽容的惩戒替代性教育项目（DAEP）安置和强制的DAEP安置的不良行为（见表4.1）。学生、家长和教师可以通过《准则》的第一部分查知不良行为及其定义，接着在《准则》的第二部分可以查知该不良行为属于哪个级别并要接受哪个等级的惩戒，例如，通过惩戒体系第一部分可以查知学术不端行为、上课迟到的定义，在第二部分中查知这两者是属于级别2（重要的不良行为），可以实施级别1或级别2的惩戒行为，如撤销或限制公车特权、撤回或限制学生对学区电脑网络或设备的使用、课后留校、社区服务、校内停学、低于50美元的赔偿等。5个惩戒级别中，只有级别1的违犯行为由课堂教师实施惩戒，其余4个级别的惩戒均由学校负责人处理（见表4.1）。每一级别可向上包含实施惩戒，例如级别3的后果可以使用级别1或级别2的惩戒措施，但是不可以实施级别4的惩戒措施。《准则》的惩戒体系中，惩戒替代性教育项目（Disciplinary Alternative Education Program，DAEP）是一个关键的环节。DAEP是一个在校内（或校外）专门开辟的不同于常规教室的教育环境。布赖恩小学的DAEP就在小学校园内，中学的DAEP有专门的校园（Bryan DAEP Campus）。在DAEP安置过程中，学生只学习英语、数学、科学和历史。安置时间长短由学校校长决定，最久可被安置到高中毕业为止。一般在控告取消、过失减轻或完成安置任务后可结束DAEP安置。在DAEP中同样可以对有严重违犯行为的学生实施开除。家长或学生可以根据相应程序对DAEP安置决议实施上诉。惩戒制度中对DAEP的安置、拒绝DAEP的安置、紧急安置、对DAEP安置的上诉、复审、开除、教师把学生从班级中驱除出去等惩戒程序都有详细的说明。

---

① 参见附录一：布赖恩独立学区惩戒制度。

表 4.1 布赖恩独立学区惩戒的级别

级别	主导人员	后果
级别 1：一般不良行为(General Conduct Violations)	课堂教师	
级别 2：重要不良行为(Significant Misconduct)	学校负责人	
级别 3：严重不良行为，宽容的 DAEP 安置(Permissive DAEP Placement)	学校负责人	最严重的行为被安置到 DAEP (Disciplinary Alternative Education Program)
级别 4：严重不良行为，强制的 DAEP 安置(Mandatory DAEP Placement)	学校负责人	强制安置到 DAEP
级别 5：应开除的不良行为(Expellable Offenses)	学校负责人	强制开除到 DAEP 或 JJAEP (Juvenile Justice Alternative Education Program，青少年司法替代性教育项目)

布赖恩独立学区的惩戒制度是比较具有典型性的，是一套拥有法律支持、涵盖面广、便于操作的惩戒制度，对教师、学生在校园中的生活有很强的指导性和规范性。归纳分析可知美国中小学的惩戒制度拥有以下特点：

第一，惩戒制度的科学性。惩戒制度中所定义的每一条违犯行为都有法律或者相关政策的支持，主要根据《德州教育法》《德州刑事法》《德州健康和安全法》和《残疾人教育法》。在列示不良行为定义时，详细标明所根据的法律法规。例如关于"袭击"这一不良行为的根据是《德州刑事法》22.01 条的规定以及《德州教育法》37.006 条的规定。查阅相关法律发现《德州刑事法》22.01(a)(1)将"袭击"定义为"故意地、不计后果地对他人(包括这个人的配偶)造成身体上的伤害"①。《德州教育法》37.006 条中规定必定会被从教室中驱除出去并安置在惩戒替代性教育项目中的行为是：参与涉及错误报警，或《德州刑事法》42.06 条规定的违犯行为，或《德州刑事法》22.07 条规定的恐怖袭击行为……②可见，《准则》的制定过程中，把《德州教育法》和《德州刑事法》紧密地联系在一起，互相作为支撑，最大限度地实现了制度的科学性。

第二，惩戒行为的明确性。布赖恩独立学区的《准则》对每一项违规行为都

① Texas Constitution and Statutes. Penal Code[EB/OL]. http://www.statutes.legis.state.tx.us/Download.aspx.

② Texas Constitution and Statutes. Education Code[EB/OL]. http://www.statutes.legis.state.tx.us/Download.aspx.

有明确的定义并限定范围，有一些还附有例外情况。例如，布赖恩独立学区《准则》对"扰乱课堂"的定义是：任何人不得在离校500英尺范围内单独或和他人一起对校园、课堂或其他学校活动进行有意破坏。破坏学校教育活动的行为包括：发出妨碍课堂教学活动的噪音；怂恿或试图怂恿学生离开班级或者学校要求参加的活动；阻止或试图阻止学生上课或其他学校要求参加的活动；在未经校长或教师同意的情况下进入班级，作出不良行为或用亵渎的语言对班级活动造成干扰。我国临朐县第二实验小学的《学生违反校规校纪惩戒制度》（以下简称《惩戒制度》）对"扰乱课堂"的定义是：扰乱正常课堂秩序，如喧哗、打闹、发出怪异声响、起哄等。① 相比之下，《准则》的规定更加具体和全面，而我国缺乏对违犯行为的界定，到目前为止都是约定俗成的定义。

第三，惩戒范围的广泛性。惩戒制度根据社会、学校的实际情况，对出勤、课堂秩序、课外活动、乘坐校车、着装、考勤、吸毒、虚假警报、打架、纵火、欺骗、赌博、结党、乱涂乱画、黑客行为、有伤风化的裸露、迟到早退、街头滞留、猥亵行为、移动设备的使用、剽窃、药物使用、学术不端、秘密结社、性骚扰、恐怖威胁、醉酒、烟草、武器使用等都有详细的规定，并且在此基础上对各类不良行为进行等级划分，便于学生了解不良行为的严重性，以起到警戒的作用。

第四，惩戒场所的专门性。类似但又不同于我国的"训导处"、"德育处"，布赖恩独立学区中专门设立的DAEP校园是一个专门实施惩戒的场所，设置的目的是为了不影响其他学生的正常学习，更加便利地实施惩戒，同时又对应受惩戒的学生进行常规的教育。在美国中小学一般都设有惩戒室或工厂作坊。洛杉矶的鲍特拉初中有专门的惩戒室，有专门的教师值班。惩戒室是一所阶梯教室，四围没有可以逃跑的窗户之类。门是锁着的，值班老师坐在门旁的写字台后……学生坐在那里抄写校规之类……不是全抄，而是有选择地抄写一部分。②

第五，惩戒形式的多样性。惩戒的形式除了分成5个不同的级别外，还有多样的惩戒形式。为了有较明显的对比，将《准则》与我国临朐县第二实验小学《惩戒制度》进行比较（见表4.2）。

由表4.2中比较得知，布赖恩独立学区惩戒的方式多样，不仅仅是把一个惩戒行为加到学生身上，例如课后留校、分配额外任务等，也通过剥夺其已拥有的权利来实施惩戒，例如撤回或限制公车特权、撤回或限制其对学区电脑网络和设备的使用。惩戒依据行为的严重程度分5个级别分别进行。且对于一项不良行为，惩戒方式有多样的选择性，而在《惩戒制度》中的惩戒方式就显得单一。

---

① 临朐县第二实验小学.学生违反校规校纪惩戒制度[EB/OL].(2012-05-13).http://www.doc88.com/p-860116887855.html.

② 牟其善.美国中学教育中的惩戒措施[J].外国中小学教育，1995(6):47.

表 4.2 《准则》与《惩戒制度》惩戒方式的比较

	惩戒方式
布赖恩独立学区《学生行为准则》	级别 1:口头改正;致电或通知家长;冷静时间;改变教室内座位;由教师、辅导员、负责人对其进行咨询;家长会;没收物件;奖励或记过;行为契约;把学生遣送办公室或指定区域;课后留校;分配额外任务;收回特权;降级处理
	级别 2:级别 1 的所有惩戒方式;撤回或限制公车特权;校级评估和学校负责人的查验;撤回或限制其对学区电脑网络和设备的使用;课后留校(午餐时间、放学后或周六);社区服务;校内停学;校外停学;低于 50 美元的赔偿
	级别 3:任何适用于级别 1 或级别 2 的惩戒方式;允许安置到 DAEP;赔偿 50 美元或更多数额
	级别 4:任何结合级别 1,2 或 3 的惩戒方式;强制性安置至 DAEP
	级别 5:结合级别 1,2,3,4 惩戒方式进行;开除
临朐县第二实验小学《学生违反校规校纪惩戒制度》	言语责备;没收;扣常规量化分(5 分,10 分,20 分);书面检查(书面保证);全校通报;记入学生档案的处分(警告、严重警告、记过);劝阻;说服教育;报公安机关依法处理

第六,惩戒过程的沟通性。布赖恩独立学区认为,学区的成功取决于学区人员和学生家长或监护人之间良好关系的建立。在学校和家庭沟通一致的情况下最有利于学生发展。学区承诺在教育学生的每一领域与家长进行沟通交流。沟通需要遵照一定的程序实施:第一步是和学校相关人员联系。例如,班级问题应该首先和教师一起,在校长和副校长的指导下进行沟通处理;行为或纪律问题一般经由副校长,在校长的指导下进行处理。第二步是和学区相关人员联系,学区在《准则》中公布联系的方式、联系人姓名等。第三步是与相关的监督助理联系。第四步是和负责人联系。分步骤的联系方式更加具有针对性,对不同的问题可以找到不同的负责人员进行反映。

第七,惩戒程序的严密性。《准则》中详细规定了惩戒行为的实施程序。例如开除的详细程序是:①负责人召开开除听证会。②至少提前三天准备处罚通知,以书面形式通知学生家长或监护人参加听证会,包括开除的信息、会议的时间和地点。③在开除听证会上,学校负责人要出示开除学生的证据。④学生或家长可在开除命令发出后 10 天内以书面的形式向布赖恩独立学区董事会提出上诉,接下来以秘密的形式召开会议。会议上,董事会给予学生或家长陈述事实的机会,同样要求行政人员发言,若没有新的证据就确认事实。听审结束,立即公布结果。⑤学校负责人将开除文件的副本交给家长或者监护人,以便在开除期间对学生进行监督;听审结束后两天内,学校负责人要将一份开除副本上交给学生居住区的青少年法庭。⑥开除期限最长是一年,除非学区经过复审,认为解除开除对其他学生来说是一个安全隐患或者延长开除期限符合学生的最大利益，才可以延长开除期限。⑦学生在开除期间不得转校，完成开除期限后才可以转入其他校区。⑧学生如果转校，开除记录将被转到新的学区。虽然可能因为惩戒程序的烦琐而导致惩戒行为延迟的结果，但从另一角度来说却秉持了公正、客观的原则。让学生清楚地知道，违反了《准则》及学校相关规定，就要为错误的行为负责，接受惩罚，不管错误距离现在多远。

(2)英国：从禁止到许可惩戒的法律规定

英国1989年之前的法律规定学校及教师体罚学生的八点要求：①用鞭子或皮带惩戒学生必须依照规定的标准。②必须备有惩罚记录簿，惩罚完后要求列明体罚原因及过程，且要经过校长签名，并定期对惩罚记录簿进行检查。③实习教师、代课教师、临时聘用教师等不得使用体罚，正式教师至少具有三年以上教师资格者才能施行体罚。④禁止对8岁以下的儿童实施体罚。⑤禁止在班上或众人面前施行体罚。⑥施行打手心的体罚，每只手不得超过三下。⑦女生只限于打手心，而且只能由女教师来执行，如果鞭打男生臀部，不得超过六下。⑧对于有生理或者心理缺陷的学生，体罚前必须经过医护人员的许可。[①]

1989年之后，英国立法禁止对学生实行体罚，包括教师和家长。这一立法遭到教师和家长的反对，他们认为惩戒孩子是上帝赋予他们的一项权利，惩戒孩子符合《圣经》的要求。2001年11月，一些教师和家长联合向高等法院提出恢复体罚的要求。《2006教育与督学法》重新确立了教师和家长的惩戒权，并且教师在一定范围内还获得了新增的法定权利。例如，教师可以没收学生不合适的物品，包括手机、音乐播放器等；可以对上学和放学途中表现不好的学生进行惩戒；可以将学生课后留校，时间可以是放学后或者周六；可以用身体阻止学生打架；法律还许可校长在校门口安装金属探测仪对学生实施武器搜查；校长必须为学校制定有关的惩戒政策并公之于众；如果学生逃学，法院可以对家长实施罚款或者监禁等。[②]

(3)韩国：从许可到禁止体罚的法规

韩国曾有一段时间法律明文规定禁止体罚，但是2002年6月26日教育人力资源部公布的《学校生活预示案》重新规定可以对违纪学生施行体罚，并且规定了体罚的要求：①向学生讲清体罚的理由；②对学生的身体、精神状态进行检查，若状态不佳，可以延期体罚；③学生可以提出以校内义务劳动来代替体罚；④体罚必须有校监和生活指导教师在场，不得有别的学生在场；⑤男生打臀部，女生打大腿；⑥小学生不超过5下，初中生、高中生不超过10下，不能在身上留下疤痕；⑦教师

---

① 关胜.老师对学生是否有惩戒权，体罚和惩戒不是一回事[EB/OL].(2004-03-25).http://edu.zjol.com.cn/05edu/system/2004/03/25/002582101.shtml.

② 李茂.英国教师获新增法定惩戒权[N].中国教育报，2007-04-18(A04).

不能用手直接对学生进行体罚，可以使用直径 1.5 厘米左右、长度不超过 60 厘米的木棍。①

2010 年 11 月，韩国政府又宣布废止体罚。2011 年 1 月 17 日，韩国教育科学技术部发布《学校文化先进方案》，禁止直接的体罚，即教师用身体和道具惩罚学生的手段；但是允许间接的体罚，比如罚站、罚跑步、俯卧撑、提醒、警告、隔离、布置特别作业、停止学生上课转做校内服务和社会服务工作等。②

（4）日本：关于体罚的规定

日本从 1947 年开始就严禁体罚，对体罚的范围规定得十分具体。法律规定，不仅殴打、踢打被视为体罚，连端坐、站立、长时间保持同一姿势、将学生逐出教室也被算为体罚。近年来，针对日本学校暴力事件越来越多的现象，日本相关部门建议重新审视体罚，恢复体罚，例如可以罚站学生、轻拍他们的头部等。③

（5）新加坡：严格的体罚程序

新加坡《处理学生纪律问题的指导原则》规定所有新加坡中小学可以惩罚学生，但有具体的要求：①要求学校设立纪律委员会，该委员会由训育主任、正副校长、辅导教师组成；该委员会的职责是：细化政策，制定学生管理制度；维持学校纪律；对处理纪律问题的措施和步骤进行检查；对严重的纪律个案进行检查；负责与家长的沟通；负责与警方、内政部、社会发展部建立联系。②用电脑记录学校危机问题并做系统化分析。③允许非当事人的教师鞭打违纪学生的臀部或手掌，不得超过三下。男生可以鞭打，女生不在鞭打之列。④对于行为恶劣又屡教不改的学生，可由警方或社会发展部调派的辅导员协助校方对付。⑤校长开除学生不必报教育部批准。④

以上国家的惩戒教育状况不得不引起我们的思考，尤其是很多国家在废弃体罚之后又重新立法恢复体罚，韩国虽然禁止直接体罚，但是间接体罚的手段其实是其他国家许可的体罚措施。另外，国外对体罚范围规定之明确、程序之严谨、立法之规范，都是值得我们学习借鉴的。

4. 国内案例的探索

虽然国内不少人视惩戒教育为“雷区”，但也不乏许多有效的尝试。这些尝试或多或少在班级管理中、师生关系上起到了一定的积极作用。其中包括魏书生的民主惩戒制度、郑立平的弹性惩戒制度和郑州二区实验小学的《温馨班规》等。

（1）魏书生的民主惩戒制度

魏书生所在班级的惩戒制度都是学生自己制定的，教师只是起到引导的作用。

---

① 杨光富. 韩国 2002 教育改革的三大热点[J]. 教育发展研究，2003(3)：74.

② 张凤霞，任宝美. 体罚禁令出台，韩国师生称不习惯[J]. 上海教育，2011(8)：47.

③ 张少长. 日本的教育惩罚[EB/OL]. (2010-08-10). http://www.fyeedu.net/info/129706-1.html.

④ 熊仲篪. 中国与新加坡教育惩戒制度比较研究[J]. 武汉市教育科学研究院学报，2007(5)：119.

例如学生制定关于吃瓜子的惩戒措施①。

新年到了,学生们忙着排练节目,买节日用品,大家喜洋洋、乐陶陶。

生活委员说:"老师,这几天地面不干净了,不仅有纸,还有瓜子壳。"

"怎么办? 大家讨论一下吧!"

脏东西主要来源于吃零食,零食该吃不该吃,全班同学都发表自己的意见。首先肯定零食的范畴:非吃饭时间内吃的一切食物,统称零食(病号需要除外),特别需指出的是瓜子、冰棍、糖葫芦,这些带壳带棍的食物在校内吃饭时间也不准吃,在校外则另当别论。吃零食有没有利? 当然有,但总体而言,弊大于利。表决结果,大家通过了在校内特别是在教室内不许吃零食的决定。按照班规,有了一项较重要的规定,便要确定一位同学具体负责。谁负责提醒大家不要吃零食呢? 刚一问,班内便有数十人竞争,高高举着手,抢着做这项工作。大家都抢,究竟谁干? 争执了一会,不知谁冒出一句:"平时谁最爱吃零食就选谁!"

"好!"同学们齐声拥护这个建议。三年级7班选的是卢建。

卢建站起来问大家:"如果发现别人吃零食,怎么办?"

"发现一次写1000字的说明书。"

"对吃瓜子的还应该罚得重一点!"

"重到什么程度?"

"谁扔到地上一粒瓜子壳,就罚写1000字的说明书。"

"瓜子带到学校来也不行,卢建有权力搜吃零食同学的衣袋,在衣服口袋里若发现一粒瓜子,就写100字说明书。"

"如果有100粒呢? 还要写1万字不成吗?"

"就该写1万字,谁让他装那么多瓜子在身上呢?"

"法规定的严些是为了不让人触犯。如果你定吃一粒写100字、衣袋里有一粒写10个字,那别人不害怕,也就制止不住吃零食。"

我说:"停止争论,现在表决。同意吃零食一次写100字说明书的同学请举手。"

只有两名同学赞成。

"同意往地上扔一粒瓜子壳就写1000字的请举手。"

班内举起了70只手,以压倒性的多数通过了严罚吃零食者的规定。

第二天,卢建同学上任了。为了获得说别人的权利,他先从自己做起,用毅力控制自己爱吃零食的习惯。

综观魏书生所在班级制定的惩戒制度,主要方式有以下几种:

①写说明书。如:没有按时完成日记者,当天补完,写500字说明书;未经本人

① 魏书生.班主任工作漫谈[M].北京:文化艺术出版社,2011:134-135.

允许，私看他人日记者写1000字说明书；早退者写500字说明书。

②操行评定扣分。如：每写1000字说明书者，扣操行评定0.1分。

③罚为集体做事。如：未定期完成作业，打水一桶；自习迟到，扫操场45分钟；乱扔粉笔者，擦窗户一扇。

④罚款。如：买乱七八糟贴画者，罚买贴画款的10倍，交团支部，邮到灾区。

⑤体力处罚。如：表决时，由于情绪过于激动，举两只手投票者，即予以揭穿，并让其两只手举10分钟。

⑥说话接力本。该措施针对自习课说话的同学，本子由王海鹏承包，发现自习课说话的，就把本子传给他，让他寻找下一位说话的人，如此下传。凡接力本上有名字的，一次写500字说明书，晚间没交出接力本的，则写1000字。

⑦唱歌。对于迟到但是没有思想上、动机上错误的学生，罚唱歌一首。

⑧心理病历。该措施针对犯错误比较严重又有反复的行为。心理病历包括疾病名称、发病时间、发病原因、治疗方法、几个疗程。例如，魏老师让某学生写骂人病例的例子①：

九年前，我们班有一个同学爱骂人，他不是想骂人时才骂人，而是不想骂人时也骂人，甚至他喜欢别人并想赞扬别人两句时，说出来的也都是骂人的话。开始我挺生气，后来也不觉得奇怪。在那个时代，全国都在开骂，孩子是受害者，不能责备孩子，但总不能眼见这孩子身患骂病而不救治，就让他在那愚昧、野蛮的骂病缠绕下活着。

一天，我把他找来，说："你骂人的习惯不好。"

"老师，我没骂人呀！"

"骂惯了，你都不觉得是在骂了。"我把当天搜集到的他和几位同学的对话讲给他听，他承认是那样说的。我说："你把这些话写在稿纸上，再读一遍，看是什么效果。"这样一认真写出来，不会写的字用拼音代替，他才感到问题的严重性，话实在太脏了，不好意思再读了。我说："那你写一份病历吧！"

于是他开始写骂人病历。

疾病名称：谩骂症。

发病时间：小学三年级。

发病原因：那时，我们班的班主任有病，一个学期总换老师带班。带班的老师管不住我们，我们一些男同学就比骂人玩，看谁骂得过谁，骂得别人说不出话了，就算赢了。我赢的次数最多，就开始爱骂人了。

治疗方法：我想了几服药，老师是最有效的一服药，在老师面前，我不敢骂。第二服药就是爸爸，在爸爸面前我也不敢骂。第三服药是在我最佩服的同学面前，他

---

① 魏书生. 班主任工作漫谈[M]. 北京：文化艺术出版社，2011：197-198.

们在德智体方面都是咱们班的尖子，在他们面前，我也不好意思骂。第四服药，在作业量大、老师又催得紧的时候，我也不骂，没有时间骂，只顾忙着写作业了。以后我要多吃这四服药，多接近老师、爸爸和好同学，多写作业。

几个疗程：老师为我操了这么多的心，我想一个疗程就能好。

该班级惩戒制度的覆盖面涉及思想方面、学习方面、纪律方面和体育卫生方面。每一项均由专人负责，例如：

思想方面：宋君（对犯了错误、挨批评时只顾流泪的同学，每滴眼泪收100字的说明书）。

学习方面：赵伟（负责监督不懂装懂的同学。不懂装懂，打水三桶）。

纪律方面：张士英（负责检查是否有进电子游戏厅的同学。发现一次，写1000字说明书，并每天早自习扫操场，连扫一周）[①]。

（2）郑立平的弹性惩戒制度

郑立平的弹性惩戒制度分两部分，第一部分是具体的违规行为，第二部分是惩戒的措施。惩戒措施有多项，违规者可以进行选择。部分弹性惩戒制度摘录如下[②]：

第1条　在餐厅内，不按顺序乱插队、乱拥挤或抢饭抢菜者

班主任与其谈心后，由学生自愿选择以下一项惩戒方式：①以后一周内在餐厅维持就餐秩序，记录违纪情况；②在以后至少两天内帮助整理餐厅卫生，并每天上交300字心理感受短文一篇；③搜集文明行为故事5篇张贴到宣传栏；④做一次关于文明习惯养成的脱稿演讲；⑤介绍一下自己父母的工作和生活，并谈一下感受；⑥在班内为大家演唱校园歌曲两首；⑦根据事情经过，编写剧情，并进行模拟表演。

第2条　不遵守午休、晚睡纪律，大声吵闹，严重影响其他同学者

班主任与其谈心后，由学生自愿选择以下一项惩戒方式：①在以后至少两天内于午休、晚睡时间在公寓门口执勤，中午巡查，晚上到11点；②在以后至少三天内，于中午、晚上帮助导育教师运水、拖地、做记录等，导育教师认为确实悔改后方可撤销处罚；③在违纪以后至少三天内，每日上交300字心理悔改短文一篇；④登班里"温馨提示"小黑板一周，直至充分认识到错误行为；⑤为全班同学做一件好事，并得到2/3以上的人签字认可；⑥对宿舍进行一次净化或美化。

第3条　……

第4条　在有老师在的情况下，依然故意违反课堂纪律、影响大家学习者

行为较轻者，班主任与其谈心后，由学生自愿选择以下一项惩戒方式：①向老师道歉，并下决心悔改；②停止当天下午的课外活动，写内心反省；③向老师和同学

① 龚春燕，冯友余，查慧. 魏书生特色教育论[M]. 重庆：重庆出版社，2011：100-101.

② 郑立平，张乐平. 教师必须掌握的教育惩戒艺术[M]. 北京：中国轻工业出版社，2011：78-79.

们征求对自己行为的意见，并认真抄写两遍；④搜集文明故事一篇，背熟并默写上交；⑤为全班同学表演一个节目，并获得认可。行为较重者，班主任对其进行批评教育后，学生必须于课后自愿选择以下一项惩戒方式：①郑重地向老师、同学道歉，并当众表决心悔改，请求大家监督；②熟练背诵《学生日常行为规范》；③写违纪相关科目的小论文和说明书各一份；④写"向全班同学道歉书"一份并上交，张贴或公开宣读；⑤为同学做件具体的有意义的事情；⑥针对班级的违纪情况，提出几条合理化建议。

……

郑立平的弹性惩戒制度有以下特点：第一，违犯行为明确；第二，在施行惩戒之前，都会由班主任对学生进行谈话，帮助其认识错误，使学生心甘情愿受惩；第三，惩戒实施并不是一刀切，分行为较轻和行为较重两种情况分别施行惩戒；第四，惩戒的可选择性，学生可以根据自身情况进行选择，也可以申请其他的惩戒措施；第五，由班主任下发"惩戒通知单"（见表 4.3），以显示惩戒的正规性、程序性；第六，惩戒方式多样化，除了写悔过书、抄写《学生守则》、写道歉信、搞卫生之外，还有不少颇具创意的惩戒措施，例如，做对班级有意义的事、脱稿演讲、读名人传记、编写情景剧、背英语短文、张贴自画像、"露一手"并教会其他所有同学、选择一项体育活动每天练习、设计精彩动画等；第七，设有学校级别的惩戒教育制度，例如《学校学生违纪处罚条例》；第八，对情节严重的恐吓威胁、索要钱物者、打架斗殴者，将通知家长、全校通报并移送公安机关。

表 4.3 惩戒通知单[①]

惩戒通知单
（　　年　月　日）
××同学：今晚自习上课时，你和××大声吵闹，不仅耽误了自己的学习，而且严重影响了课堂秩序。你的行为已经违反了我们的班规第 21 条，为使你进一步认识自己的错误，养成良好的学习习惯，请从以下几条惩戒方式中选择一条，并在学生纪律检查委员会的监督下认真接受惩戒：
(1)说明情况，向大家公开道歉，争取同学们的原谅。
(2)写一份呼吁"认真读书学习"的倡议书，张贴宣传。
(3)完成一份违纪心理剖析，并在班上宣读。
(4)为同学们唱首歌，活跃一下课堂气氛。
(5)到操场跑五圈，强化认识。
(6)自我申请的其他惩戒方式：________________。
惩戒执行情况：
监督人：　　　　值日班长：　　　　班主任(签字)：

① 郑立平，张乐平. 教师必须掌握的教育惩戒艺术[M]. 北京：中国轻工业出版社，2011：85.

(3)郑州市二区实验小学的《温馨班规》

《温馨班规》以“温馨”著称。《温馨班规》出台，经历了三个阶段。第一个阶段：组织教师讨论、学习，对是否应该采取惩戒、怎样分清过错行为、对过错行为采取何种惩罚措施等问题达成共识。第二个阶段：对家长进行问卷调查，让家长充分参与其中。学校组织教师和家长共同参与座谈会，教师和家长共同学习惩戒的目的、意义和实施原则等内容，在思想上达成共识，同意借助《温馨班规》来实施惩戒。第三个阶段：引导学生分清过错行为，共同讨论，选择惩戒措施，并制定《温馨班规》。《温馨班规》内容如下：

自觉保持环境卫生，不乱扔杂物，违者负责保管班级垃圾桶、并打扫教室卫生一周；不说脏话、不骂人，违者“10 分钟思过”，即坐在自己的座位上，反思自己的错误 10 分钟。

不带手机、零食、玩具到学校，违者物品暂时由老师保管，由家长到学校领取，并利用休息时间为班级做一件好事。

遵守纪律，上课不迟到，违者第一次向全班同学说明原因；第二次除说明原因外，还要表演一个节目；一个学期超过 5 次，取消评选“三好学生”的资格。

离开座位时，及时把凳子放到桌子下面，摆放整齐，违者把凳子放到阳台上，并向全班同学道歉后才能搬回。

上课要认真听讲，不随便说话，不扰乱课堂纪律，违者用自己最喜欢的事作为交换，如不能看电视、玩电脑、打篮球等，为期一周。

课间注意安全，不追逐打闹，违者担任班级“安全监督员”，课间在教室外的走廊上负责安全检查，为期一周。

勤俭节约，不破坏文具，违者为大家服务一周，负责提供常用的文具，别人来借时不得拒绝。[①]

由上可见，国内惩戒教育在制度化的探索过程中，十分重视学生、家长的参与，体现了民主的精神。在惩戒方式上也开始对教师常用的手段进行成文化的规定，并探索新的惩戒教育手段，例如“惩戒通知单”、“心理病历”等。这些都是惩戒教育制度化过程中有意义的尝试。

第二节　学校惩戒教育制度化的现状分析

为了解目前国内中小学惩戒教育制度化的现状，笔者通过问卷调查、访谈及现

① 郑立平，张乐平. 教师必须掌握的教育惩戒艺术[M]. 北京：中国轻工业出版社，2011：88-89.

场观察等方法，对惩戒教育制度化的情况进行了研究。

研究主要分前期准备、实施和分析汇总三个阶段。前期准备阶段包括选择查找相关文献—建立研究框架—拟定访谈提纲—收集访谈资料—编制问卷；实施阶段包括问卷试测—问卷修订—问卷正式施测；分析汇总阶段主要是对问卷进行回收，剔除无效问卷，对有效问卷进行编码、汇总，结合访谈材料，分析并得出结论。

本研究采用自编的《中小学惩戒教育制度现状访谈提纲》《中小学惩戒教育制度现状调查问卷(教师卷)》《中小学惩戒教育制度现状调查问卷(学生卷)》作为主要工具。问卷的编制以分析总结惩戒教育制度相关文献为基础，结合惩戒教育相关理论与通过对中小学负责人、教师的访谈而获得的第一手资料设计完成。邀请心理学、教育学有关专家协助对问卷的内容进行评价并提出修改意见，同时，针对问卷题目的架构、内容以及用词等进行效度检验，汇总试测效果、施测时间、问卷长度、遣词造句等方面的问题，修改定稿。

《中小学惩戒教育制度现状调查问卷》主要包括三个部分：第一部分是基本资料的调查，收集教师和学生个人的基本情况，作为人口学的变量进行统计分析。第二部分是学校惩戒教育制度现状调查。惩戒教育涉及的范围很广，本研究主要针对惩戒教育的制度层面。问卷的架构根据相关理论、文献资料以及前人的问卷进行编制，共设置 12 个项目，主要包括惩戒教育制度的认知(第 1、2 题)、惩戒教育制度的制定(第 3～5 题)、惩戒教育制度的内容(第 6～8 题)、惩戒教育制度的执行(第 9、10 题)、惩戒教育制度的效果(第 11、12 题)五个方面，以考察当前惩戒教育制度的现状。第三部分主要是惩戒教育制度态度调查。按学校因素、个人因素、政策因素、学生因素与社会因素五个方面编制了 25 个项目(每个因素下设 5 题)。计分方式从 5 分到 1 分，分别代表"非常同意"、"同意"、"中立意见"、"不同意"和"完全不同意"五个级别，所得分数越高，表示被试对于该题项的认同度越高。

《中小学惩戒教育制度现状调查问卷》试测时共发放 150 份，回收 117 份。

该问卷的因子分析结果为：KMO 值为 0.813，Bartlett 球形检验的近似卡方值为 2480.144(df=300)，P 值为 0.000，表明该问卷适合进行因素分析。

采用 Conbach α 系数检验中小学惩戒教育制度现状调查问卷的内部一致性，以期达到进一步改良量表，使量表一致性程度最优化的目的。使用 SPSS17.0 软件进行验证，该问卷的 Conbach α 系数是 0.771，可见本研究构建的量表表现出良好的内部一致性信度，也可以成为后续研究中问卷设计的参考。

对《中小学惩戒教育制度现状调查问卷》进行效度检验，得到问卷的因子特征根值、方差贡献率和累计方差贡献率(见表 4.4)。

表 4.4　问卷的因子特征根值、方差贡献率和累计方差贡献率

因子	因子特征根值	方差贡献率(%)	累计方差贡献率(%)
1	6.140	24.559	24.559
2	4.342	17.369	41.928
3	3.861	15.444	57.373
4	1.985	7.939	65.312
5	1.561	6.246	71.558

从表 4.4 可以看出，惩戒教育制度现状调查的问卷中，累计方差贡献率为 71.558%，说明本问卷有较好的效度。

本研究以杭州市部分小学、初中、高中的学生与教师作为调查对象。从办学层次上来看，这几所学校涵盖了小学、初中与高中三个层次，从学校类型上看包括了城市重点学校与城乡的普通学校，因此本研究选取的样本具有一定的代表性。

在调查过程中，共发放《中小学惩戒教育制度现状调查问卷(教师卷)》150 份，回收有效问卷为 131 份，有效回收率为 87.3%；发放《中小学惩戒教育制度现状调查问卷(学生卷)》350 份，回收有效问卷 332 份，有效回收率为 94.9%。针对回收的有效调查数据，进行描述性分析，有关调查对象的学生与教师样本特征分布情形如表 4.5、表 4.6 所示。

表 4.5　教师样本特征分布的描述性统计

项目	类别	样本数	百分比(%)	项目	类别	样本数	百分比(%)
性别	男	26	19.8	师范训练	有	117	89.3
	女	105	80.2		无	14	10.7
学历	高中/中师	0	0.0	年龄	20～29 岁	39	29.8
	专科	5	3.8		30～39 岁	60	45.8
	本科	109	83.2		40～49 岁	23	17.5
	硕士	14	10.7		50 岁以上	3	2.3
	其他	3	2.3		其他	6	4.6
学科	语文	33	25.2	从教时间	1～5 年	37	28.3
	数学	24	18.3		6～10 年	16	12.2
	外语	20	15.3		11～15 年	38	29.0
	政史地	11	8.4		16～20 年	21	16.0
	理化生	24	18.3		20 年以上	16	12.2
	信息	4	3.0		其他	3	2.3
	体育	6	4.6	任教年级	小学	22	16.8
	美术、音乐	4	3.0		初中	87	66.4
	心理	1	0.8		高中	18	13.7
	综合实践	1	0.8		其他	4	3.1
	其他	3	2.3				

表 4.6 学生样本特征分布的描述性统计

项目	类别	样本数	百分比(%)	项目	类别	样本数	百分比(%)
性别	男	165	49.7	学校处分	是	14	4.2
	女	167	50.3		否	318	95.8
年级	小学	46	13.9	学习成绩	优秀	83	25.0
					良好	109	32.8
	初中	238	71.7		中等	99	29.8
	高中	48	14.4		及格	38	11.5
班级干部	是	181	54.5		不及格	3	0.9
				独生子女	是	229	69.0
	否	151	45.5		否	103	31.0

正式问卷施测后，回收问卷，剔除无关问卷，对有效样本数据进行编码和录入，并使用统计软件 SPSS17.0 进行数据分析。

一、学校惩戒教育制度的制定分析

1. 师生对学校惩戒教育制度认知模糊，态度不一

学校各个方面的制度均以正面的方式规定学生“应该如何”，或者学生“不得如何”为主，在“应该如何”之后没有规定具体的奖励措施，在“不得如何”之后也没有具体的惩戒措施。惩戒教育制度是对人性不信任的体现，它承认人性存在弱点。孟子说人有“善端”，那意味着也有“恶端”；墨子的“素丝说”表明人受环境的影响很大。赏识教育是针对人的“善端”，为了发扬人的善，惩戒教育针对人性的弱点，对其进行约束和改造，两者不能相互替代。发扬更多的善并不能约束和制止人性的弱点，约束和改造人性的弱点反而能更好地发扬人的善。在现实中，有部分教师认为惩戒教育制度是对因材施教的限制，有部分教师对惩戒教育制度很冷漠。带着“你眼中的惩戒教育制度的目的是什么?”这一问题，笔者与一些教师和学生进行了访谈，通过访谈收集到的师生观点有如下几种：

学生 1：惩戒教育制度是为了方便老师管理我们，限制我们的自由。

学生 2：惩戒教育制度是为了老师惩罚我们更加方便。

学生 3：惩戒教育制度是学校的事，与我们无关。我希望不要有惩戒教育这样的制度。

学生 4：惩戒教育制度可能是为了我们好，但是好像更有利于老师的教学。

教师 1：惩戒学生不能用制度，否则怎么因材施教？同样一种惩戒手段对不同的学生效果是不一样的。

教师 2：有必要建立这样的制度，但是很难。

教师3:如果真的有这样的制度颁布下来,我们会省去很多的麻烦。

教师4:惩戒教育制度会规范我们对待学生的方式,对于目前不知道怎么惩戒学生可能是一个出路。

从访谈的结果来看,一些教师认为惩戒教育制度的目的是方便教师管理学生,认为有了惩戒教育制度,将会省去很多不必要的"麻烦"。也有的教师认为惩戒教育制度是限制了教师运用"因材施教"的方法,并不支持惩戒教育制度的建立和实施。学生大多认为惩戒教育制度更加有利于教师,而不是他们,是方便教师更加有效地进行管理。由此可知,教师和学生在惩戒教育制度的目的上存在很大的分歧,两者不能在观念上达成一致。

对于"学校制定惩戒教育制度是违背教育的精神和理念的"这一观点,大部分教师(66.7%的教师)并不赞同,只有7.3%的教师和23.2%的学生认可,50.1%的学生对于这一问题表示中立(见图4.1)。这说明,大部分教师认同学校制定惩戒教育制度,认为惩戒教育制度是合乎教育精神的,是非常必要的,因为惩戒学生是他们在日常教育生活中所碰到的难题。学生对于惩戒教育也许还带有一些偏见,不能很好地理解惩戒教育制度的作用,并不觉得惩戒教育制度是对他们有益的,而相反,是在约束他们的自由。

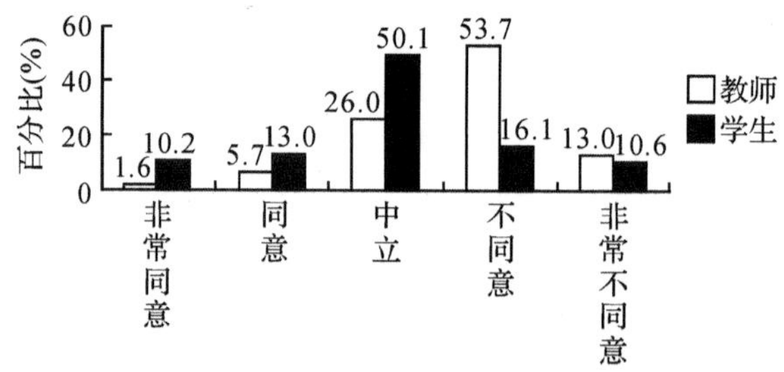

图4.1 师生对学校制定惩戒教育制度是违背教育精神和理念的态度

在"我对惩戒教育制度化表示支持"一题中,67.5%的教师支持惩戒教育的制度化,22.8%的教师表示中立,只有9.7%的教师表示不同意(见图4.2)。这说明,多数教师认同惩戒教育的制度化,这有助于教师实施惩戒。为教师实施惩戒提供制度保障的同时也规范教师的惩戒行为。在学生卷中,有34.0%的学生支持惩戒教育的制度化,48.9%的学生对惩戒教育制度化表示中立,17.1%的学生对惩戒教育制度化表示不赞同(见图4.2)。这说明,大部分学生对于惩戒教育制度化并没有概念,可能是因为他们较少违规,不需要整天面对教师实施的惩戒,所以他们也不关注惩戒教育制度化的问题;也可能是因为他们害怕有了惩戒教育制度后,使得教师的权利提升,失去了目前学生强权的局面。

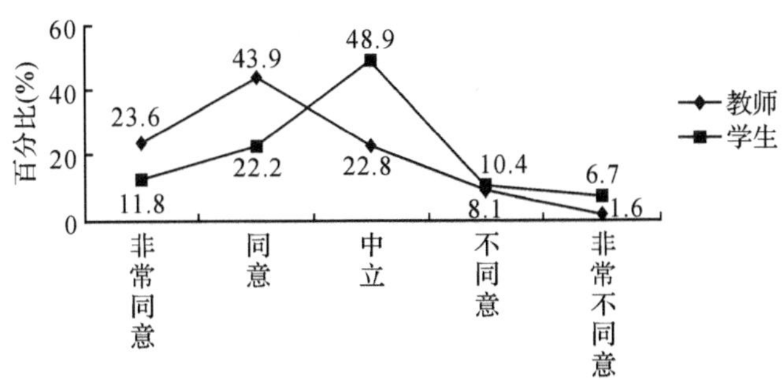

图 4.2　师生对支持惩戒教育制度化的态度

从以上分析可以看出，教师倾向于制定惩戒教育制度，而学生更多地表示冷漠，不赞成也不反对，大部分表示中立。这可能是因为大部分教师认为惩戒教育制度更加有利于维护他们的权利，而学生觉得惩戒教育制度化将损害他们的利益，因为有制度保障了教师的惩戒权。

2. 师生对学校惩戒教育制度心存疑惑，建构乏力

题目“学生的违犯行为能否在校规中找到相应的惩戒措施?”旨在考察学校惩戒教育制度是否完善，是否涉及学校生活中大多数违规行为。教师的态度如下：认为学生的违规行为都能在校规中找到相应惩戒措施的教师仅占 3.1％；认为多数能找到相应惩戒措施的教师占 39.5％；然而有 34.9％的教师认为学生的违规行为多数在校规中找不到相应的惩罚措施。而有 57.8％的学生认为在校规中能找到大多数的惩戒措施(见图 4.3)，这一回答与教师的回答形成鲜明的对比，这是值得我们深思的，这说明大多数的教师认为学校在惩戒教育制度的建设方面还很缺乏，他们在教育教学活动中缺乏制度的指导，而学生则害怕赋予教师更多的权利对他们进行更多的限制。对“我觉得法律应建立、完善惩戒教育制度”一题表示同意的教师占 81.6％，表示中立的教师只占 12.6％，表示不同意的教师只占 5.8％(见图 4.4)。这说明绝大多数的教师认为惩戒教育需要有法律制度的保障。他们认为自行建构显得有心无力，所以更加渴望国家或者学校保障他们的权利。学生对该题的认同度则明显偏低，同意应当立法建制的学生只占 40.0％，表示中立的高达 49.1％，将近一半(见图 4.4)。学生可能对惩戒教育制度法律化存在一定程度的畏惧，害怕自己像古代学生一样任由教师惩罚，不明白惩戒教育制度实际上是对他们权益的保护。

温岭×××幼儿园出现虐童事件后，温岭警方刑拘了颜老师，但是几日之后，又无罪释放。警方表示：这是没有办法，从中国目前的法律来讲，颜老师的行为不能构成犯罪，刑法里面没有虐童罪。颜老师事件成了“烫手山芋”，教育局表示他们最多是监管的责任，检察院也不敢接，因为事件不是犯罪事件。由此事件，浙江省教育厅发布《浙江省教育厅关于建立中小学和幼儿园教师师德师风检查制度的通

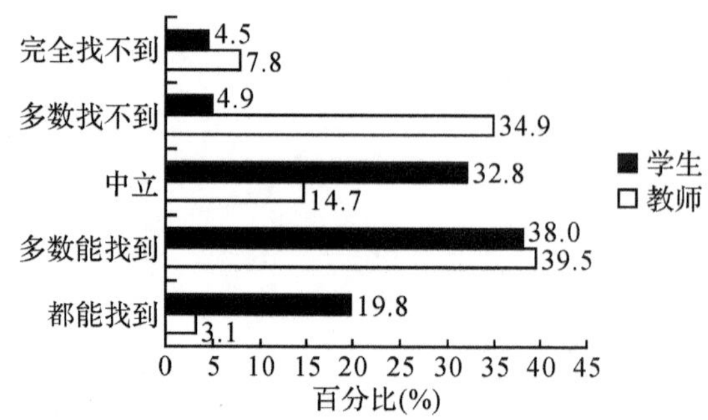

图 4.3　师生对学生的违犯行为能否在校规中找到相应的惩戒措施的判断

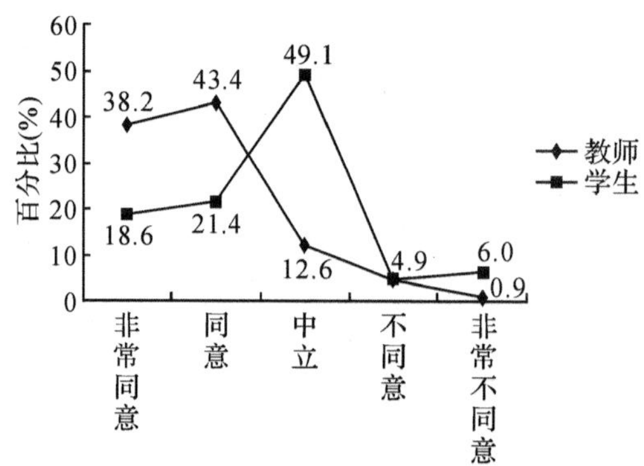

图 4.4　师生对法律应建立、完善惩戒教育制度的态度

知》，要求对市、县(市、区)教育行政部门、中小学(幼儿园)进行检查，检查内容包括是否将师德建设列入对学校考核、评估的重要内容；是否组织开展了师德集中培训(包括师德主题培训活动)、班主任培训；是否将《中小学教师职业道德规范》以及学校依据该规范制订的禁止性规定在学校醒目位置公开；是否设有畅通有效的投诉举报电话；是否有体罚或变相体罚学生或歧视学生等现象存在。[①] 继浙江省发布通知之后，杭州市江干区教育局发布《关于开展师德师风专项检查的通知》，要求各中小学、幼儿园建立健全相关制度，对教师的从教行为提出明确要求；各中小学、幼儿园在每学期的第二个月对教师的师德师风、依法从教情况进行检查。对违纪、违规人员，教育局将依纪、依规追究责任；对违法人员，将移送司法部门追究其责任。[②] 教育局如何追究责任？具体的惩罚措施在哪里？违背法律将受到什么样的法律制裁？这是人们心中存在的疑惑，不从法律角度保障、规范惩戒教育制度，各

① 浙江省教育厅．浙江省教育厅关于建立中小学和幼儿园教师师德师风检查制度的通知[EB/OL]．(2012-11-13)．http://www.jhwedu.org/article/systemarticle_pkId_6332_aid_77370.html.

② 杭州市江干区教育局．江干区教育局关于开展师德师风专项检查的通知[EB/OL]．(2012-11-16)．http://www.hzjhxx.net/Components/NewsShow.aspx? newsid=2270.

个学校自行建立的制度总显得苍白无力。

另外，有些教师对到底能不能惩戒学生没有肯定的答案。例如，关于"教师是否可以把屡次吵闹的学生请出课堂"这一问题，很多教师认为学生再怎么吵，也不能将其赶出教室，因为这剥夺了该生受教育的权利。但是事实上，教师把屡次吵闹的学生请出教室是正确的措施。硬是将违犯课堂纪律的学生留在课堂内，任其影响其他学生的听课和自己的教学，这不仅是对犯错学生的不负责，也是对其他受教育者的不负责。事实上，权利和义务是一组相对应的概念，是相辅相成的，任何只强调权利或者只强调义务的片面行为都是不正确的。违犯课堂纪律的学生自己放弃受教育的权利，即便没有放弃，也严重影响了其他学生的受教育权以及教师的教育权。所以，教师有权将学生"请"出课堂。这是任何一个专业的教育人员理应作出的判断；但现实情况是很多教师都陷在错误的观念中，教师更多的是希望上级通过法律来保障他们的权利，却较少从自身开始维护正当的权利，这也给惩戒教育制度的建构造成了困难。还有教师认为，教育学生本来就是一个因材施教的过程，什么都用制度规范起来，怎么进行因材施教？同样的惩戒手段对不同的学生效果是不一样的，不能用制度规定死，而应该灵活运用。教师对学生施加惩戒真的是因"材"而施的吗？据笔者了解，大部分教师惩戒学生不是参照别的教师的"有效"做法，就是依据自己当时的心情。教师对平时犯错很少的、成绩好的学生和平时屡次犯错的、成绩差的学生态度是不一样的。教师对前者施加惩戒比较温和，对后者不是严厉有加，就是放任不管(只要该生不影响其他学生)。难道，这些学生在道德品质上真的如学习成绩一样存在不同吗？一些学生之所以屡教不改，一定是因为他在行为上或者认知上存在障碍，需要教师更加细心和耐心，找出原因后对症下药。惩戒教育可以灵活运用不同的惩戒方式，但仍要在一定的限度的，否则无疑是给教师一个放任自己情绪的机会。

3. 师生对学校惩戒教育制度缺乏关注，制定集权

目前学校制度中通行的《中小学生行为准则》《学生日常行为规范》《学生守则》《生活管理制度》等都是根据自上而下的程序制定的，即国家或学校颁布，教师执行，学生遵守。在对"学校有权制定惩戒教育制度"这一问题进行施测时发现，认为"学校有权制定惩戒教育制度"的教师占 64.5%，不同意"学校有权制定惩戒教育制度"的教师仅占 17.3%(见图 4.5)，这说明大部分教师认为制定惩戒教育制度是学校的事。回答中立与不同意的教师也许认为国家法律法规在制定教育惩戒制度上拥有更大的权威，学校还不足以有权力来制定。认为"学校有权制定惩戒教育制度"的学生占 39.9%，而对这一题持中立态度的学生高达47.6%(见图 4.5)，将近一半的学生对学校有权制定惩戒教育制度表示怀疑与犹豫不决，这可能是因为学生是处在"被惩戒方"。一方面他们受权威的"威吓"，对校规执行方有"敌对"倾向，他们本能地质疑校方制定惩戒教育制度的权力；但同时，他们又明白学校制定惩戒教育制度的目的是为了学校与学生自身的益处。基于这种矛盾心理他们选择了中立。以上数据表明教师和学生都认为制定惩戒教育制度是学校或者更高权威部门的事，与他们关系不大，也不予以重视，没有参与制度制定的意识。

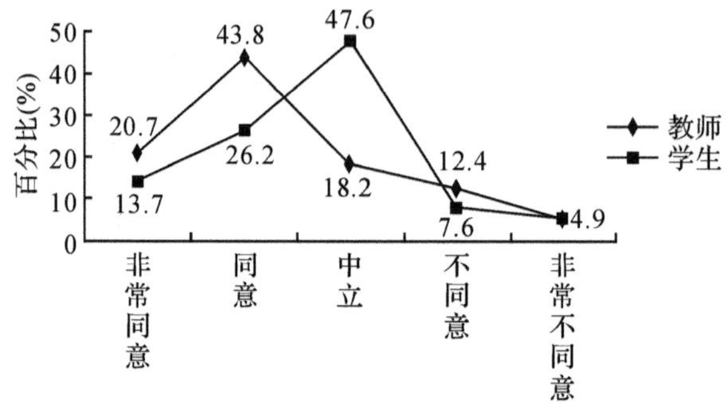

图 4.5　师生对学校有权制定惩戒教育制度的态度

对“在您的学校，主要有哪些人参与规章制度的制定?”一题的回答更加反映了这一问题，95.4%的教师和 84.4%的学生认为学校相关领导占据了制定学校规章制度的主导权。认为教师参与了学校规章制度制定的比例在一半左右(教师 48.5%，学生 66.4%)，而认为学生和家长在制定学校规章制度中发挥作用的比例则低得多(见图 4.6)。

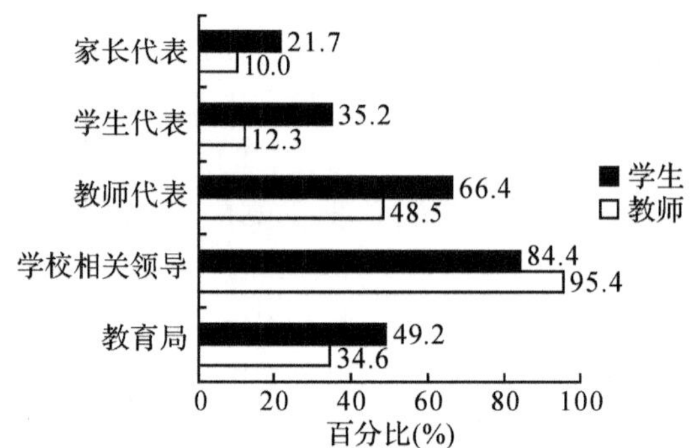

图 4.6　参与学校制度建立的人员构成

这说明目前的制度缺乏“程序的正义性”，即教师、学生和家长还只是制度的被动接受者，没有主动参与到制度的建设中。除此之外，现实中有些已有的惩戒教育制度的伦理基础并不坚实，甚至与伦理精神相违背。例如，一些学校规定违反班规的学生罚扫地，这一规定中隐含着“劳动可耻”的观点，与“劳动光荣”的伦理精神相违背。又如一些学校在学生犯错时，教师要求其他同学不要与这个犯错的学生交往、做朋友，如此对犯错的学生进行惩戒，违背了“人人平等”的伦理精神。这些现象的产生与制度的制定程序有关，若学校在制定制度时广泛听取专家、教师、学生、家长的意见，选取代表讨论惩戒教育制度的合理性及不足之处，将能有效地避免这些情况的发生。

二、学校惩戒教育制度的内容分析

1. 学校惩戒教育手段机械化，破坏师生关系

教师有时通过惩戒对学生进行教育，因此，惩戒的手段是否科学、人性化显得至关重要。良好的惩戒教育手段不仅可以达到戒除学生不良行为的目的，同时不会对学生的身心发展造成不良影响。在笔者对中小学教师进行问卷调查过程中发现，目前中小学教师使用的惩戒教育手段存在机械化现象。例如，在回答“对违规行为的惩戒，教师一般采取什么方式?”时，教师和学生一致表态“口头警告”是最常用的惩戒教育手段，分别占据了 74.6%和 70.7%的比例；教师和学生觉得第二个常用的惩戒教育手段是“与学生讨论什么才是正确的行为”(占教师总数的71.4%，占学生总数的 49.8%)；31.4%的学生选择教师惩罚学生“罚抄作业”，而只有12.7%的教师选择了此项；24.5%的学生看到或者经历过教师的“罚站”，而只有14.3%的教师承认使用了这一惩戒措施；遭到或看到教师“大声训斥”的学生占据学生总数的 27.8%，而只有 14.3%的教师认为他们使用了这一惩戒手段；24.2%的学生认为教师经常对学生进行“留堂、隔离、取消其玩耍的权利”，只有 13.5%的教师认为他们使用了这一方法(见图 4.7)。选择“其他”的学生表示，教师对学生采取的其他惩戒教育方式有责骂、写家校联系本要求家长签字、体力惩罚、写检讨书、开班级处分、罚值日、讽刺、抄课文、给罚单、写 500 字说明书、校级处分、抄行为规范等。而选择“其他”的教师表示，他们另外采用的惩戒教育手段有视情况而定、扣分、与学生谈行为的后果、换位思考、批评教育、谈心、沟通、找家长沟通等。教师的反馈显得十分科学合理，而学生似乎揭穿了教师的真面目。事实上，教师和学生反映的都是现实中的真实情况，只是教师为了显示自己的修养选择了那些合理的

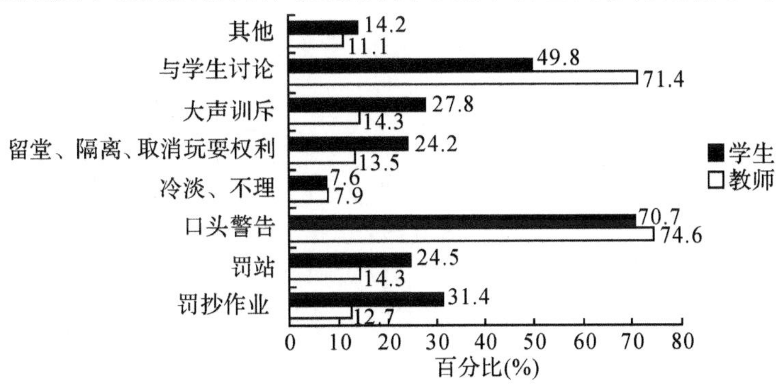

图 4.7 教师一般采取的惩戒手段

手段而回避了学生所反映的手段。正如一名不愿意透露姓名的教师表示，题目中所列举的惩戒措施中小学教师都会用的，只是教师在做这题目的时候一般都不会选，怕给自己惹麻烦。

经笔者访谈个别学生发现，学校中确实存在教师惩戒学生不当的行为，学生的情感受到伤害，师生关系也不时地遭到挑战。例如：

潘学生：程××今天被老师打了。

笔者：为什么呀？

潘学生：因为他数学作业做得很慢，全班就他一个没做完。

笔者：那老师怎么打他呀？

潘学生：在他头上打了一下。

笔者：程××，今天老师打你了，是吗？

程××：嗯。

笔者：为什么啊？

程××：因为我数学作业不会做。

笔者：老师用什么打你的？

程××：扫把的那个柄。

程××沉默了一会，指着潘××说：他今天被老师赶出教室了。

笔者：是吗？为什么呀？

程××：因为他上课老是动来动去，向别人借橡皮。

笔者：潘××，是这样吗？

潘××：嗯，我没带橡皮，我就去借，老师就把我赶出教室了。

事后，笔者找到班主任刘老师了解这两个学生的情况。

笔者：程××和潘××这两个学生怎么样啊？

刘老师：这两个都是我们班的问题人物，程××动作很慢，反应也很慢，简直要被他给气死，我现在上课回答问题都不敢叫他了，叫他，他就站在那一句话不说。潘××是个很活跃的人，但是显得很没教养，嘴里满口脏话，上课动来动去。

笔者：听说你今天把潘××赶出教室了？

刘老师：是啊，实在太气人了，我喊了几遍，他都没反应，就叫他出去了。

笔者：那数学老师今天打了程××你知道吗？

刘老师：我不知道，数学老师人很好的，一般不会打学生的。

由问卷调查和访谈可知，目前中小学校教师惩戒学生的手段各种各样，没有规范性可言，几乎是顺着教师当时的情绪而发。教师使用不当的、情绪化的手段惩戒学生，学生的心灵受到损伤，觉得"羞耻"、"难为情"，觉得教师不喜欢自己，在同学面前没面子，自尊心受到伤害；而教师则对学生心存怒气，认为学生妨碍了自己的教学计划，破坏了师生之间和谐的关系。

2. 学校惩戒教育地位不平等，忽视学生尊严

目前，学校在自主制定的制度中，很多缺乏科学性。例如，陕西安康市汉滨区果园小学出于教学环境和安全考虑，也为了培养学生良好的习惯，安排了"学生值日制度"，学生进入教学区，在门口需要接受值日学生的"搜身"检查，检查是否有人带零食或者小玩具。[①] 对于这样的学校制度，国家高级心理咨询师、中国青少年心灵成长"十百千万工程"特聘专家吕明认为，搜身是一种具有强制性的行为，发生在小学生身上，是对自尊心的一种伤害，同时也是一种软暴力，会对学生幼小的心灵造成不良的影响。有的制度对学生的吃喝拉撒都进行了规定，网上列举了"十大雷人校规"，校规成了"笑规"：杭州长河中学规定"男女同学平时距离不能小于50厘米"、"男女生不得同桌吃饭"、"校园内禁止游吃"；河北新乐市教师进修学校附属中学规定学生"夜间不准上厕所"，更有甚者规定学生周末不准看湖南卫视。[②] 学校制度只能规定学生在学校内部或者在校外属于学校活动范围内的行为，对学生在家看电视的自由进行限制，不仅漠视学生的尊严，还损害了学生的权利，是一种越权行为。限制男女交往是不平等的体现，不准上厕所更是对人体机能的伤害。

在回答问题"你一般在什么场合惩戒学生?"中，有8.3%的教师、7.3%的学生选择操场，25.6%的教师、41.7%的学生选择走廊(见图4.8)，表示有不少的教师仍旧选择在开放的环境下对学生进行惩戒。在其他选项中，笔者还发现有一学生填写了"厕所"。这表示教师惩戒学生存在不分场合的情况，而在公开的环境下对学生施行惩戒，对有一些学生来说是一种公开的羞辱，很可能造成心灵上的创伤。而对那些看上去显得无所谓的学生来说，并不能表示他们的内心世界没有受到伤害。因而，在惩戒学生的过程中，场合十分重要，这也是惩戒教育制度所要规范的地方。

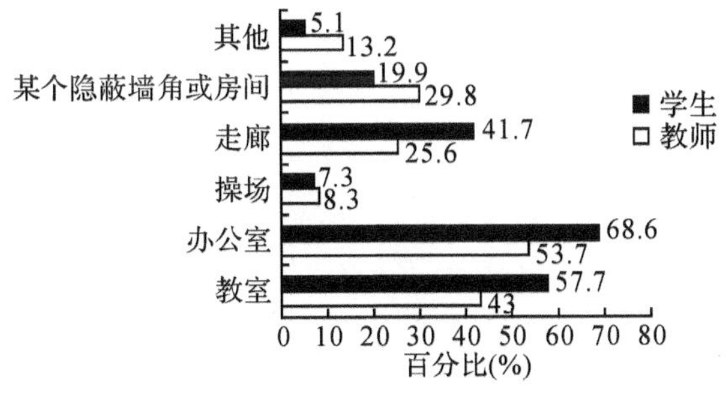

图4.8 教师惩戒学生的场合

① 李小博，田德政. 千余小学生进校先搜身[N]. 华商报，2012-02-22(A1).

② 21CN社区. 雷人校规十大最，校规为何成"笑规"? [EB/OL]. (2012-04-11). http://life.21cn.com/humour/chat/2012/04/11/11439499.shtml.

3. 学校惩戒教育标准不一致，对待学生不够公平

针对问题“您所在学校，教师或领导在什么情况下会惩戒学生?”分别有77.3%的教师和79.4%的学生选择了“跟同学吵架或打架”这一选项；位居第二的是“欺负同学”，53.9%的教师和68.5%的学生选择了这一项；第三是“行为违反学校日常规定（迟到、仪容不整等）”，教师和学生的选择比例分别占据了50.8%和60.0%；教师和学生存在较大分歧的地方在于“对老师态度不好”方面，54.8%的学生表示对老师态度不好将会受到惩戒，而只有32.0%的教师认同该选项；“上课调皮”和“成绩、作业表现不佳”时会受到惩戒的比例也不低（见图4.9）。

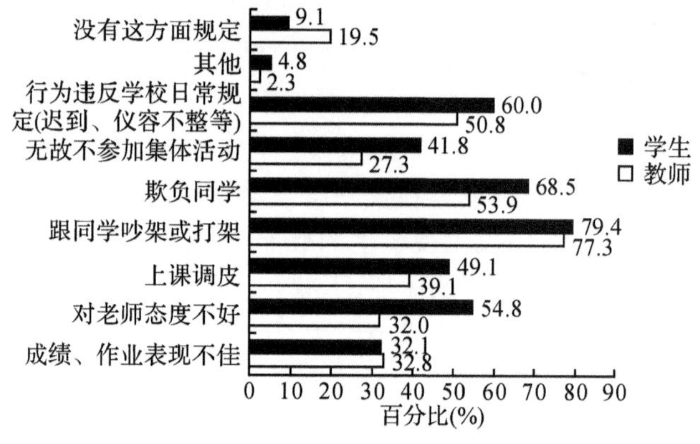

图4.9　教师或领导惩戒学生的原因

另外，在其他选项中，会导致惩戒的情况还有：多次乱丢垃圾、考试作弊、逃学、说脏话等。可见，无论是在道德教育方面，例如跟同学的相处、教师的相处，还是组织纪律方面、学生成绩表现方面，都涉及惩戒这一教育手段。而这些情况下是否都可以运用惩戒教育手段？大多数教师心里是不明白的。笔者在调查访谈的过程中发现，教师对惩戒的界限非常模糊，例如：

笔者：您惩戒过学生吗?

金主任：当然了。年轻的时候血气旺，经常动不动就惩罚学生。现在年纪大一点了，懒得惩罚了，跟学生说，说了不听就算了。

笔者：那您在什么情况下会惩戒学生?

金主任：一般是学生不听话，比如说打架了、上课说话、屡教不改的情况下会惩罚学生。

笔者：惩罚学生的时候您采取什么措施和手段?

金主任：根据当时的情况，批评教育，或者写检讨，严重一点的只能叫家长了。因为国家不允许体罚学生，老师也不敢对学生怎么样。

吴老师：这个问卷我没法做。学校制度里就没有惩戒一说的，小学教师是不允

许惩戒学生的。

笔者：不允许惩戒是谁规定的？学校规定还是文件规定？

吴老师：文件规定惩戒是违法的。

笔者：您看一下问卷最上面，有关于惩戒教育的定义。

吴老师：哦，不好意思，我以为惩戒接近惩罚，但不完全等于惩罚。小学对这方面很敏感的。小学是没有警告、处分这些的。小学就是口头批评。其他的，就算有，我们一般也不选的。

笔者：那你希望学校建立惩戒教育制度吗？

吴老师：如果能建立适中的惩戒教育制度就好了。问卷中的这些惩戒措施，学校里多少都会出现一些的。

笔者：在目前的学生管理工作中，在惩戒教育方面您感觉最棘手的是什么问题？

吴老师：应该是惩戒达到什么程度才刚刚好，既不伤害孩子自尊，又能达到最佳效果。同一种惩戒对不同的孩子的效果是很不一样的，每个孩子的个性都不太一样，所以建立弹性的惩戒教育制度比较好。

到底学生怎样的行为是应当受到惩戒的？惩戒教育是根据事发当时的情况、教师的心情、学生的身心状况、校长的话，还是别的什么？惩戒教育界限的确定是惩戒教育制度亟待解决的问题之一。正如“我期望国家法律、学校制度规定具体的惩戒教育方式”和“我觉得政府应重视对惩戒教育制度的研究与探讨”这两题中，76.5%的教师期望国家法律、学校制度规定具体的惩戒教育方式（见图 4.10），87.7%的教师认为政府应重视对惩戒教育制度的研究与探讨（见图 4.11）。

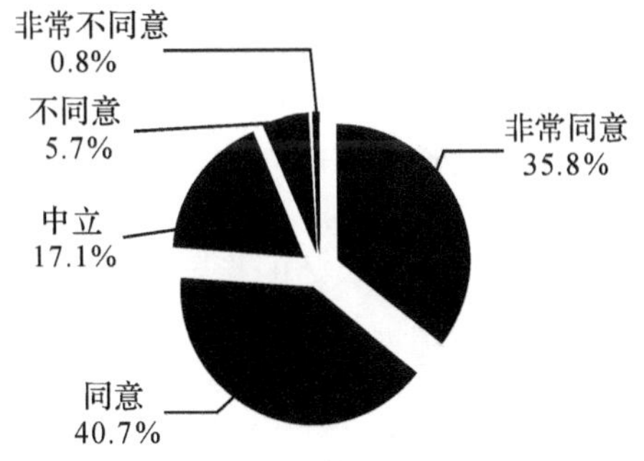

图 4.10　教师对国家法律、学校制度规定具体的惩戒教育方式的态度

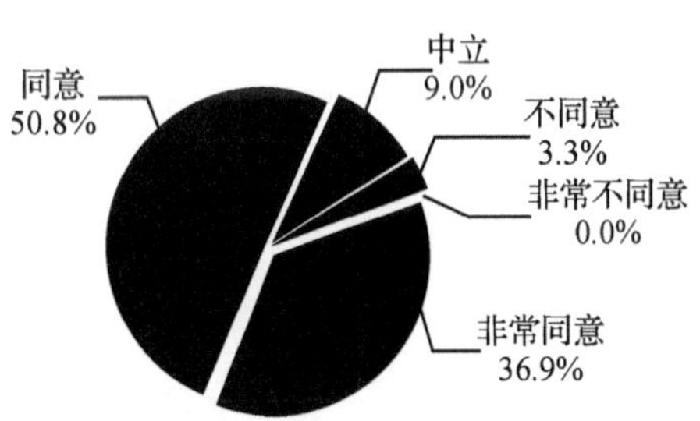

图 4.11　教师对政府重视对惩戒教育制度的研究和探讨的态度

这表明绝大多数的教师在教育实践中遇到了惩戒的难题，他们内心对可以惩戒的范围不确定，迫切希望国家法律、学校制度对此作出规定。而在学生中，年龄越小的孩子越不清楚教师的惩戒权利，他们分不清什么样的情况教师可以惩戒，什么情况不可以。例如，在对上文中提到的程××继续访谈时发现这一问题：

笔者：程××，那你觉得老师用扫把打你对不对啊？

程××：对的。

笔者：为什么是对的？你不痛吗？

程××：老师打我，是我作业不会做，动作太慢了。

而对高年级学生进行访谈时发现，他们明显有维护自己的权利的意识。笔者对一名初二学生的访谈如下：

笔者：你的老师会惩罚你们吗？

刘×：会啊，被他罚死了，动不动就罚我跑3000米。

笔者：那他会打你吗？

刘×：那他不敢，只是做做样子。有一次他想打我，我差点跟他打起来了。

笔者：那他是不是拿你没办法？

刘×：嗯，只要我上课不吵，他不会管我，随便我干什么都可以。

笔者了解到，该生是一名体育很好的学生，但是学习成绩却不尽如人意。刘×显然意识到教师打人是不对的，因而他有很明显的保护自己的意识。没有具体可参考的标准，使得教师不公平对待学生的情况经常发生。不同的学生犯同样的错误在遇到教师心情不一的情况下受到的惩罚可能会不一样；不同的教师对可以惩戒的学生行为有着不同的看法，有的认为只有道德方面不好才可以惩戒，而有的认为成绩不好也该罚。因为没有具体可参考的标准，学生对自己什么行为应该受罚，什么情况下应该坚决维护自己的权利模棱两可，有时不明不白地受了罚，还觉得是理所应当的。

三、学校惩戒教育制度的管理分析

1. 学校惩戒教育制度使用形式化，实用意义匮乏

学校惩戒教育制度制定的目的在于使用，在问及“在您的学校，惩戒教育制度的改动状况如何？”时，回答“不清楚”的教师占了37.6%，学生则占43.1%（见图4.12），这说明学校师生不关注学校制度的变动，学校制度的变动好像与师生无关。这就使得惩戒教育制度成了一纸空文，在日常教育生活中难以发挥具体的指导作用。

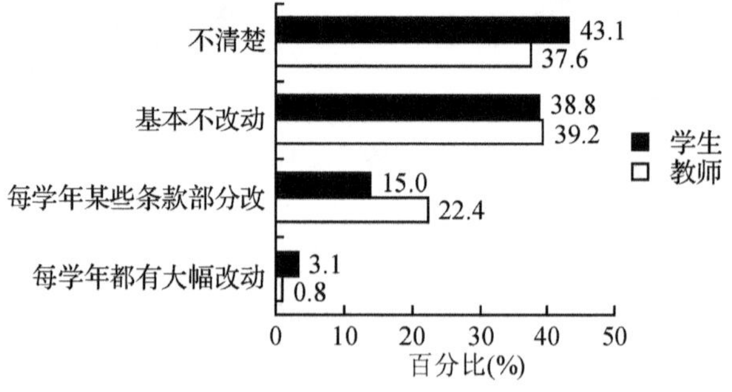

图4.12　师生反映的学校惩戒教育制度的改动状况

而在问及"您怎么看待学校对违纪学生给予警告、记过处分的教育效果?"这一问题时,7.9%的教师认为"效果非常明显",57.5%的教师认为"有点效果";学生认为"效果非常明显"和"有点效果"的一共占据了46.7%,而超过半数的学生对这种方式的教育效果表示中立或者否定态度(见图4.13)。教师认为自己的惩戒方式对学生的违纪行为很有效果,而学生并不这么认为。这说明,教师的惩戒教育虽然表面上制服、压制了学生,但学生心里并不认同。

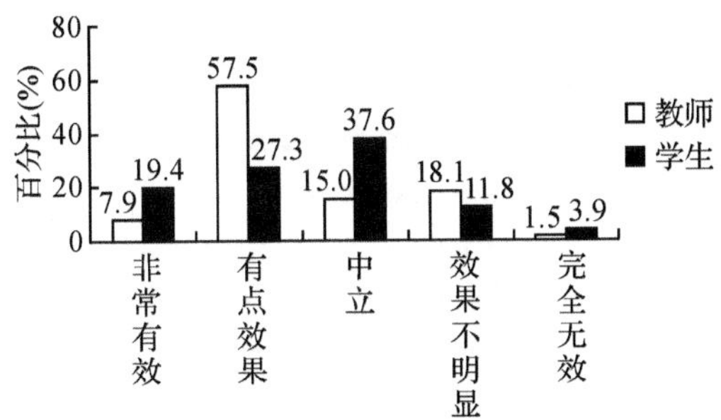

图4.13　师生反映的学校对违纪学生给予警告和记过处分的教育效果

2. 学校惩戒教育制度学习随意化,制度价值被贬

对于教育一线的教师来说,他们的学习除了来自实践,还包括教师进修学习。但是他们培训的目的主要是为了提高专业技术水平,提高教学技能,而涉及惩戒教育方面的培训几乎没有。在题目"我觉得教师培训中应该增加对惩戒教育制度的学习"的回答中,82%的教师认同,13.9%的教师表示中立,4.1%的教师不同意(见图4.14)。这说明,教师认识到学习惩戒教育制度的重要性。除了缺乏对教师的培训外,教师也缺乏对学生在这方面的教导。学校制度发布后,鲜有教师会带领全班同学一起学习制度所体现的精神、制度所倡导的价值观、制度所具有的德育意义,更多的是往墙上一贴,或者在班上一念,就算作交代。这种对待制度随意化的行为,不仅贬低了制度的价值,而且失去了很多教育学生的机会。学生不仅没有学习到应该学习的制度内涵和意义,反而从教师那里学会了随意对待制度的态度。

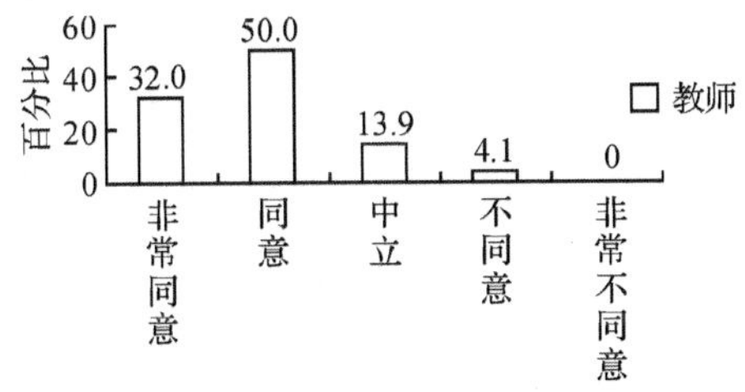

图4.14　教师对增加惩戒教育制度学习的态度

3. 学校惩戒教育制度权限模糊化,制度权威不保

好的制度应当权责分明,而目前学校惩戒教育制度的推行与建设缓慢,是因为存在多方面因素的阻碍，其中重要的原因就是权责不明，在题目“学校赋予了教师足够的惩戒权力”中，21.6%的教师认同，而 47.2%的教师不同意学校已经赋予他们足够的惩戒权力(见图 4.15)，这说明大部分的教师倾向于认为学校给他们的惩戒权还不够。而统计结果显示，只有一小部分的学生(占学生总数的 16.8%)认为学校给教师的惩戒权力还不够，40.4%的学生认为学校已经赋予了教师足够的惩戒权力，还有 42.8%的学生表示中立(见图 4.15)。

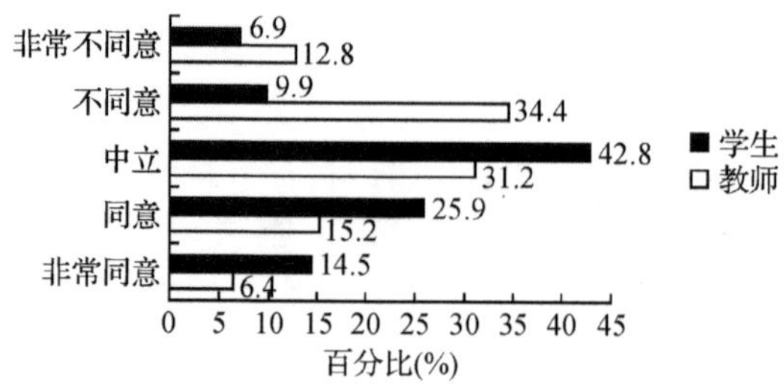

图 4.15　师生对学校赋予了教师足够的惩戒权力的态度

师生对此问题的回答可以归纳为：教师倾向于认为学校赋予他们的惩戒权力还不够，而学生倾向于认为学校已经赋予教师足够的惩戒权力。惩戒权限模糊，是导致师生冲突的原因之一。其次，学校教师的“惩戒权”受到社会舆论的压力十分巨大。在问题“社会舆论总是偏向学生，对教师的惩戒行为一概持否定意见”中，78.8%的教师赞同，17.9%的教师表示中立，只有 3.3%的教师表示反对(见图 4.16)。大多数教师认为社会舆论偏向学生，对惩戒行为持否定态度。由此可见，教师受舆论的压力很大，制度没有发挥应有的权威性的作用。

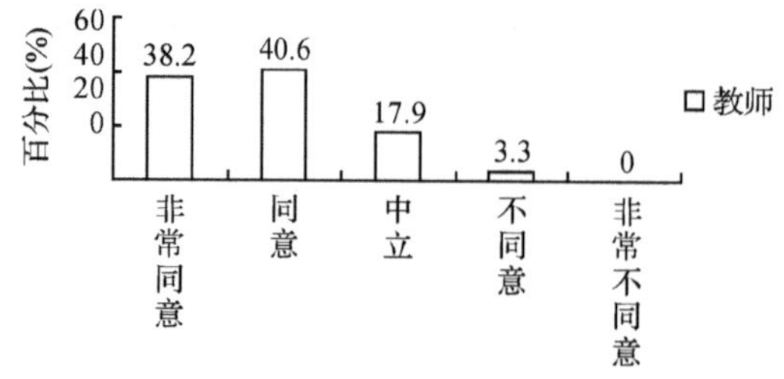

图 4.16　教师对社会舆论总是偏向学生的态度

在访谈“对目前媒体报道的教师恶性体罚学生事件您有什么看法?”这一问题时，有不少教师表现出愤怒和不平。

笔者：您对学校惩戒学生的问题有什么看法?

蒋老师：谁跟你说学校有惩罚的现象?我们学校是不允许惩罚学生的。

笔者：那对目前媒体报道的教师恶性体罚学生事件您有什么看法?

蒋老师：那是报纸上说的，报纸上报道几个老师?几个老师就把所有的老师都否定了，现在的媒体都是乱说的。

笔者:那您对屡教不改的学生采取什么措施?

蒋老师:如果我知道的话我就不在这里待了。现在的学生哪里好管的啊,打是根本不可能的,骂一下学生,学生就要跳楼自杀什么的,家长就会过来闹。

可见,在媒体的推波助澜下,教师成了惩戒教育中的弱势群体,学生反而威风得意。蒋老师表示对屡教不改学生的无奈,也怀疑教师这个职业的价值和意义。这很大一部分原因是教师正当权利被剥夺,使得教师不像教师,像一个讨好学生和家长的保姆。

第三节　实现学校惩戒教育的制度化

学校惩戒教育的制度化过程是一系列的多边活动,是一个从不稳定、不成文的习惯转变为一个严谨的、有据可查的制度的过程。其重点是建立一套科学的切实可行的惩戒教育制度。本研究试从惩戒教育制度的制定、执行、评价和调整四个方面出发,建构一套动态运行的学校惩戒教育制度。

一、学校惩戒教育制度的制定

1. 制定学校惩戒教育制度的原则

学校惩戒教育制度的制定需要遵循一定的原则,既要是科学系统的,又要具有教育性;既要是法制化的,又要具有人道主义精神;既要是有限度的,又要具有民主意蕴。具体而言,惩戒教育制度制定的原则有科学原则、教育原则、系统原则、人道原则、法制原则、限度原则和民主原则。

第一,科学原则。制度的最终目的是服务学生,促进学生全面发展。学校惩戒教育制度的制定要以科学理论为指导。惩戒教育制度的内容和要求必须是经过努力之后人人都能做到的,既不过于简单宽泛,也不至于太难而使人望尘莫及。科学性还体现在惩戒教育制度必须符合中小学校教育教学工作的客观规律,符合学校的具体实际,符合中小学生身心发展的特点。

第二,教育原则。教育性指的是学校惩戒教育制度必须具有教育作用,会收到应有的教育效果。惩戒教育是通过学校和相关部门,由管理者和教师按照社会的需要,对有不良行为的学生施加一定的惩戒行为来实现的。在整个惩戒教育过程中,教育者必须按照社会的要求、法律法规的规定,围绕培养学生这一目标,遵循学生身心发展规律,精心设计惩戒教育手段,安排惩戒教育环境,最终实现惩戒教育的目标。

第三,系统原则。建构惩戒教育制度需要有系统观念。一套惩戒教育制度只有在一个系统中才能发挥最大的功效。系统建构不是死板而僵化的,而是在不断地变化发展之中。惩戒教育是一个复杂的系统,一方面,惩戒教育的主体和客体都是由不同的人群组成的。人本身是一个复杂的生命有机体,不同时期的人有不同的特点,个性也不一样,即便是在同一时期,每个人也不一样,惩戒教育行为所产生的结果也是因人而异的。这是由惩戒教育的复杂性所决定的,因为影响惩戒教育的因素很多,需要把惩戒教育的环境、条件、措施以及惩戒对象的特殊性等众多复杂的因素综合起来考虑。另一方面,惩戒教育是一个动态发展的过程,并不是制定了惩戒教育制度就一成不变了,它是一个十分复杂的实践过程。教育者需要不断改进和完善惩戒教育的措施,从不同的角度去探索和试验,完善惩戒教育制度。

第四,人道原则。一方面,"把人当人看"是衡量一切行为是否人道的广义的、浅层的、初级的总原则;另一方面,"使人成为人"则是衡量一切行为是否人道的狭义的、深层的、高级的总原则。[①] 惩戒教育中应杜绝体罚,这是不容置疑的。马卡连柯认为:"惩罚应当解决和消灭个别的冲突,并不再造成新的冲突。"[②]应使儿童在受了惩罚之后,感到轻松,不是老把自己的思想和体验停留在惩罚本身,而是更往前看,看到自己"明日的欢乐",看到自己美好的希望。[③] 人道原则还体现在惩罚性条款的执行既要有力度,又要具有灵活性。比如,某班班规规定"早读迟到者,课间去操场跑三圈"。某学生因上学路上做好事而迟到了一会儿,这种情况,班主任就可以灵活地选择不予执行惩罚。[④]

第五,法制原则。自由社会必须具备两个条件,第一个条件就是该社会必须是法治而不能是人治。也就是说,统治者必须按照法律和道德进行管理。[⑤] 惩戒教育法制化是惩戒教育得到良好实施的保障。惩戒教育想要取得成效,除了要制度化,还必须上升到法律的高度,否则惩戒教育制度最终是一纸空文,成为墙壁上的摆设。

第六,限度原则。惩戒教育制度是为了约束、限制学生的不良行为。一个社会的强制,应该保持在这个社会的存在所必需的最低限度。[⑥] 惩戒教育制度的"度",应保持在维持学生身心发展的最低限度,限制在维持学校教育秩序的最低标准上。惩戒教育限度的底线在于不可使学生达到灰心丧气的地步。惩戒教育制度的对象只能限定在学生的不良行为上,对于学生成绩不佳、学习能力差等方面不能运用惩戒手段。学校惩戒教育制度也只限于对校内及校外的教育活动中师生的行为进行规范,不能涉及家庭和社会生活。学生的不良行为若触及了法律,则由司法部门出面处理。

---

① 王海明.伦理学原理[M].北京:北京大学出版社,2009:240-241.
② 何国华,燕国材.马卡连柯教育思想研究[M].长沙:湖南教育出版社,1986:224.
③ 崔学鸿.赏识教育初论[M].合肥:安徽大学出版社,2003:271.
④ 侯毅.班主任行为规范常识[M].长春:东北师范大学出版社,2010:41.
⑤ 王海明.伦理学原理[M].北京:北京大学出版社,2009:248.
⑥ 王海明.伦理学原理[M].北京:北京大学出版社,2009:250.

第七，民主原则。社会是由人组成的，人人都向往民主的集体生活，但民主社会也不可能没有强制。在民主社会中，全体成员一致同意服从强制，这样的社会不仅民主，而且自由。因为形成自由社会的其中一个条件就是，该社会的法律和道德必须由全体成员或其代表制定或认可，是公共意志的体现。学校惩戒教育制度的制定必须符合广大师生员工的利益，并获得师生员工的支持和拥护。惩戒教育制度应该是学校领导、教师、学生和家长共同制定的。若由某一专家、学者、教师等权威制定，学生就需要经过一段时间才慢慢认识、了解、熟悉并接纳该制度，最后才内化为自己的行为，这个过程可能会很久。若是所有成员共同参与民主制定，虽然制定的过程可能会耗费较长时间，但是制度一旦形成，容易得到所有学生、家长和教师的认可，也有利于制度的执行和监督。

2. 学校惩戒教育制度制定的程序

根据各个学校的具体情况，惩戒教育制度的制定可以采用不同的程序。比如在学校层面，可以以学校为主体，以学校已有的规章制度为蓝本，充分征求学生、教师、家长等各方意见后制定；在有学生自治传统的学校，可以以学生为主体，在法律法规的框架内结合学校传统，征求各方意见后制定。在班级层面，既可以以班主任为主体在原有班规班约的基础上，充分征求各方意见后制定；也可以以学生为主体，在校规校纪的框架下结合本班情况，征求各方意见后制定。从制定时机来讲，还可以以校内某一影响巨大的事件为契机，大家民主商议制定。下列《惩戒教育制度制定细则》，供中小学校参考。

《惩戒教育制度制定细则》

(1)召开班会。由教师提出当前学校存在的问题，引导学生看到惩戒教育制度的重要性，激发学生制定惩戒教育制度的积极性。全班同学讨论在建立惩戒教育制度的过程中应该注意的问题有哪些，由专员记录。最后由全班同学选举一名代表，带着班会记录准备参与学校惩戒教育制度的制定。

(2)召开家长会。就学生和学校在惩戒教育方面存在的问题向家长进行汇报，听取家长对建立惩戒教育制度的意见和建议，由专员记录。最后由全班家长选举一名代表，带着记录准备参与学校惩戒教育制度的制定。

(3)召开教师会议。就教师在惩戒学生过程中存在的困难进行讨论，商量如何在制度层面解决这一问题，寻找合适的方案。由专员汇总意见，再由每个年级投票选举一名教师代表准备参加学校惩戒教育制度的制定。

(4)组织学生、教师、家长和学校领导的四方会议。各个代表就搜集到的意见和建议发表各自观点，逐条讨论并确定规则，校长在这个过程中只发挥引导的作用。制定完所有规条之后进行签约。

(5)公布制度。保证学生、家长和教职员工人手一份，并要求班主任在班会课上与学生一起学习惩戒教育制度的内容，学生在放学后将制定的制度带回家，要求家长和学生一起学习。

二、学校惩戒教育制度的内容

一个较完备的学校惩戒教育制度需对以下内容作出规定：

1. 明确惩戒教育的目标

实施惩戒教育的根本目的是促进学生身心健康地发展，但某一次惩戒教育的目标是具体的，如戒除某一个不好的习惯、某一种不良行为。这就要求惩戒教育目标的设置要适当，是通过教师和学生的共同努力可以达成的。惩戒教育目标的设置需要大家的共同讨论，这更加有利于这一行为群体对惩戒教育目标的理解，同时也满足了大家的参与感，以及最终实现目标的成就感。具体而言，惩戒教育的目标是为了规范教师的惩戒方式，戒除学生的不良行为，以引导学生产生正确的行为方式。惩戒教育制度的最终目标是从教育者的外在客观要求转换为受教育者内在的主观需要，由“老师要求我遵守规定，否则要受到惩戒”到“我不要违反规章制度”，由他律到自律，由他控到自控，由外在惩戒到自我管理。

2. 明确惩戒教育的主体

惩戒教育的主体是学校领导和学校教师。他们按照一定的社会要求组织起来并且为社会服务，担负着为国家和社会培养人才的重任，任务之一就是要把广大受教育者培养成合格的公民。教师是惩戒教育的主要实施者，教师也是学生接触最多、对学生影响最大的教育者。因此，只有教师、校长和司法人员可以对学生施行惩戒，班干部是不允许对学生进行惩戒的，这不仅仅是因为班干部没有权利，还因为班干部没有受过专业的培训；但是班干部可以对班级成员的违纪现象进行监督。

3. 明确惩戒教育的对象

惩戒教育的对象是中小学生，即广大正处于生长发育阶段的儿童、少年和青年。学生的身心发展遵循一定的规律，是一个漫长的逐步实现的过程，既表现出明显的阶段性，又表现出连续性；既表现出整体性，又表现出个体的差异性；既表现出相对的稳定性，又表现出特定情况下的可塑性。惩戒教育针对的是中小学生的不良行为，对于成绩下降、学习接受能力差、学习知识速度慢的学生不能实施惩戒教育。

4. 明确定义不良行为

学生的不良行为指学生违反学生行为准则、违反校纪校规、违反班级班规的行为，或者违反道德准则或犯较严重的道德过错，有的甚至处在犯罪的边缘或已经有轻微犯罪的行为，具体可分为一般的过错行为、一般的不良行为、严重的不良行为、恶意的不良行为和违法的不良行为五个级别。

第一级别：一般的过错行为。学生的一般过错行为是指学生个体或群体所发生的违反校纪校规的行为。例如扰乱课堂、不按时完成作业、迟到早退等。若不及时纠正学生的过错行为，任其发展，就容易转换为品德不良行为，成为妨碍学生身心健康发展的隐患，甚至使某些学生走上犯罪的道路。过错行为具有盲目性、情境性、偶然性、情绪性、易变性等特点。

第二级别：一般的不良行为。学生一般的不良行为是指学生被错误的道德意识所支配，屡次违反道德规范、损害他人或集体利益的行为。该级别的行为特点是反复出现一般的过错行为，形成一种犯错的倾向和习惯。

第三级别：严重的不良行为。严重的不良行为是指在违犯程度上更加严重，不是简单的不遵守规章制度，也不是扰乱课堂、不按时完成作业等，而是打架斗殴、酗酒、抽烟、不良性行为、纵火、辱骂等有犯罪倾向的行为。

第四级别：恶意的不良行为。恶意的不良行为是指学生严重的不良行为经教师和校方的教导、行为矫正无效，学生不愿意弃恶就善，仍旧沉溺在其中的违犯行为。

第五级别：违法的不良行为。违法的不良行为顾名思义指的是在校园内外，学生触犯国家法律的行为。

5. 明确不良行为的后果

不良行为的后果可以分为三个级别，分别是教育惩戒、行政惩戒和司法惩戒；其中教育惩戒又分为弹性惩戒、后果惩戒和行为矫正三个层次(见图 4.17)。

教育惩戒{弹性惩戒 (一般的过错行为)；后果惩戒 (一般的不良行为)；行为矫正 (严重的不良行为)}——教师

行政惩戒——(恶意的不良行为)——校长

司法惩戒——(违法的不良行为)——司法人员

图 4.17　不良行为和惩戒教育的级别对应关系

(1)教育惩戒

教育惩戒是惩戒教育中程度最轻的惩戒级别，它包括弹性惩戒、后果惩戒和行为矫正三个层次，分别针对一般的过错行为、一般的不良行为和严重的不良行为。

①弹性惩戒——针对一般的过错行为

弹性惩戒，顾名思义是指教师可以在一定的范围内选择不同的方式对学生进行惩戒，具有较大的灵活性。弹性惩戒中可以选择的惩戒方式具体有：

第一，表扬与不良行为相反的行为。例如，学生经常离开座位，教师则应在他们在座位上认真学习的时候表扬他们。

第二，表扬其他良好行为的学生。例如，A 同学经常离开座位，教师可以说："我很高兴看到 B 同学坐在座位上认真地学习，C 同学也是。"

第三，非语言暗示不良行为的学生。教师对学生投去严厉的目光、担忧地皱眉、叹息地摇摇头，对学生来说有时候是莫大的提醒和警诫。例如，有两个同学在上课的时候交头接耳，教师可以看其中的一个学生，或者走到其中一个学生的身边就会有良好的效果。

第四，使用言语提示。当教师暗示学生无效时，教师可以直接使用言语提示。例如，A 同学在偷看 B 同学做作业，教师可以用简明的语言告诉学生正确的行为，教师可以说："A 同学，请你自己做作业。"

第五，反复提示。当学生无视教师的直接指示时，教师应反复地给学生提示，直到学生按照教师的指示来行动。

②后果惩戒——针对一般的不良行为

当采取以上措施学生都不听从的时候，教师可以应用后果惩戒，即告知学生如果再发生违犯行为，就要招致一项后果以表示对他的惩罚，而这项后果一定是学生可以做到、教师可以执行的，让学生自己选择听从指令还是后果自负。不可提出含糊不清或者没有意义的惩戒措施，例如："你再离开位置我把你用绳子绑起来"、"你再犯错试试"等。教师采取后果惩戒可以根据学生的身心状况和当时的情境选择以下的惩戒方式：

第一，让学生站几分钟。

第二，剥夺学生的某些权利。例如，在活动中，A 同学经常欺负别的同学，不遵守游戏规则，经说教不改，可以剥夺 A 同学和其他同学一起活动的权利。

第三，把学生送到校长办公室。

第四，让学生放学后留下。

第五，请学生的家长。

第六，写说明书。

第七，付出代币。代币并不是真正意义上的金钱，而是虚拟的，例如贴纸、小花等。全班同学每个人的代币起点个数是一样的。发生不良行为的学生需要交出一个代币，而行为表现特别好的学生可以获得一个代币。积累一定个数的代币可以换取某种实质的奖品或者获得某项权利。

③行为矫正——针对严重的不良行为

在学校里，除了常见的一般不良品德行为之外，还有严重的不良行为，例如打架、偷窃、毁坏公物、辱骂老师等。这些严重的不良品德行为在经以上的方法教育均不奏效，且经教师观察，该生确实存在某方面的行为困难时，需要实施一个行为矫正的程序。行为矫正的程序大体可以分为认知疗法和行为疗法两种，有的时候可以结合运用。教师在观察运用具体方法之前需要对学生产生不良行为的原因进行分析，对于认知错误的学生，就对其施行认知疗法使其行为得到纠正。认知疗法认为，有些学生犯错是因为认知存在偏差，他们信从了错误的价值观念。对于这样的学生，晓之以理、动之以情，消除学生在认知上的错误之后，行为即可得到矫正。而对于有些不良行为，虽然学生在认知上知道该行为是不道德的，不符合规章制度，但是靠他自己戒除该行为存在一定的困难和障碍，对这样的学生就需要运用行为疗法。行为主义学习理论指出，实施强化或者不受强化可以减少行为发生的频率。在行为矫正过程中，教师要格外注意该学生的表现，正确行为一旦出现，就要进行及时的强化，即给予表扬和肯定，或赋予一定的权利，发放奖品等。对于不良行为的出现，则采取忽视的态度，随着时间的推移，不良行为可以逐渐减少。

(2)行政惩戒——针对恶意的不良行为

当使用行为矫正也无法使学生的不良行为纠正过来时，就需要使用行政手段。行政惩戒一般是指学校给出的行政处罚，例如“记过”、“停学”、“开除”等。

实施行政惩戒的步骤如下：

第一，由教师申报，提供书面陈述。

第二，学校委员会就此进行审批。

第三，召开由校领导、教师、学生和家长四方参加的会议，让学生和家长明白学生违犯行为的性质。

第四，学生和家长可以在一周内进行申诉，争取不受处罚。

第五，确定处罚结果，发布书面证明。

除了开除之外，记过和停学均需校方做好后期的监督、察看工作，并做好行为表现记录。

(3)司法惩戒——针对违法的不良行为

司法惩戒是指学生在校的违犯行为触及了国家法律，需要交法律部门处理的惩戒。一般由公安部门、检察机关出面审理。

6. 明确惩戒教育的申诉

申诉，通常是指公民在其合法权益受到损害时，向国家机关申诉理由，请求处理或重新处理。目前我国在惩戒教育申诉和司法救济的制度上都不完善，法律虽然赋予了学生申诉的权利，但范围不够广，没有正规渠道可以申诉，没有具体的程序可以遵守，申诉最后成了调解。很多专家学者甚至司法人员认为学生和教师不属于司法审查的范围，学生违反校规、教师不当惩戒是校园内部的事情，不属于司法范围。这表明我国在惩戒申诉和司法救济制度上还存在很大的欠缺。惩戒教育制度应该包括学生申诉和教师申诉。学生、教师对依据惩戒教育制度执行的结果不满的，都可以上诉至相关部门。

(1)学生申诉

学生申诉的范围主要包括对学校给予的处分不服或者认为学校、教师侵犯自己人身权及财产权等合法权益。[①] 学生具有获得公正评价的权利、人格尊严权、身体健康权、人身自由权。[②] 当学生或家长认为教师的惩戒行为侵犯了学生的这些权利时,可以按照程序进行申诉。学生惩戒申诉程序如下:

①学生被实施行政处分之前,校长或者其他负责人应简要地告知学生他所犯的错误,并告知学生有机会在学校委员会议上解释其行为。会议应在一周内举行,除非双方都同意延迟。

②在建议学生被处分之后,校长要和学生的家长、学生和相关的教师一起召开会议。会议在三天之内召开,除非双方都同意会议延期召开。

③只要已经通知家长参加会议的,如果家长或学生没有出席,会议可以继续进行。不管家长或学生是否出席了会议,学生都要接受来自校长或负责人的口头的或书面的控诉理由及其过错的行为。

④学生有机会对其行为进行解释并要求取消处分。会议召开后,要在两天之内以书面形式通知家长和学生会议的结果。

⑤学生或学生家长可以就校方决定上诉教育局或司法机关。

(2)教师申诉

关于教师申诉,目前是一块空白,几乎没有教师申诉的渠道,因而教师成了“弱势群体”。在申诉方面,教师和学生应是平等的地位,不应是因为学生年幼、教师成熟而把天平倾向于学生,偏袒学生。建立教师申诉制度是不可或缺的环节之一。当学生起诉教师惩戒不当时,教师同样有权利为自己进行申辩。程序如下:

①教师对学生控告其惩戒不当不服的,可以向学校提出书面申请,要求进行申诉。

②校方在一周内召开由校领导、惩戒监督员、当事人教师、当事人学生和当事人家长参加的会议。在会上,当事人学生和教师分别就惩戒当天的情形进行陈述,并出示证据,提供证人,由惩戒监督员对双方的陈述作出判断。

③讨论最终结果,并在两天内公布。对于惩戒不当的教师进行处罚或者对诬告教师的学生进行处分。

④教师或学生可以就学校的最终结果上诉教育局或司法机关。

三、学校惩戒教育制度的执行

惩戒教育制度的执行是学校惩戒教育制度化的重要环节。执行惩戒教育制度

---

① 褚宏启.教育法制基础[M].北京:北京师范大学出版社,2003:113.

② 褚宏启.教育法制基础[M].北京:北京师范大学出版社,2003:72.

不仅检验制度的可操作性，而且产生直接的教育效果。要保证惩戒教育制度的健康运行，必须对惩戒教育制度的共享和监督环节严格把关，这是执行惩戒教育制度的关键环节。

1. 学校惩戒教育制度的共享

惩戒教育制度的共享是指惩戒教育制度制定之后，在学生、教师和家长之间推广的过程。惩戒教育制度的共享主要分班级共享和家庭共享两个方面。

首先，在班级共享方面，惩戒教育制度制定之后，应该以班级为单位认真学习制度。可由教师在班上郑重宣读该制度，当着全班同学的面将惩戒教育制度张贴于明显的位置，并确保制度已经人手一册发到学生手中。之后，要求每一名学生都认领一条具体的惩戒教育制度的内容做准备，在班会课上，由每一名学生轮流向全班同学解释该规则。例如“打架斗殴将受到教师的惩戒，情况严重的，由学校进行行政处分”。这条规则，该生就要举例说明，或者让大家讨论，打架斗殴的具体情况有哪些，发生在哪里的打架斗殴要受到惩戒，什么是情况严重的打架斗殴，教师的惩戒和学校行政处分之间的差别，如何避免打架等。通过对每一条制度的讨论学习，让学生熟悉惩戒教育制度的内容，加深对制度的印象，事先防范学生的不良行为。其次，在家庭共享方面，要求学生将发到手的《惩戒教育制度》带回家，和家长一起逐条学习，学习完之后要求家长签字，并由家长填写学习心得或者反馈意见，由学生带回学校上交给班主任。

2. 学校惩戒教育制度的监督

惩戒教育制度在运行过程中，少不了监督的环节。学校、班级应建立监督机制，由学生和教师共同组成监督队伍，以保证惩戒教育制度的运行不受阻拦。学校的监督机制由学校和班级两个部分组成。

首先，学校设立监督委员会。成员由校长、辅导员和两名轮班教师组成。职责是负责惩戒教育制度的执行情况，具体是：①沟通学校和家庭，向家长宣传学校的制度，做好家庭和学校之间的协调工作；②沟通学校和社区，让违纪的学生有机会参与社会服务；③沟通学校和司法机关，对于严重的违纪现象，要求司法部门介入；④监督学校对严重的不良行为、恶意的不良行为、违法的不良行为进行惩戒教育的过程；⑤定期对有严重的不良行为、恶意的不良行为、违法的不良行为的学生进行辅导、沟通和交流；⑥参与制度的修订。

其次，班级也要设立监督委员会。成员由班长、纪律委员组成。职责是：①负责查看学生的不良行为；②监督学生不良行为的改正过程；③向学校和教师反映惩戒教育方面存在的问题；④监督教师实施惩戒的情况是否符合制度规范；⑤提醒全班同学注意遵守惩戒教育制度。

最后，班级的每一个成员都是《惩戒教育制度》的监督者。每个成员对认领的那一条规则负责，有专门的本子记录该条规则，在日常生活中(教师不在的情况下)监督同学的违规情况。例如，A 同学认领的是“不能抄袭作业、考试不能作弊”的规则，A 同学要把该规则抄写在专门的本子上，当 A 同学发现 B 同学抄袭作业、考试作弊时，就要把该本子交到 B 同学手中，B 同学要当场签字并寻找下一位抄袭作业、考试作弊的同学。凡是在本子上签名的同学要接受相应的惩戒。

四、学校惩戒教育制度的评价

评价是根据一定的标准对事物进行判断的过程。评价一个制度的好坏，既要看该制度是否符合一般制度的要求，即是否拥有与其他制度一样的共性，也要看该制度在具体的领域内是否符合社会伦理道德、国家的方针政策，制度内部是否达到协调一致，目标和措施是否得当等。学校惩戒教育制度的评价属于学校制度评价的一部分，首先要考察该制度是否符合学校制度的精神，是否符合国家的教育政策，是否符合学生身心发展的特点等，其次要考察该制度内部的目标、内容、对策是否具有一致性。

目前，国内中小学在评价制度方面存在几方面严重的缺陷，例如评价注重知识层面的考察，注重对结果的考量，评价的标准一元化，评价的主体单一化等。惩戒教育制度是针对教师惩戒行为、学生不良行为的制度，学生的行为在不断地发展变化之中，如何对不断变化发展的行为进行评价是一个难题，而要就制度对行为的作用作出评价更是一个需要突破的难题。笔者认为，对惩戒教育制度的评价，最重要的是动态的评价以及多元化的评价。

1. 动态评价

评价惩戒教育制度的好坏，不能以一个阶段的实施结果来衡量，一个阶段结束时进行的评价只是总结这一阶段的经验教训，作为下一阶段工作的起点和基础。惩戒教育制度的动态评价，可以以一个学期或一个学年为周期，考察周期内学生不良行为和教师惩戒行为发生的情况，根据结果作出调整，再将几个周期的结果进行比较，以衡量惩戒教育制度在约束学生不良行为、规范学校和教师惩戒行为方面的效果。周期内的考察可以分两个部分进行：一是从量的方面统计学生不良行为发生及受到惩戒的频次、级别，教师受到投诉的频次；二是从质的方面分析学生不良行为的类型、产生原因、受到的惩戒措施、惩戒效果等，其方法可以是为学生建立行为档案。

《学生行为档案》是对学生在学校受到的在行为方面的教育、惩戒的记录。《学生行为档案》以一个学期为周期，分为平时填写的部分和学期末填写的部分，由教师和学生共同填写。平时填写的和期末填写的《学生行为档案》具体如表 4.7、表 4.8 所示。

表 4.7 《学生行为档案》(平时卷)

学生行为档案 (教师填写)
学生姓名:________　　　　年级:________
填表日期:________
学生不良行为描述: ________________________________
分析学生不良行为的原因: ________________________________
惩戒学生的措施: ________________________________
对学生实行惩戒时,学生的表现: ________________________________
对学生实行惩戒后,学生的表现: ________________________________
惩戒学生的教师:________　　　　监督员:________
学生行为档案 (学生填写)
学生姓名:________　　　　年级:________
填表日期:________
你的行为违反了学校的哪条制度规定? ________________________________
你为什么违反该制度规定? ________________________________
你对教师的惩戒行为有什么意见?为什么? 1.心服口服(　　)　2.口服心不服(　　)　3.没道理(　　) ________________________________
教师对你实行惩戒的时候,你感受如何? ________________________________
你准备日后在该行为方面如何改进?你有何困难? ________________________________

2. 多元评价

惩戒教育制度的评价不是由学校领导说了算,更不是由考试成绩说了算。评价是一个目标多元化、多主体参与的过程。多元化的评价制度不但不局限于学生对惩戒教育的认知层面上,也不局限于单方面对惩戒教育制度实施效果的评价。多元化的评价制度在评价标准上,不仅注重知识层面的测量,即学生对不良行为及其后果的认知,也注重考查学生在遵守制度、执行制度时具体态度的情况等;多元化评价制度在评价主体上,不仅仅由领导参与评价,而是学生、教师、家长和专家学

表 4.8 《学生行为档案》(期末卷)

学生行为档案

(教师填写)

学生姓名:________　　　　　　　　　年级:________

填表日期:________

该生在这个学期中,行为方面改进最大的是

____

您为帮助该生改正此行为所采取的惩戒措施是

____

您认为该生在行为上仍旧存在的问题是

____

您对该行为所采取的惩戒措施是

____

您准备如何改进惩戒措施以纠正该不良行为?

____

您在运用惩戒教育制度时遇到的困难有

____

学生行为档案

(学生填写)

学生姓名:________　　　　　　　　　年级:________

填表日期:________

在这个学期中,你认为自己在行为方面改进最大的是

____

教师为使你改进该行为所采取的惩戒措施是

____

你认为自己在行为上仍旧存在的问题是

____

你希望教师如何帮助你克服这个行为上的困难?

____

你觉得目前学校的《惩戒教育制度》中哪条是不合理的?

____

你是否发现教师有不按照制度执行惩戒的情况?请具体说明。

____

你认为还应该在哪方面规范教师惩戒学生的行为?

____

者同样也参与评价的过程。例如《惩戒教育制度》在实行一个学期后,教师可以带领学生一起对该制度进行评价。具体参考步骤如下:

①召开班会,主题是"惩戒教育制度之我见"。

②要求学生填写《制度满意情况调查表》(见表 4.9)。

③完成之后,4 个学生一组,就填写的内容进行讨论,发现存在争议的地方,并准备好发言。

④每个小组由一名代表发表小组意见,提出制度不合理的地方,不合理的制度条款对学生造成什么样的心理感受,改进的方法等。

⑤一个小组发言完毕,其他小组的学生可以就刚才的发言提出异议,进行反驳或进行解释。

⑥每个小组发言完毕,由班主任总结班级成员的意见并以书面形式反馈校长办公室。

表 4.9　制度满意情况调查表

制度满意情况调查表
您是:学生(　　)　　教师(　　)　　家长(　　)　　社会人士(　　)
您对《惩戒教育制度》满意吗? ______________________
1. 您对哪一条制度规定存在意见? 它给您(或他人)带来了什么消极的影响? ______________________
2. 您认为制度中哪些惩戒教育措施是没有效果的? 为什么? ______________________
3. 您对惩戒教育手段有什么新的提议? ______________________

五、学校惩戒教育制度的调整

任何事物的发展都是一个过程,惩戒教育制度也不例外。动态的、多元化的评价为惩戒教育制度的调整和修改提出了宝贵的意见和建议,学校可以依据各个方面的反馈信息重新审视惩戒教育制度,对惩戒教育制度进行合理的调整。

在这个过程中,学校不光要自己发现问题,也要允许学生、家长和教职员工参与到制度的修订中来。学校要设定修改制度的程序,以便让每个成员都可以通过程序发表对制度的看法并要求进行改进。下列《惩戒教育制度修改细则》是对学生、家长、教职员工参与学校制度修订的摸索,供中小学校参考。

惩戒教育制度修改细则

为方便广大教职员工、学生和家长参与学校制度的修改过程,改进和完善学校的制度,特制定此细则。具体程序如下:

1. 请在学校网站上下载《制度意见反馈表》(见表 4.10),并认真填写。

2. 用电子邮件或者邮寄的方式传送至校长办公室。

3. 收到您的反馈表之后,我们将进行小规模的讨论,成员包括当事人您和其他各个代表至少一名。若在讨论中您觉得您的疑问得到了解决,则结束程序。若大家一致认为该制度确实存在问题,则继续以下步骤:

4. 就存在的问题进行讨论，研究问题的根源在哪里？依据是什么？研究改进制度的方案，或修改，或删除，或替换。同时，通过多种渠道获取有关该条款的信息，例如电话咨询、访问专家、查考法律等。

5. 进行制度修改。召开校方主持的四方会议。各个代表就搜集到的资料进行汇报，其中，提出意见的代表负责解释制度具体存在的问题以及该条款继续存在的危害，第二方代表提出处理该条款的多种选项并对选项进行解释，第三方代表就提出的选项进行讨论，提出赞同意见或者不赞同意见，最后投票选择最终确定的制度选项。

6. 修改制度并发布。

表 4.10　制度意见反馈表

制度意见反馈表
您对哪个制度存有异议？________________ 日期：________________ 您的姓名：________________ 您的联系方式：________________ 1. 您认为该制度哪一条款出现了问题？为什么？ ________________ 2. 您认为该条款存在的危害是什么？ ________________ 3. 您认为应该如何改善该条款？ ________________ 4. 您能为我们制定一条新的制度吗？ ________________ 5. 这条新制度的优点是什么？ ________________
感谢您的意见和建议！我们在收到反馈表之后将与您取得联系，请您务必填写您的联系方式，方便我们与您沟通和交流。感谢您支持我们学校的制度建设！ ×××学校

第五章 学校惩戒教育优秀案例

“教必有法，但无定法”，在学校惩戒教育中，教育的这一特性表现得尤为明显。学校惩戒教育的制度化有利于规范教师的惩戒行为，但并不是将惩戒教育简单化、机械化。每起惩戒教育事件都是个性化的境遇，反映着教师的教育智慧和学生的成长。借助案例，我们得以在他人的教育叙事中体验、反思，活化理论知识，提升教育水平。

第一节 小学惩戒教育优秀案例分析

案例 1

捡 100 粒沙子的教育①

文苑小学操场后面有一个沙坑，不知从何时起，沙坑里的沙总是“溜”到操场上。通过调查，学校傅校长了解到，主要是因为一部分二年级小朋友在沙坑里玩抛沙的游戏。为了制止这一现象继续发生，傅校长并未严厉批评这群学生，而是利用晨间锻炼的时间，把二年级的学生召集到沙坑前，叫孩子们做一件事情：每人捡 100 粒沙子，然后拿着捡好的沙子回班级，班主任老师也趁机问学生：“捡 100 粒沙子累不累?”学生都一致答道：“累。”老师此刻引导：“如果同学们把沙子都抛到操场上，清扫操场的学生累不累?”学生（特别是那些抛过沙子的学生）此刻羞愧无比，从此再也没发生过类似的事情了。

案例分析

失范行为：在沙坑里玩抛沙的游戏，将沙抛得满操场上都是。

失范程度：规反了学校的规定。

失范行为主体：二年级一部分爱玩的小朋友。

---

① 本案例根据杭州市文苑小学傅校长的口述撰写。

惩戒教育方法：“参与式惩罚法”——捡沙子。

惩戒教育效果：孩子从认知、情感上得到转变，继而在行为上得到矫正。

原理分析：爱玩是儿童的天性，特别是二年级的小学生，对事物的认知并没有达到成熟的阶段，他们对自己的行为约束力较差，在这个案例中，孩子们在抛沙过程中并不能考虑到自己的行为会给清洁卫生的学生带来多么繁重的劳动。在处理这件事时，校长非常机智，并没有严厉批评学生，给他们讲大道理，而是在充分了解二年级学生身心发展特点的基础上，让孩子们亲身实践，体会劳动的艰辛。这不仅让已经玩沙的同学心里愧疚，受到教育，对其他学生也能起到警示作用。校长通过让孩子亲身感受捡沙子这项劳动的不易，不仅仅能从表面制止孩子们的失范行为，更能让犯错的孩子从自身内疚、羞耻等情绪体验中更深刻地达到知、情、行的转变。同时，班杜拉在社会学习理论中指出，儿童通过观察他们生活中重要人物的行为而习得社会行为，这些观察以心理表象或其他符号表征的形式储存在大脑中，来帮助他们模仿他人的行为。所以，其他未玩沙想玩沙的孩子通过这次事件，也能转变他们的认知，继而改变他们的行为。

案例 2

“冷处理”的效果①

五年级班里有个“特殊”的男孩子张力，个子小小，学习、行为习惯很不好，作业几乎没有按时上交过，经常撒谎，但就这样一个孩子特别喜欢我，记得刚教他们班课时，他下课跑到讲台前凑近我耳朵说：“老师，我喜欢你上课。”每节英语课他最愿意为我做的就是抢着开电脑，打开光驱，好让我放上课的光盘，每每此时，我都很感动，但这两个星期来他没上交过一份作业，找他谈话他总答应得很好，但说话从不算数，我真是恨铁不成钢。这些年的教学经验告诉我，对于这类屡教不改，并且对老师有点情感依赖的学生，采取“冷处理”惩罚方式应该是有效的。于是，接下来的一周里，无论他跟我套近乎还是献殷勤，我都礼貌性点头或摇头，上课时，他的位置就在我眼皮底下，但我连看都不往他那看，他故意抢着回答问题，我也当作没看见，没听到。“冷处理”两节课后，我收到了夹在我英语书中的一张小纸条：“老师，为什么你不理我？是不是我没做作业你生气了？我会慢慢补起来，请你不要不理我，给我一次机会，好不好？”我心里暗喜，这招儿开始见效了，但我还是继续坚持没理睬他，第二天，我的办公桌上出现了张力补交的抄写本。我及时改完，写上鼓励性的评语，让同学还给他，当天我还是没跟他说话。“冷处理”的第六天，张力已经补完了这两周欠的所有作业。那天，我特意将他叫到跟前，首先表扬他知错就改，还送给他一本他特喜欢的《海底两万里》，接着又聊到这一周我对他的态度，问他心里感

---

① 本案例根据笔者的教育实践撰写。

觉怎么样，张力低下了头，轻轻地诚恳地说："老师，你不理我我真的很难过，以后我会慢慢改的……"

案例分析

失范行为：经常不完成作业，并养成撒谎的习惯。

失范程度：既违反了班级规定，又形成了不良的品行。

失范行为主体：自控力较弱的五年级张力同学。

惩戒教育方法："冷处理惩罚法"——故意冷落学生一段时间。

惩戒教育效果：从情感入手，使孩子不断反省自己，达到知行统一。

原理分析：张力同学平时学习、行为习惯都不好，并且经常不交作业，还养成撒谎的不良品行，违反学校、班级的各项规章制度，对于老师苦口婆心的教育，他嘴上答应得很好，却无任何行动，屡教不改。导致张力经常欠交作业的不良行为，不是他学习能力有问题，而是其学习态度非常不端正，惰性较强。这样的孩子注意力和自控力都较弱，往往表现出行为随意，意志力薄弱，并且不做作业已成为他的一种坏习惯。案例中教师能够运用"冷处理"来有效帮助学生认识并改正错误，其中关键的前提是：学生信任并喜欢他。一个"特殊"的孩子，本来喜欢他或他喜欢的老师就不多，难得遇上一个这样的老师却突然对自己不理不睬，可想而知孩子的心里是多么的难过，他的内心会不安，会不断审视自己的不足，这种内心的煎熬会促使学生转变自己的行为。这位教师正是抓住与孩子间的情感纽带，适时进行"冷处理"教育，以"冷"待之，短期漠视，让学生思考自己言行的合理性，启动学生自我教育、自主追求的内心机制。这个案例的成功在于：教师根据学生的个性特征和心理特点，将消退原理和正强化方法有效结合。消退法是指在一个确定的环境中，当孩子作出某一行为之后，外界环境不予理睬，那么，今后类似情况下发生类似行为的可能性就会减小。当张力同学接连两周不做作业，教师对他不做作业的不良行为不予理睬，利用消退原理来消退孩子的不良行为。当然，教师的这种"冷处理"不是"冷暴力"，而是外冷内热，心有牵挂，老师仍然暗地里密切关注着孩子的行为，当张力补交了抄写本后，老师认真批改完，还写上鼓励性的评语（正强化孩子好的行为）。当孩子最后将所有的作业补交齐后，教师对孩子的行为不仅给予言语上的肯定，还送了一本他特喜欢的《海底两万里》，这一系列正强化的举措充满了温情，会促使孩子形成积极的想法："我要及时完成作业，这样才能得到老师的肯定和关爱。"

案例 3

不受欢迎的"贵宾座"①

在给六年级上课时，每节课上总有那么几个孩子专注于做自己的事或沉浸在

① 本案例根据笔者的教育实践撰写。

自我编织的白日梦中，点名批评肯定不是办法，我也试过适时让他们回答问题，但效果并不明显。后来，我就在讲台的两侧放了两套桌椅，并给他们起了个好名：贵宾座。在使用贵宾座前，我先向全班同学解释道："不是所有的同学都有机会坐贵宾座的哦，而且我这贵宾座收费也不低，要收取200经验值才能尊享。只有那些特别'天才'的孩子，包括幻想家（做白日梦型）、实践家（很能做小动作型）、务实家（拼命补做上节课作业型）等才有机会享用，享用5分钟内，如果他们认真听讲即刻回归集体怀抱。"宣布完规则，我还特意热情邀请那几个经常上课不用心的同学上去试坐。从此，课堂上认真听讲的学生越来越多，个别学生没做好，我只要微笑着说："我这贵宾座好冷清啊，都没什么人来捧场，谁来赏个脸呢？"每当此时，学生会哄堂大笑，个别开小差的同学马上将注意力集中到课堂上。

案例分析

失范行为：上课开小差、做小动作及与课堂无关的活动等。

失范程度：违反课堂纪律。

失范行为主体：六年级一部分学习内部动力机制发展水平较低的学生。

惩戒教育方法："暂时隔离法"—贵宾座+"反应代价法"—罚200经验值。

惩戒教育效果：行为失范的学生产生羞愧感，减少不良行为的发生。

原理分析：孩子上课容易走神、做小动作或做其他与上课无关的事情等，都是违反课堂纪律的表现，这一类孩子的违规表现可能跟教师上课缺乏吸引力有关，但大多数孩子还是有其自身原因：缺乏自制力、情绪消极、意志薄弱及行为懒散等。教师在对待这类孩子时并未采取简单点名批评或粗暴方式，而是采取了艺术性的、委婉的"暂时隔离法"——贵宾座，外加200经验值的"反应代价法"。由于六年级的孩子自尊心较强，认知能力较中低年级孩子已有所提高，行为失范后受到合理、温和的惩戒，他们内心会产生羞愧感，进而会减少这种不良行为的发生。案例中教师的处理方法取得了较为显著的效果，教师在学生行为失范后，并未大声斥责，而是以尊重学生为前提，艺术、温和地与学生达成约定的惩戒："暂时隔离"+"反应代价"，惩罚的最终目的在于使违纪学生产生羞愧感，重塑其对纪律规范虔诚尊重的情感。在学生行为失范后，根据约定，将学生从造成不良行为的情境（自己的座位）中暂时"隔离"到讲台两侧的"贵宾座"上，阻止孩子当前的不适宜行为，让被隔离的学生与其他同学处于不平等地位，产生心理上的不安、孤独和自责；并且被隔离的孩子还将被拿走辛苦攒下的200经验值（对孩子非常有用的刺激强化物），当然，孩子在规定时间5分钟内认真听讲即解除隔离，对其进行鼓励（正强化）。通过"暂时隔离"、"反应代价"和正强化刺激的方式，帮助孩子达到自我控制，减少不良行为的发生。

案例4

石榴被“偷”后[1]

文苑小学校园里有几棵漂亮的石榴树，每年的六月份，石榴树上就已经结满了一颗颗粉嫩的石榴，虽然果子并未成熟，但石榴的俏模样可吸引了不少孩子的眼球。两年前，二(1)班有个叫金浩的小男孩，有一天早上从食堂里拿了一个脸盆，从石榴树上摘了20多个石榴。这一事件发生后，全校轰动了，学生都在校园里传诵着：“金浩偷石榴了，金浩偷石榴了……”这事被傅校长知道了，傅校长找到该孩子，语重心长地问他为什么要摘那么美的石榴，这个小男孩天真地回答道：“我是在采摘丰收的果实啊！”傅校长此刻知道，再跟孩子讲大道理效果应该是不明显的，趁中午午休的时间，校长将这20几颗石榴分到1至6年级，每个班一颗，剖开石榴，每个学生分到两三颗小石榴粒吃，此时不是石榴的收获季节，所以石榴还很酸涩，学生吃后都觉得可难吃了。这时，校长适时通过广播向全校学生发出号召：“石榴只有长在树上，才是校园一道最美的风景线，将它摘下来，既不好吃，又破坏了校园环境。”通过这一事件，这两年来再也没有一个学生去采摘石榴了。

案例分析

失范行为：偷偷摘下校园里未成熟的石榴。

失范程度：违反了学校的规章制度。

失范行为主体：受好奇心驱使的二年级金浩同学。

惩戒教育方法：“体验式惩罚法”——品尝酸涩的石榴果实。

惩戒教育效果：行为失范学生认识到自身行为的不当，预防了其他学生产生类似行为。

原理分析：小男孩未经允许私自采摘校园内的石榴，不仅破坏了校园的美，还违反了学校不准折断树枝、采摘果实的规定。二年级学生好奇心强，容易被一些新奇刺激的事物所吸引，并且自制力也较弱，还不善于有效控制自己的行为，很容易受外界的干扰而违反纪律。案例中的校长对于孩子的违规行为并未直接批评，而是先耐心询问，当听到孩子天真地回答“我是在采摘丰收的果实啊”时校长知道面对单纯、可爱的孩子过多的指责是无益的。全校的孩子都知道这件事。为了让所有学生都能以此为戒，并且对这个小男孩也能起到惩戒的效果，校长让每个人都品尝石榴酸涩的味道，适时进行教育。这不仅让失范的学生对自己的行为自责，还对其他的学生起到了预防的作用。低年级儿童经常需要“他律”来调控其行为，在学生身心发展不成熟时期，在学生道德发展缺乏自律性的情况下，合适的惩戒教育作为“他律”力量将有助于学生分辨是非善恶，有助于学生形

[1] 本案例根据杭州市文苑小学傅校长的口述撰写。

成良好的道德认识、情感和行为。

案例 5

“50 元”风波①

一天早晨，我一进教室，六年级卫生委员方宇就跑到我跟前，手里拿着 50 元对我说：“老师，我今天在楼梯口捡到了 50 元，等来等去也不知道是谁掉的，丢钱的同学肯定很着急了。老师，您能帮我找到失主吗?”我接过孩子的钱，拍了拍他的肩膀说：“你真是一个拾金不昧的好孩子，午休时我让大队辅导员在广播里播一下寻人启事，肯定能找着的。”

因为一早上都是课，也没时间回办公室，我就顺手将 50 元钱放进讲台上的小抽屉里。第三节是体锻课，我直接带学生下去体育锻炼去了，一时也忘记那 50 元钱的事了。体锻课时，方宇提醒我记得要找到失主，我想趁体锻课，让大队辅导员广播里播一下，早点找到失主也好。于是，我回到教室，却发现钱已经不见了。我左思右想，一早上我都没离开过教室，只有体锻课我带学生下去，班上只有郑欣和赵蕾因为说身体不舒服请假在教室。赵蕾是个住校生，平时也经常会听到说她拿宿舍里同学吃的或用的东西，郑欣没有前科，那么这丢失的钱是否会是赵蕾拿的呢？我不敢确定。我看了看她俩，没说话，离开了教室，一路上琢磨着以前也碰到过类似的事情，这种问题的处理得谨慎，不能伤害到孩子但又得让她们意识到错误。转眼间我已经到了教学楼下，我在楼下叫赵蕾的名字，听到我的呼喊声，她从窗户上探出头，我对她说：“帮我做件事，好吗?”“好的。”她欣然接受。我接着说：“小蕾，你帮我讲台上的小抽屉里 50 元钱保管着，等到午休的时候再给我，好吗?”(此时，我也不确定是谁拿了钱，只是一种尝试。)这时赵蕾低下了头，红着脸说道：“好的，老师。”午休时，我刚到教室，就看见赵蕾拿着钱向我急匆匆跑来，对我说：“老师，这是您让我保管的钱，现在交给您。”只见她边说边吁了口大气，我接过钱，由衷地对她说道：“孩子，谢谢你帮我保管这 50 元钱!”

案例分析

失范行为：发生偷窃行为。

失范程度：违反了基本的道德规范。

失范行为主体：有小偷小摸习惯的六年级赵蕾同学。

惩戒教育方法：“宽容尝试法”——让学生由偷窃者转为替老师保管钱的好同学。

惩戒教育效果：不仅让 50 元失而复得，还使赵蕾既认识了错误又从心理上受到洗礼。

---

① 本案例根据笔者的教育实践撰写。

原理分析:赵蕾同学之前有过偷窃行为被发现,也被同学、生活老师批评过的经历,但总是屡教不改,究其原因,可能跟孩子缺乏父母关爱,基本没穿过新衣服,也没有零花钱等有关。为了满足自己的虚荣心和渴望,产生了偷窃心理,将同学的东西据为己有,补偿自己得不到这些东西的缺憾。每次偷窃后被抓,没有得到足够的正面情感教育,更多的是同学、老师和家长的批评或臭骂,渐渐地,孩子也破罐子破摔,导致偷窃行为频频发生。如果案例中老师仅仅是空口无凭地指责赵蕾拿了钱,有可能孩子不承认偷窃,不仅处理不了事件,还会伤害孩子的心灵,也达不到让她自省的效果。在处理这件事情时,正是老师的信任和包容,给了赵蕾挽回自己声誉的机会,同时这也深深地触动了她敏感的内心。其实,孩子在偷窃过程中会带着消极的心理定势,存在矛盾与惧怕的复杂心态:生怕老师、家长知道后批评、责骂,被同学发现后感到耻辱,这种道德和耻辱感使她意识到自己行为不轨,但虚荣和强烈的渴望在作祟,矛盾与挣扎让孩子还是作出了偷窃的行为。老师发现这事后,老师的一个眼神、一个动作甚至无意的一句话都会使孩子的内心受到强烈的震撼。因此,当我们老师发现孩子偶犯错误时,不要过多地批评或惩罚孩子,而要用智慧与情感去激起孩子的耻辱心与自尊心。孩子犯错是不可避免的,最重要的是把这个小错误能成为教育孩子的一个契机,并能给孩子一个改正错误的机会,这样既能让孩子认识到自己的错误而同时又不伤她的自尊心。

案例 6

让被“冷落”的孩子归队①

六年级有个女孩子叫沈思,是个住校生,父母对她的关爱很少,平时不太爱干净,学习上爱偷懒,从不上心,同学们都不爱跟她交往。但这个孩子其实很聪明,对人还是很热情,对老师也很有礼貌,有点没心没肺(从不记恨老师对她的批评,或同学对她的不友善)。作业经常不交,单词听写也总是不及格,找她沟通、交流很多次始终没什么效果。我想刺激刺激她,没准还有效果。期中考过后,我决定将全班分成几个学习互助小组,选出几个组长,然后自由组队,同学们都在兴致盎然地找伙伴,只有沈思同学碰了一鼻子的灰,只见她红着眼走到我跟前:“老师,他们都不要我。”“为什么呢? 你再努力找找其他同学,肯定会有小组要你的。”我不断地安慰她。“老师,真的没一个组会要我的,我怎么办呢?”沈思可怜兮兮地问我。我一看时机已到,趁这会功夫,我坦诚地对她说:“为什么其他同学都不要和你一组,你知道吗? 先得从自己身上找原因,你经常不做作业,听写也不及格,因为互助小组是要根据每个成员的表现综合评分的,同学们怕被拉后腿。”“老师,给我个机会吧,我一定会改正的,要不老师您让其他组内成员监督我,我要没做好就自动退出,好

---

① 本案例根据笔者的教育实践撰写。

吗?”沈思期待地看着我。看着孩子那诚恳的眼神,我知道这次分组活动对她刺激很大,我将她安排在一个非常有包容心且乐于帮助她的组里,并且还特意指定一个同学当小老师在学习上帮助她。期末综合考评时,沈思所在的小组获得了全班第一,并且她的表现也很棒,半个学期下来,几乎没有欠交过作业,听写还得过几次满分。期末的某一天,沈思还特意送了张自制的卡片给我:“谢谢您,老师,我对学英语越来越有信心了。”

案例分析

失范行为:学习态度不端正,经常不做作业,学习上爱偷懒。

失范程度:违反班级常规。

失范行为主体:学习上缺乏自主性的六年级女孩子沈思同学。

惩戒教育方法:“自然后果惩罚法”——学习习惯不好,同学们不愿与其组成互助小队学习。

惩戒教育效果:让孩子体会到了被孤立的痛苦,端正了她学习的态度。

原理分析:教师在教育的过程中,应尽可能满足孩子身心发展的需要。美国心理学家马斯洛认为,人类的需要是分层次的,由低到高依次是生理需要、安全需要、社交(归属)与爱的需要、尊重的需要、自我实现的需要。对一个学生来说,在马斯洛需求层次中,生理需要和安全需要容易得到满足,而尊重的需要和自我实现的需要必须在“社交(归属)与爱的需要”得到满足后才能实现,是高层次的需要,也是行为习惯不良的学生难以实现的。案例中的沈思同学,因为平时的学习、生活习惯都不被其他同学赏识,一直被同学们冷落,社交(归属)与爱的需要、尊重的需要和自我实现的需要不能得到满足,孩子内心其实是自卑、痛苦的。但老师对她的苦心教导、情感感化却并不能触动她内心,所以效果一直不明显。在转化该生的教育措施中,这位老师抓住学生的痛处,用同伴的社会作用及自我需要的满足来刺激她。事实上,与同伴的社会相互作用是儿童身心发展和社会化赖以实现的基本条件,只有被同伴接受支持,个体才能产生归属和关心的情感,但如果同伴关系是敌意拒绝的,个体就感到孤独、焦虑,对自己的能力、品质缺少信心,产生自卑感。在老师的帮助下,不被各组接受的沈思终于被某一组暂时接纳。为了能够继续待在组里,她不得不改掉坏习惯,维护小组的荣誉。而她的社交(归属)与爱的需要、尊重的需要也在这一过程中得到了满足。

案例 7

好学生也会撒谎①

吕津同学是六年级的年级红人,不仅各学科成绩优秀,唱歌、跳舞、主持、管理

---

① 本案例根据笔者的教育实践撰写。

样样拿得出手，老师们都很捧她，但在同学中却并不很得人心。上学期期末一次单词竞赛，我让同学互批互评，然后告诉我成绩，吕津同学考得还不错。但接连几节课后都有同学到我办公室来反映吕津同学的成绩是假的，她明明错了一定要让批改的同学给她改对，理由很多：我这个是书写模糊，这么简单我怎么可能写错呢；求你给我批对吧，不然回家我妈要批评我的……听到这么多同学的反馈，我惊呆了，更让我震惊的是：有同学还说她只要觉得自己测试考得不够理想，怕被批评，试卷签名都是她自己签的。老师眼中这么优秀的一个孩子竟然这么不诚实，我想，要是不给吕津来点惩罚，转变她这种观念，这些必将会成为她今后人生道路上的绊脚石。于是，我单独跟她进行交流："今天单词竞赛你觉得自己准备的充分吗?"她一听，先是愣了一下，接着很冷静地说："嗯，还可以，就是有几个记得不是很熟。"(看得出来，这孩子心理承受力不错。)我想还是得跟她说得直白点："有同学说你的试卷上有改错的，把你的试卷拿过来给老师看看吧。"这时，她的脸霎时红了，但马上又狡辩道："老师，我那试卷上好些因为写得匆忙，有点潦草，同学给我改错了，我把它改过来了。"我看她还一点悔改之意都没有，继续问道："但改错也不可能改错十一个啊？更何况这些错的单词中的字母怎么看都不可能看错。你回去再仔细看看，想想，明天再给老师一个答复，好吗?"吕津走后，我觉得这事得跟家长好好沟通，争取家校配合，让孩子克服撒谎的缺点。在跟孩子母亲交流时，我委婉地将其他孩子反映的情况以及今天发生的事情说了一遍，并且一再跟孩子母亲强调，不要责怪她，好好谈心。第二天，我的办公桌上多了封信："老师，对不起，昨天跟妈妈聊了很久，我意识到了自己身上不诚实的缺点，因为一直以来，我都想成为他人眼中的优秀者，我不想也不敢失败，但现在我知道如果不诚实将会失去他人对自己的信任，这才是最大的失败。谢谢您，老师，请您相信我，我会正视自己的缺点，努力改变，让自己变得更好。"

案例分析

失范行为：在单词竞赛中篡改成绩，还多次在试卷上冒充父母签名。

失范程度：违反了基本的道德规范。

失范行为主体：六年级的学习优秀生吕津同学。

惩戒教育方法："言语沟通惩戒法"——环环追问，促其认识错误。

惩戒教育效果：失范学生自省，主动承认错误，达到知、言、行的一致。

原理分析：吕津同学在老师们眼里是一个全面发展、十分优秀的孩子，但为了在单词竞赛中获得优秀成绩，不惜说谎、改分数，甚至还多次因为成绩没达到自己的理想分数而自行签名。该生之所以作出撒谎、不诚信等行为，正是由于她太在乎学业成绩，太害怕做得不好而受到家长等的批评。教师在处理吕津撒谎的不良行为时，并未纵容她，为了使孩子意识到问题的严重性并改正撒谎的毛病，教师与孩子就问题进行了深入的交流，并给予孩子缓冲的思考时间。取得家长的配合后，让孩子能正确审视自己身上存在的问题。一些“好学生”随着头顶上的光环越来越亮，一些诸如“虚荣、自私、骄傲”的不良心理也在滋长。教师要通过教育让他们面对分数和荣誉时学会淡然处之，从而以一颗平常心投入到学习、生活中，进而培养自己豁达、淡泊的心境。“好学生”在学习和生活中很少品尝失败和被冷落的滋味，这就使他们的心理承受力相对较弱，遇到各种“打击”，往往情绪低落，甚至会不惜采取撒谎等手段来达到目的。吕津多次通过不诚实的手段来欺骗老师和家长，针对她说谎的原因就是想逃避成人的批评或惩罚，应对她进行知、言、行三者统一的教育和严格要求，纠正她的错误认识，利用她想成为他人眼中的好学生、好孩子的道德思维特点，要求她言行一致，并对其诚实言行给予充分肯定和及时强化。总之，对喜欢撒谎的学生，首先要帮助他分析自己的撒谎动机。当他有过失时，不是加以训斥、处罚，而是给予谅解和信任，这就可能成为他改正错误的内在驱动力，逐渐化解其心理上的不良防御机制，使其养成尽可能讲真话、说谎后能主动承认的习惯。

案例 8

测谎问卷的威力[①]

六年级有两个男孩子，特别要好，有一天上午第二节英语课两人整整半节没上，班上谁也不知道他们去干什么了，叫了几个男生出去找也没找着，正在大伙急得不行时，两人满头大汗地跑进了教室。询问一番后，两人一致说上节体育课一人脚扭了，一人陪其去医务室，两人一个会心的微笑被我捕捉到，我想逃课可不能轻易地就这样解决了，得让孩子有个深刻的认识。但是我不动声色，继续上课没再追问下去。一个中午我都在思考如何解决这个棘手的问题，突然想到前一阵看到的一则教育案例：各国老师对两个上学迟到说谎的双胞胎的处理，其中以色列老师的处理方法特别巧妙：让学生难为情却又不难堪。于是，我设计了两份问卷，每张问卷上都写着三个问题：1. 马新同学扭伤的是哪只脚？2. 医务室的医生给予何种处理？3. 踢球扭伤时还有谁知道？下午放学时我将两孩子叫到我办公室，分别将问卷给他们单独完成，孩子答完后，我把两份回答有出入的试卷摆在他们面前，微笑着不说话。此时，两个孩子涨红了脸，低下头说：“对不起，老师，今天我们上课迟到是因为踢球没过瘾，继续跑到校体育馆去踢了。下次再也不会了……”我看两个孩子都承认了自己的过错，并未严厉责怪他们，而是希望他们要严格遵守校规校纪，并给他们布置了一个任务：做好 PPT，在周五的班队课为同学们讲解学校制度及相关规定。

---

① 本案例根据笔者的教育实践撰写。

案例分析

失范行为:迷恋踢球逃学半节课。

失范程度:严重违反了学校规章制度。

失范行为主体:两个自控力较差的六年级男孩子。

教育惩戒方法:“延后惩戒法”+“巧妙问卷法”——事情发生半天后利用三个问题的问卷进行延后惩戒。

教育惩戒效果:学生对自身行为产生愧疚感,从而改变其不良行为。

原理分析:一些学生犯了错误,明明知道自己不对,但心存侥幸,利用说谎试探一下老师的反应,心想能躲过去就躲。这种说谎行为主要是为了逃避老师的批评或责罚,他们采取说谎的办法来进行自我保护,特别是在严厉的老师面前,孩子是绝对没有勇气承认自己的错误的,从马斯洛的需要层次来看,这样的说谎满足了他们的安全需要。学校中对于逃学违规现象非常重视,惩处的力度也较大,所以学生轻易不敢逃学,案例中两个孩子受足球诱惑导致违规行为的发生,他们的内心非常不安,不知道等待他们的惩戒会多么严重,所以用撒谎来缓解内心的紧张,满足自身安全的需要。心理学家曾以实验证明:“以较弱的惩罚相威胁,能较好地制止个体的错误行为;而较重的惩罚却容易导致个体为自己的行为寻找正当化的理由,回避对错误的反省和检查,失去惩罚的本来意义,而且容易遭到学生的对抗。”[①]教师对待这个严肃的问题,并未马上采取惩戒措施,而是根据学生违规、撒谎后特殊的心理特点,采用适当延后惩戒的方法,让学生的心理紧张有所缓解,同时利用问卷巧妙揭开他们的谎言,利用他们的羞愧感进行自我教育,收到了“一石二鸟”的教育效果。

案例9

咱俩的那个小秘密[②]

五年级某班有个男孩叫刘帆,脾气急躁,对老师提出的批评轻则给脸色,重则顶嘴、摔凳子。我刚接班时,他的学习态度很不端正,找他谈话,他总是一副无所谓的样子,有时甚至会很不耐烦。后来我觉得对待这种性格的孩子,惯用的批评方式效果肯定不明显,得另辟蹊径。通过了解得知这个孩子在英语学习上有着优越的外在优势,父母都曾在美国定居好多年,并且每年都会带他去美国感受文化氛围。我抓住这一契机,先跟孩子沟通,对他进行鼓励。在课堂中,每节课我都会给这个孩子表现的机会,尤其是遇上英语文化方面的知识,我一定会请该男孩为大家讲解,经常以他为榜样。慢慢地,他也感受到了我对他的关注和关心,上课更用心了,学习态度也端正了很多,通过一年多的学习,该孩子的学习成绩能从不合格或合格

---

① 孙孔懿.教育失误论[M].南京:江苏教育出版社,1997:43-44.

② 本案例根据笔者的教育实践撰写。

的边缘向优迈进。但就在上周发生的一件事情，让我很是失望、难过。课堂中的英语听写，我发现他在抄纸条(并且我发觉这张纸条上写满了1～5单元要听写的所有单词，可想而知这一个学期的听写他都是在欺骗我，我非常生气)，但想想这个孩子的性格，想想我这一年多来的努力，我没有声张，也没让其他孩子发觉，我边报单词，边轻轻走到他身边，拿走藏在文具盒里的纸条。这节课快结束的时候，我觉得如果只在课后找孩子谈话，还不足以让他意识到他犯的错误，必须在全班面前提及此事，也给所有的孩子一点提醒。于是我当着全班同学的面说道："今天我很生气，主要有三件事情：①部分同学作业订正很不及时；②今天又有两个同学课堂作业本没带；③今天有个同学在听写的时候做了一件让我很难过、很难过的事，作弊甚至不止一两次，但我相信你不是故意的，你也是因为急于希望自己能听写满分才不小心犯下这个错误，但这件事情有点严重，不过，我会给你机会，为你守住我们之间的这个秘密，我希望你自己静悄悄地主动来找我(说这番话时，我刻意低下头，没有看任何的孩子，我怕我的眼神泄露了这个秘密)。"放学后，这孩子真的主动来找我，由于当时身边有其他学生在，我微笑着跟他说，咱俩的秘密可不能让别人知道哦，什么时候你有空再来找我，好吗？第二天放学，这个孩子又来找我，并且将英语活动的PPT也拿来讲给我听，我适时对这个孩子说道："你这个PPT做得特别好，很有创意，今年的英语节活动你能不能帮老师策划一下活动方案，我相信你能做得非常棒的。咱俩的那个小秘密，吴老师打算一直藏在心底，你说好吗?"孩子的眼眶红了，他坚定地点了点头。在这件事情的处理上，我始终没在孩子面前提一句听写作弊的事，而是用我们之间的小秘密来暗示，从孩子的行动上可以看出我的教育成功了，他变得更加信任我，表现更加积极、主动了。

案例分析

失范行为：听写屡次作弊。

失范程度：违反班级课堂常规和基本道德规范。

失范行为主体：性格暴躁、自尊心很强的五年级刘帆同学。

教育惩戒方法："宽容激励法"——用我们间的"小秘密"拉近师生情感，鼓励学生在英语活动中做策划。

教育惩戒效果：让失范学生从情感上与教师更近，在道德认知、情感、行为的表现上也起到了很好的效果。

原理分析：刘帆同学在听写中屡次作弊，作出这种违规行为，一方面可能由于孩子非常在乎学习的结果，另一方面也折射出孩子在学习中的不诚信问题。教师在处理这个问题时非常谨慎，因为失范学生的性格暴躁，自尊心又极强，经过努力，孩子已经完全接纳并信任她，如果随意处理该事件，要么对孩子完全起不到警戒的作用，要么与孩子的关系会非常紧张，所有之前努力建立起的与孩子的情感将毁于一旦。教师用宽容与机智——“咱俩的小秘密”，巧妙地解决了该问题。都说土地宽容了种子，才有了收获；大海宽容了江河，才有了浩瀚；天空宽容了云霞，才有了神采；人生宽容了遗憾，才有了未来。宽容意味着承认学生的差异，承认学生的未完成状态。教育应从宽容开始。当孩子犯错误时，教师一定要掌握教育的技巧，让其内心深受谴责，懊悔自己的所作所为，内心产生矛盾，只有这种内心的震撼所形成的教育才能触及孩子的灵魂深处。案例中刘帆同学是个性格暴躁、自尊心很强、心理承受能力又较弱的孩子，他在老师的感化下已经进步很大，接纳并信任这位老师，听写作弊虽然是一种不诚实的行为，但正是因为孩子很在乎老师对他的评价，太希望得到老师的认可或表扬才作出不恰当的行为。如果老师当场揭穿，严厉批评，那么他肯定不仅不会对自己的错误进行反省，还会对老师产生一种逆反、憎恶的心理，这位教师的形象也会在他心中大打折扣。这位老师的处理方式非常到位，慎言慎行，力求站在学生的角度分析与思考学生犯错的心理，虽不点名批评，却让犯错的学生内心深受谴责，深刻认识到自己的过错。每个人都有这样一种心理需求，希望自己的存在受到周围人的承认和尊重，希望建立并维持一个良好的形象，希望在群体中成为一个举足轻重的人物。老师越生气，越不给犯错误的学生留面子，越容易使之产生逆反心理。有研究表明：小学高年级学生“看不起作弊的人”，诚实对这一阶段学生而言已从早期的规范上升到了一种品质，而且是人们所应具备的基本品质，作弊已不再是单纯的违规行为，他影响着一个人在他人心目中的形象。所以，谁都不希望自己的作弊行为在同学面前“曝光”，像刘帆这样的学生更是如此，这类学生的心理状况十分矛盾、复杂，他们常常表现得满不在乎，但心里却忐忑不安，那是因为他们内心仍蕴藏着要求进步的火种；当他们受到讽刺、打击和孤立时，会感到极度怨恨和愤怒。掌握这些同学的心态，换一个时间、地点、方式，晓之以理，动之以情，会收到更好的育人效果。

案例 10

“以牙还牙”①

玉辰是我们班一个有些调皮的男孩，与别人不一样的是，他偶尔还会做些恶作剧，常常弄出些花样来，把班里一些性格稍微懦弱点的孩子弄哭。与他妈妈交流过几次，他妈妈也拿他没办法。

周五中午，他又开始了他的恶作剧。午读时间，其他孩子都捧着自己喜欢的书津津有味地读着，有的还在轻声地朗诵。忽然，“啪”的极不协调的声音传到我的耳中，我抬起头来，看到敏敏眼含泪水，向我冲过来，手里拿着一张小纸条，抽抽噎噎地对我说：“王老师，玉辰把这个贴我身上。”我拿过小纸条一看，上面画着一只小乌

① 叶落棠梨. 以牙还牙[EB/OL]. (2010-12-21). http://blog.ntjy.net/articles/49780.

龟，写着："我是笨蛋。"教室里一下子热闹起来了，几个孩子忙着告状："老师，他也曾贴过我的。""他还曾在我书包上挂过更大的纸条，我把它背出教室，好多人都嘲笑我。"我知道，虽然这是一件很小的事情，但这已经足以伤害他们幼小而敏感的心灵了。怎么办？必须让他吸取教训，毕竟已经是三年级的孩子了，口头上的批评已经给过不下十次，显然他还没有记牢。我让几个曾经被他贴过纸条的孩子拿出一张小纸片，安排他们用不同颜色的水笔写上"我是笨蛋。"玉辰也许猜到我要干什么了，不安地站在我旁边，直用眼睛的余光偷瞄我。我也不理他，让一个孩子拿来透明胶带，把刚写的几张小纸条贴在玉辰身上，他不肯，拼命地挣扎，我按住他的手，不让他撕下纸条，坚决让其他几个孩子把纸条贴在他身上。班里的孩子静静地看着，玉辰的泪水终于流下来了。我问他："什么感觉？"他只是低着头哭，也许他怎么也没想到，一向能容忍他错误的我今天态度如此坚决。我问其他同学："你们猜猜，玉辰现在在想什么？"有人说："他一定觉得难受了。""他也品尝到了我们被他贴纸条时的滋味了。""他现在一定后悔了！""他一定知道自己做错了。"同学们七嘴八舌地发表着自己的意见。我拉过玉辰，当着全班同学的面问他："当你把纸条贴在其他同学身上的时候有没有想过人家的感受？"他轻轻地摇头。"老师曾经多次为了这件事提醒过你，教育过你，你都没有记住，那今天，你记住这次教训了吗？"他不好意思地点点头。"去和被你欺负过的同学道歉！"看着他眼里含着泪水，摇晃着走到那几个孩子身边去道歉，我对班里的同学说："不管做什么，都要想想这件事情能不能做，有没有伤害到其他人。我们已经是10岁的孩子，该对自己所做的事情承担责任了，自己做错了事情就必须受到惩罚。"

我知道玉辰是个自尊心有点强的孩子，课后，我又找到他，语重心长地说："今天有没有感觉伤害到了自尊？"他点点头。我告诉他："老师今天用的一招叫以牙还牙，跟你喜欢的三十六计是不是有得一比呀？"他笑了，三十六计是他最喜欢谈论的话题："老师，你这一计比孙子兵法差多了，但治我够了。""埋怨老师吗？""不，我知道你是为了我好。"我摸摸他的头，笑了。

案例分析

失范行为：在同学背上贴侮辱性的纸条。

失范程度：侵害他人的不良品行，违反了班规和基本的道德规范。

失范行为主体：爱捉弄人的三年级玉辰同学。

教育惩戒方法："行为反击法"——以牙还牙，让失范学生进行换位体验。

教育惩戒效果：让孩子在亲身经历的教训中认识对与错，改变其不良行为。

原理分析：玉辰总是不顾同学感受，在同学背上贴上写有侮辱性文字的纸条，经老师多次口头教导，总是无济于事。在玉辰眼中，给同学贴"标签"也许并无恶意，只是为了满足自己好玩的心理，他也不能体会到该行为会给他人带来心灵上的伤害。老师在多次言语教导无效的情况下，采用了“以牙还牙”方式，让孩子心理受到折磨，感到痛苦、羞愧。在单纯说理不起作用的前提下，采用惩戒，能让学生在其亲身经历的教训中认识对与错，通过外在因素使学生的内在因素发生作用，防止再犯同样的错误。案例中教师让失范学生进行换位体验，将写有“我是笨蛋”的纸条贴在他身后，让他深切感受这种行为给他的身心带来的痛苦。当然，教师在惩戒学生不当行为时，能适时把握惩戒的“度”——她在对犯错学生施加惩罚中及惩罚后都辅以说理教育。这时说理之所以有效，是因为它说明了受到惩罚的行为之所以错误的原因。这种方式促使学生对其违反道德的行为进行内部归因，使学生因为自己的不安感和羞愧而不愿再违规。因此，唯有在惩戒过程中激起学生的内部动机，让其进行这种深层次的反思，才可以形成稳定的道德行为。而且，如果学生能通过这种内部动机调节自己的行为，这种“道德自我概念训练”就可以逐渐地取代惩戒，从而减少惩戒时常伴有的负面效应。当然，教师在对失范学生进行惩戒的同时，也向其他学生再次传达了班级纪律：不准给他人贴侮辱性的“标签”。一方面，班级纪律的制定是对人言行的限制，另一方面，纪律又是对人的权利和自由的保证。违反了纪律而受到惩罚，就是要使学生明白，某些界限是不能逾越的，逾越了就是对别人权利与自由的侵犯，就要受到惩罚。

案例 11

“足球事件”①

我一直担任小学低年级的班主任工作，看到小家伙们不知疲倦地飞奔，自娱自乐地玩撞击游戏，心中着实捏了一把汗，又不忍心取消属于他们自己的时间。于是乎，我向他们介绍几种小时候玩过的游戏，如悄悄走、跳橡皮筋……运动量较小的女孩子接受了这些安全游戏，但男生们并不买账，他们更热衷于自创的游戏。开学后，男生们开始玩“踢瓶子”的游戏。我们学校班上有饮水机，但不配茶杯，需学生自备茶杯。不少家长为方便就让孩子带上饮料瓶。男生们两三人一伙，以瓶当球，用脚带瓶，踢得起劲。那一张张小脸带着汗水，专注而兴奋，让我想起了球王贝利的童年，心中涌出感动。感动之余就忽视了其中的隐患。就这样踢了三四天，问题来了，凯文被一只“球”踢中，胳膊受伤。一大群人涌进办公室，凯文眼泪汪汪，抱着受伤的胳膊。闯祸者也被小班干部一并“抓”来，拎着“作案”工具——一只装满水的饮料瓶。天！我怎么没想到？赶紧带凯文处理伤口，还好医生说并无大碍，只是擦破点皮，清洗后涂上紫药水就没事了。接下来，我走进教室，狠狠地批评了踢瓶人，并宣布以后再也不许玩这种游戏了！放学后还将两个孩子的家长请来聊了相关情况，家长并无异议。这件事也就过了……

① 月光初影. 足球事件[EB/OL]. (2010-10-10). http://blog.ntjy.net/articles/44425.

第二天一早,我又坐在办公桌前改作业,改着改着,这件事浮上我的心头:怎么能这样呢?这种处理过于简单,过于武断。小家伙是闯祸了,踢伤人了,自己肯定也吓得不清。但一开始老师并没有阻止啊!错在哪里,怎样预防,没有下文。我该怎样弥补?晨会课上,我借来同学的饮料瓶,一个灌满水,一个是空的。昨天的闯祸者不知我葫芦里卖的是什么药,有点紧张。"同学们,我们来做个试验。将两个瓶子同样向前扔出去,听声音有什么不同?""噗!""咚!""你明白了什么?""明显的空瓶子轻,装满水的瓶子重多了。""再看看他们的攻击力,"我拿出一张纸,请昨天的受害者分别用两个瓶子砸纸,纸都破了,"你用不同的瓶子砸,用力上有不一样吗?""重的瓶子没用力就把纸砸坏了,"小家伙搔搔脑袋,"轻的瓶子要用些力才行。""那么联系昨天的受伤事件,你们有什么想法?""踢装满水的瓶子太危险啦!""同学们喜欢踢球,不是坏事,只是忘记了安全,就要有人受伤。周五班队课,我们就来举行球类知识小竞赛,怎么样?""噢!"大家欢呼起来。后来的几天,无论男生还是女生都在忙着准备知识竞赛,周五男孩子的表现果真特别棒。

案例分析

失范行为:玩"踢瓶子"游戏,使同学受伤。

失范程度:违反了学校规章制度。

失范行为主体:爱玩、好动的低年级男孩子们。

教育惩戒方法:批评+"实验观察法"——观察装满水的瓶子的杀伤力。

教育惩戒效果:改变、强化了失范学生的道德认知,从而纠正不良行为。

原理分析:低年级男孩子们在玩"踢瓶子"游戏时,使同学受伤。老师当天对行为失范的学生进行了严厉的批评,并禁止学生再玩该游戏。第二天,老师意识到针对这件事情的处理太草率,于是利用实物"塑料瓶"做实验,让孩子亲身感受装满水的瓶子的破坏力,并以此为契机引导孩子们参加球类知识小竞赛活动,行为失范的孩子不仅从认知、情感上得到教育,在今后类似的不良行为肯定不会再发生。小学低段学生心理活动还带有明显的具体形象性和不随意性,辩证思维明显滞后于形式思维,对事物的认识不完善,对是非善恶的判断标准有待于提高,辨认和控制自己行为的能力不成熟,无法对自己的行为结果作出预测,往往在好奇心和欲望的驱使下作出一些随心所欲的事情,不可避免地出现违规行为。所以,在玩"踢瓶子"游戏时,他们不会想到瓶子装满水砸到人会有什么后果。当事情发生后,教师对孩子进行了批评教育,让其接受惩戒后知道自己该做的和不该做的,能在表面上制止该类事情的发生,事后教师还针对低段学生认知发展的特点,以实验的形式让学生了解"踢瓶子"可能产生的危害性,这种惩戒的过程不仅改变、强化了学生的道德认识过程,更以外促内,使学生情感升华,不会产生抵触心理。因为当一个人知道自己犯错的时候,内心都有一种要接受惩戒的准备,这是一种心理需求。为自己的愧疚承担责任，取得心理平衡。当教育者换一种方式，不是严厉的批评，而是在实践中来使孩子明白道理，这更能使其刻骨铭心。斯金纳的实验为这位老师处理学生的失范行为提供了依据：惩罚的结果只能抑制行为，而不会消除行为；真正要消除不良行为，有待于学生在内心真正认识到不良行为的有害性，并通过积极的训练掌握新的替代性行为方式。

案例 12

难忘的体罚[①]

在美国某学校的一次数学考试前，弗洛斯特女士照例从墙上把那块著名的松木板子取下来，比试着对学生们说："我们的教育以诚实为宗旨。我决不允许任何人在这里自欺欺人，虚度时日……"考试中兰妮·麦克穆林勉强做了一半，就被卡住了，任凭绞尽脑汁也无济于事。于是，她顾不得弗洛斯特女士的禁令，暗暗向好友伊丽莎白打了招呼。果然，伊丽莎白传来了一张写满答案的纸条！麦克穆林赶紧把答案抄上了试卷。

对于兰妮·麦克穆林来说，这次作弊的代价首先是一个漫长难熬的周末。晚上，她翻来覆去难以入眠，思前想后，她和伊丽莎白一起去向老师认错。"姑娘们，你们能主动来认错，我很高兴。不过，大错既然铸成，你们必须承受后果——否则，你们不会真正记住！"说着，弗洛斯特女士拿起她们的试卷，撕了，扔进废纸篓。老师吩咐她们分别站在大办公桌的两头，"现在你们都伏在自己身边的椅背上——把眼睛闭上，那不是什么好看的戏。"她说。麦克穆林哆哆嗦嗦地在椅背上伏下身子。"啪"的一声宣告了惩罚的开始，看来，老师决定先对付伊丽莎白了。麦克穆林尽管自己没挨揍，眼泪却下来了："伊丽莎白是因为我才受苦的！"接着，传来了伊丽莎白的呜咽。"啪！"打的又是伊丽莎白，兰妮·麦克穆林不敢睁开眼睛，只是加入了大声哭叫的行列。"啪！"伊丽莎白又挨了一下——她一定受不了啦！麦克穆林终于鼓起了勇气："请您别打了，别打伊丽莎白了！您还是来打我吧，是我的错！——伊丽莎白，你怎么了？"几乎在同时，两个女孩都睁开了眼睛，想不到，伊丽莎白竟红着脸说："你说什么？是你在挨揍呀？"怎么？疑惑中，两人看到老师正用那木板狠狠地在装了垫子的座椅上抽了一板："啪！"哦，原来如此！——这便是我们受到的"体罚"，并无肌肤之痛，却记忆至深。在弗洛斯特女士任教的几十年中，这样的体罚究竟发生了多少回，我无从得知，因为有幸受过这种板子的学生大约多半会像我们一样：在成为弗洛斯特女士的崇拜者的同时，独享这一份秘密。

案例分析

失范行为：考试作弊。

---

① 寒轩的村落. 转贴：难忘的体罚[EB/OL].（2009-04-01）. http://blog.sina.com.cn/s/blog_50756c150100cu4i.html.

失范程度:不仅违反了学校常规,也违反了基本的道德规范。

失范行为主体:生怕考砸的兰妮·麦克穆林同学和帮助她的伊丽莎百同学。

教育惩戒方法:"通感惩罚法"——"打板子",产生视听通感现象。

教育惩戒效果:让行为失范的孩子羞恨、懊悔自己的行为,发自肺腑地忏悔自己的过错。

原理分析:兰妮·麦克穆林在考试时作弊,违反了考试纪律,事后感到不安,与伊丽莎白一同去向弗洛斯特女士认错,老师接受了她们的道歉,同时也把两人试卷撕了,并假装用板子惩罚两人,让孩子心里懊悔、不安。当孩子知道真相:弗洛斯特女士是在用松木板子敲打座椅,而非真的在体罚她们,老师在教学方式上的细腻和用心良苦深深感动着她们,心里对老师的敬佩和爱也油然而生,以至于成年后这段经历还记忆犹新。教育离不开惩罚,但惩罚必须体现教育的艺术性与人文性。任何一种教育都应是关于心灵的教育。弗洛斯特女士面对犯了错误的学生,并未纵容,而是用爱心严加惩罚,告诉孩子们犯错就得承担相应的惩罚,然而,在受罚者双方都不知情的情况下,她却故作"糊涂"用松木板子来抽打坐垫,让两位孩子产生错觉,误以为是朋友在替自己受过,反而更能让犯了错误的儿童意识到自己的错,从而触动她们的内心,发自肺腑地忏悔自己的过错。这种用心不能不让人叹服和感动。"心"惩比"体"罚更能令学生悔过。艺术地运用赏罚规则,达到教育目的,真可谓匠心独运。老师正是出于对儿童心理的这种准确把握才决定实施"打板子"这一"体罚"手段的,弗洛斯特女士在这一点上表现出了高超的教育艺术,她巧妙利用了孩子视觉和听觉的通感现象,达到惩戒的目的。

第二节　中学惩戒教育优秀案例分析

案例 1

适当惩戒也是一种爱[①]

今天中午,我正在忙着布置迎接恩师张万祥及其好友彼得·海洋回访母校的会场不可开交之时,一位老师过来说道:"你们班里的两个学生因违纪被学生宿舍管理员抓了,让你过去看看!"听到这话,我脑中"嗡"的一下,一片空白,过了几秒钟,方才回过神来。我带七年级八班至今有一个半学期了,平时班内的学生倒也循规蹈矩,基本没有犯过什么事,今天不知又是哪个"神仙"发威了。"是福不是祸,是

---

① 王文广.适当惩戒也是一种爱[EB/OL].(2009-05-16).http://www.bzrzy.cn/bbs/a/a.asp? ID=184793.

祸躲不过。”唉！管他是福还是祸呢，赶紧去看看再说。

来到男生宿舍大门口，便发现我班学生胖胖的小宋满脸通红地站在过道的墙壁前。我上前态度和蔼地问了一下情况，此时的小宋却避重就轻地说（差不多每个学生出于自尊或逃避责任的通病）：“玩呢，让老师抓了。”我又和蔼地问：“玩什么呢？怎么玩也会被抓呢？”小宋不好意思地搔了一下头皮说：“拿根绳子，拴个瓶子，扔到窗外拉着玩呢！”他说的就应该是事情的大概缘由了，但真相估计比这要严重好几倍，还得去和宿管老师说说，了解一下事实。我再问：“你和谁玩呢？他呢？”小宋撇撇嘴巴向着值班室道：“在里面受老师教育呢！”唉，又得为孩子们“擦屁股”了，我叹道。

敲门进入值班室后，只见宿管王老师正气得咬牙切齿，一蹦三尺高地怒斥我班的小亮同学。小亮眼里噙着泪水，双眼通红，无神地看了看我。旁边放着一小棍，而王老师素以“棍棒底下出英才”为其教育宗旨。我一看便知晓了大概，忙向王老师道歉：“对不起，王老师，劳您费心了。怎么回事呢，你说说，看我待会不收拾他俩！”王老师便愤愤地将事情原委说与我听：午睡时，两人不守纪律午睡，反而用绳子系着装有半瓶多水的瓶子扔出窗外，两人轮流在二楼的室内拉绳子，弄得一楼的窗户“砰砰”作响，还差点打碎玻璃，引起下面人员的不满。听完后，我禁不住哑然失笑，这两个爱惹是生非的坏小子，又做了一件令我啼笑皆非的事情。去年刚刚入学时，就是这两个活宝，在宿舍往别人的包里面倒水，结果导致别人的衣服、物品湿透。作完案后，为了消除我对他们的猜疑，他们竟然又往自己的鞋子里面倒上水。幸亏当时我心态沉稳，察言观色，仔细分析其根结，灵活用“间”，才将此案告破。当时我就惊叹于这两人的智力高超，可惜怎么就没有用到正地方呀！也从那时起，我才养成了遇事不慌，三思而后行的行为习惯。今天又是两人做了此等奇事，真是旧病复发！

该如何处置他们呢？去年那次的处置结果是：让他们向受害人道歉，赔偿损失，并各写了1000字的保证书。未曾想，不到一年，又起事端。这次到底该怎么处置他们呢？我一时半刻也犯了愁。

将两人带到我的办公室，我边和蔼地和他们谈刚刚发生的事情，边思考惩戒方法。去年的方法是不管用了，那么什么才是纠正他们错误的药方呢？思来想去，决心尝试一种古老的方法——古代的帝王、才子年幼犯错时被老师傅常用的惩戒方法之一：打手板。因为我和学生的关系平时很好，很少对他们动怒，今天决心一改往日语重心长的教育方法，不知效果如何，暂且试一试。

当两人皆承认所有的“罪状”后，我微笑着将去年他们做过的旧事给他们翻了一翻，并微笑着批评他们不守信用，鬼点子太多，不努力学习上进。他们不好意思地笑了笑。我问他们：“你们做此事的动机是什么？”他们轻松地答道：“好玩！”我顿时将脸一绷,眼一瞪,大声喝道:“好玩!好玩!好玩就可以午睡时不守纪律;好玩就可以打扰他人;好玩就可以为所欲为!今天就给你们一个教训,让你们知道,好玩也应该承担后果的!”说完,我喝道:“伸出手来!”拿起小板每人各打了三小板。现在的孩子从小娇生惯养,我悠着力气轻轻打了几板,他们就眼含热泪,小宋的眼泪甚至有几滴落了下来。在此注意:打人不过是做做样子,切不可真打,仅仅给学生一个教训皆可。

见两人流泪了,我也心痛不已,赶紧做好接下来的思想教育事项,我说道:“当今时代,好玩的东西很多。某某认为游戏机好玩,结果使他学习成绩下降,意志萎靡;某某认为吸烟、吸毒好玩,结果吸坏了身体;某某认为杀人劫财好玩,结果有可能使自己成为挨枪子的尸体。所以,我们是不是好玩的就去玩呀?不是!玩之前,一定要想想后果。所以,今天我送你们一句话:凡事三思而后行!”

接下来,我又诚恳地向这两个学生道歉:“对不起,今天我不应该打你们的手板。希望你们可以谅解老师,老师是爱之愈甚,恨之愈切呀!我今天是第一次打你们的手心,也是三年初中生活中最后一次打你们。说句心里话,我很佩服你们两个的智商,往往可以想出一些稀奇古怪的办法来,如果用在发明创造上,那么对你、对我、对大家都是大有好处的。但是要想使你们的聪明才智得到最好的发挥,你们现在必须努力学习科学文化知识。所以,今后如果中午或者其他时间没有事情做,不妨自己给自己找些事情做,如读读书,写写字,做做题。只要你们付出了,将来一定会有回报!”

这时,孩子大声对我说:“老师,我们今后一定好好学习,不再违反纪律。我下次考试争取进步。”小宋说保证自己的成绩要前进五个名次,小亮向我保证下次考试要进入前十名。看到了他们两个的表态,我说道:“老师相信你们可以做得到!”

下午自习时,我闲步到班内的窗户前,特意看了看他们,发现他们坐得比以前更直了,正在奋笔疾书,我不禁微笑了。

解决此事的心得体会是:对学生进行适当惩戒后,要及时进行心理疏导。疏导时晓之以理,动之以情,这样才可以做到恩威并施,达到了适当惩戒的较好效果。

案例分析

失范行为:两名学生午休时间,未按要求午睡,而是用饮料瓶灌水砸玻璃窗,影响他人午休还差点损坏公物。

失范程度:违反校纪校规,程度较轻,未造成严重影响。

失范行为主体:初一年级学生,在日常表现中自控能力较差,比较调皮,喜爱恶作剧,去年已因一次违纪行为受过惩戒。

教育惩戒方法:打手板,并辅以说理教育。

教育惩戒效果:学生充分认识到自己的错误,并真心表态要比以前做得更好。

且通过教师的观察，两位受惩戒学生的自控能力正在逐渐提高。

原理分析：两名学生在午休期间未按要求午睡，而是贪玩，将饮料瓶灌水拴上绳子去撞击楼下的玻璃窗，以此取乐。虽然这样的行为影响了他人的休息，且有破坏公物的危险，但是由于发现及时，并未造成大的危害，违纪程度也较轻。所以，依据这一事件的性质，其处理措施也不应十分严厉。

就违纪的两名学生而言，依据教师的描述，其道德品质并不恶劣，只是有些贪玩调皮罢了。自控能力较差，心智不太成熟，心理年龄与他们的实际年龄不太相符，所以喜欢做些恶作剧，如在同学的书包里面灌水之类的，常常会为了“好玩”而做一些出格的事情。这次的违纪事件就是出于他们的贪玩与好奇。虽然他们的恶作剧造成的影响并不十分恶劣，但是经常做这些违纪违规的事情，显然是不利于他们的道德成长的。鉴于此次的违纪事件是再犯，因而老师决定对他们除了说服教育，还应结合一定的惩戒措施，以使其牢记教训，加强自控能力，克制自己因一时贪念“好玩”而胡作非为。

教师的惩戒措施从表面看就是打手板，其实在打手板之前，老师做了很多铺垫：首先是让学生充分认识到了自己的错误，并且与之前所犯的错误相关联，指出两人违反承诺；之后再问清学生违纪的原因，及时指出他们因为“好玩”而违纪的荒唐之处。在这样的情况下才实施了打手板的惩戒。并且班主任自己也说，并不重打，只是个形式，让学生认识到错误的严重性。在打了手板之后，老师立刻抓住机会，做了有针对性的思想道德教育。在教育结束之时，班主任老师还主动就打手板向学生表示道歉，让学生在接受惩戒的同时，也感受到了被尊重的平等感。所以，经过这一系列的措施，学生不仅没有因为被打手板而记恨老师，反而充分认识到了自己的错误，并真心表态要学得更好。

显然，这次教育惩戒是成功的。学生不仅认识到了自己的错误，还真心表态自己一定努力进步。并且在之后的日常表现中也明显加强了对自我的管控，提高了自我管理的意识。那么其成功的原因何在？

首先，在于班主任对学生的爱。从班主任的自述中，随处可见他对学生的爱护。他在学生被严厉的生活老师批评之时主动去“解围”；在对违纪学生的外貌进行描述时，采用“胖胖的”之类词语；甚至在看到学生因为被打手板而流泪时自己也会产生共情，会感到心痛，这些都在字里行间流露出了这位班主任对学生的喜爱与爱护之情。这样的爱，在惩戒的过程中，学生一定也体会到了。所以，这样带着爱的惩戒，并不会造成学生的反感和仇视。

其次，在于惩戒的铺垫有序，后续得当。班主任老师打手板并不是为打而打，而是让学生认识到错误的严重性，认识到自己所作所为的荒唐性。所以，班主任老师在打手板之前，先联系了他们过去所做的违纪事件，回顾了他们上次犯错之后的承诺，问清了此次违纪的原因，不仅让他们认识到了此次错误的荒唐，还让他们认识到了自己的言而无信。经过这样的铺垫，打手板的惩戒并没有让学生感到很吃惊。同时，打手板之后，班主任老师还对他们进行了思想教育，教育完毕之后还主动就打手板向他们道歉，这样的后续，让他们充分认识到了自己“贪玩”所带来的危害的同时，还因为老师的道歉而找回了自己的尊严。所以，除了让他们认识错误，并不会在其他方面对其造成不良影响。

再次，惩戒的度把握得当。惩戒轻了达不到预期的效果，惩戒重了对学生的身心都会造成不良影响。本案例中，虽然是打手板，但是班主任老师并不重打，只在于一种形式，让学生可以通过这样的形式牢记教训，提高自控意识。

案例 2

小 L 的笑容变得灿烂了①

周日早晨，班主任接到了小 L 家长的电话，说他们的儿子小 L 从周五起就没回家，不知道到哪里去了，说完哽咽起来。班主任忙安慰家长不要着急，并马上赶往他们家。

班主任赶到小 L 的家后，看到小 L 的父母都垂头丧气地坐在小凳子上。他们向班主任诉苦：夫妻俩平时都忙于生计，忽略了对小 L 的教育，小 L 形成了很多不良的习惯，经常不按时吃饭甚至以吃零食为主，还经常与同龄人打架，经常上网……其实，这些班主任早已了解，但令班主任吃惊的是小 L 竟会拿家里的钱，经常不跟父母打招呼就在外住宿，而且一住就是好几天，连个人影也找不到；更令班主任吃惊的是小 L 会与妈妈打架，而且打得很凶。班主任忙与其父母一起去小 L 常去的一些地方找，但仍是毫无音信。到了晚上七点多钟，小 L 自己回了家。

当天晚上，班主任久久难以入眠，想着小 L 一直以来的表现：那是一个个头矮小、看似营养不良，成绩也很差的小男孩，几乎总是默默地坐在那里，脸上几乎没有笑容，但就是这么一个看似小可怜儿，经常不做作业，经常在班里与别人打架等。

第二天，见到小 L 后，班主任马上与他促膝长谈。

班主任：你知道今天老师为什么找你来吗？

小 L：知道，因为我好几天没回家，被老师知道了。

班主任：那你不跟父母亲打招呼就在外住宿，你知道他们有多担心吗？

小 L：他们已经习以为常了。从小学起，我的成绩就很差，爸爸妈妈只顾赚钱，对我的学习根本就没时间关心。从小学开始，我在外住宿，他们也没说什么。这次他们不知怎么会着急了？

班主任：你的父母大老远地从外地到本地来打工，可以说很不容易，他们的文

---

① 洪苗琴. 小 L 的笑容变得灿烂了[C]//三合中学德育案例透析，2007. 有删改。

化程度较低，可能不懂得怎么教育你，现在他们突然意识到再这样让你放任自由的话，后果是非常严重的。

小L：我又没干坏事，他们担心什么呢？

班主任：每个孩子都是父母的掌上明珠，你连招呼都不打就在外住宿了好几天，他们当然要担心了。一个懂事的孩子，放学回家后应该做作业或帮父母亲做点家务活。你已经是十五岁的孩子了，应该懂得体谅大人的艰辛了。

小L低下了头，不吭声。

班主任：你还不知道，当时你父母打电话给我的时候都担心得哭了。你现在更不知道你父母赚钱有多辛苦，你父母供你读书，供你生活，你却拿钱去乱买东西，甚至去网吧。你对得起你的父母亲吗？

小L开始哭泣起来：老师，我知道我做的一些事情是不对的，但我控制不了我自己，我想穿好的，玩好的，如果穿得不好，我怕同学们看不起我。

班主任：你从小学读书起就有这种想法了吗？

小L点点头。

原来小L经常与同学打架，是他那所谓的自尊心在作怪，他怕同学们因为他是一个外地打工者的孩子而看不起他。别人不可以冒犯他，否则他就会用拳头来解决。经常去网吧，也是所谓的自尊心在作怪，小L看到其他同学家里基本上有电脑，可以聊QQ、打游戏等，没有电脑的也有钱去网吧，于是向父母亲多要钱，甚至拿家里的钱去网吧，否则怕与一些同学、朋友谈不到一起。可以说，小L知道自己做的一些事情对不起父母亲，但他控制不了自己。当问到是否真的体谅父母亲的辛苦与辛劳时，他又沉默了，几秒钟后，他摇了摇头。

那天，班主任下班后与小L一起回他的家，把与小L的谈话都告诉了小L的家长，和他们一起分析了小L形成坏习惯的原因。然后，班主任建议，为了能更有效地教育孩子，让小L跟着父亲一起干活，让他深刻地体会一下父母亲劳动的不易，时间为一个星期。小L的父母亲听了班主任的话，表示赞成，说这个方法好。班主任建议第二天就开始实行。

一个星期很快结束，小L回到了学校，班主任让他写出所有的感受。他写道："经过了跟爸爸干活的一个星期，我明白了许多的道理，知道了大人辛苦赚钱是多么的不易，也让我明白了什么事情可做，什么事情不可做。在这个每天干活的星期中，每天早上天还没亮就要起床去干活，脚上穿着冰冷的鞋子去种花、种树和浇水，那滋味实在是太难受了，早上忙得几乎没时间吃早饭，实在饿得不行了，连忙急匆匆地将早饭咽下肚子又继续干活。干活累了想要休息一下都不行，只能撑着继续干。如果浇水的时候把鞋子也浇湿了，那也得穿着湿鞋子继续干活。种一棵树需要两桶水，水一桶一桶地拎来拎去真的很累，就连吃中饭的时间到了也要把剩下的树一棵一棵地浇好水才能吃饭。种苗的时候，要蹲在那里，两脚冰冷发麻，但还得坚持到底，一直到晚上五点半才能回家。在这之前，我还真不知道父亲干活有如此的辛苦，我也从来不知道为父母亲节约，平时随意挥霍，讲究吃、喝、玩、乐。不但从来没有孝敬过他们，还要和他们赌气，嫌他们给的钱少，甚至要和母亲打架。我越想越觉得无地自容，现在我发誓我一定要将身上的一些坏习惯全部改掉，争取做一个听话又懂事的好孩子。"

班主任再一次与小L谈心并表扬了他在思想上的进步，教诲他从今以后好好表现，努力学习，争取做一个合格的中学生。那以后的几个星期，虽然小L身上的一些坏习惯一下子不能全改过来，但班主任很有耐心地多次找他谈心，让他树立正确的理想和目标。慢慢地，小L的笑容变得灿烂了，他不再顾忌同学们是否会瞧不起他，轻视他。成绩虽然还不理想，但他正努力争取每天进步一点。

案例分析

失范行为：打架、偷拿家里的钱到网吧上网、夜不归宿、不尊重父母等。

失范程度：违反校规校纪和道德规范。

失范行为主体：初一男生小L，外来务工子女，自我控制力弱。

教育惩戒方法："体验式惩罚法"——跟随父亲劳动一周，体验生活艰辛。

教育惩戒效果：体验到父母的不易，努力改正坏习惯，克服自卑心理。

原理分析：生活习惯不良、经常与同学打架、到网吧上网、夜不归宿、打妈妈、偷拿家里的钱，诸多不良行为让小L看起来就是个不折不扣的"问题学生"。产生问题的原因是什么？这恐怕是每个老师面对问题学生时都要先弄清楚的。通过谈话和家访，班主任老师了解到小L来自外来务工人员家庭，父母文化程度较低加上工作忙对他管得较少。而小L本人属于有一定的是非观念、自卑感强但自我控制能力较差的一类学生。所谓有一定的是非观念，表现在他知道自己做的一些事是不对的，却又因自己的外来务工子女的身份而感到自卑，为避免被同学看不起而不惜偷钱上网来获取可以与同学聊天的资讯。在他身上，集中体现了初中生成熟与幼稚矛盾共存的特点。

虽然小L的不良行为已严重违反校规校纪，够得上行政处分了，但班主任老师并没有将之上报学校施以行政惩戒，而是借助体验式惩罚法，取得了良好的教育效果，其成功原理在于：小L在思想上成熟与幼稚并存，关键还是在于对许多事情认知模糊。比如，他认为父母是不管他的，身为外来务工人员子女是被人看不起的，上网了解与同学聊天的谈资可以避免被人看不起，等等。这些想法由来已久，不是通过老师的解释就可以消除的。让他跟随父亲上班一周，亲身体验劳动的艰辛、父母的不易，首先从思想上破除了对父母的轻视，也消除了对父母不管自己的误解。既然自己不觉得劳动低人一等，就不会因此而自卑，就不会为了错误的自尊而偷钱去上网了。既然感受到父母的不易与爱，就不会做让父母担心的事了，更不会打父母。因此，劳动体验是用躯体的劳累驱动了小 L 与父母情感上的交融、认知上的自我纠错。班主任在对小 L 施以体验式惩戒的同时步步跟进与之谈心，巩固并深化了小 L 的劳动体验收获，避免小 L 因自控能力不足而后退。

案例 3

对一起违纪翻墙离校上网行为的惩戒[①]

曾经有三位住校女生，乘门卫熟睡之后，从学校矮矮的大门上爬出去，在网吧中玩到天亮，然后混在上学的同学中进入大门。她们对同宿舍的舍友说，她们睡到隔壁班级的宿舍中去了。后来，学校的工友发现这几位女生怎么好几次一清早从网吧中出来，就告诉了老师，老师一问，有学生说她们是睡在隔壁班级的宿舍中。那么，这三位女生到底到哪里去了，干了些什么？班主任也独自解决不了，就把情况汇报给德育处、校长室。学校副校长就会同德育处主任和班主任在学校的圆桌会议室分头找三位女生谈了话，作了笔录，事情很快就调查清楚，是同学帮她们做了伪证，而且这几位女生是与其他学校的几位男生一起在网吧中上网聊天的。事后，三位学生也心服口服地接受了处分。

案例分析

失范行为：三位住校女生晚上趁门卫熟睡后，翻墙出门，在网吧玩到天亮。还串通其他同学为其隐瞒、说谎。

失范程度：严重违反校纪校规和基本的道德规范。

失范行为主体：三位住校女生。虽然案例中没有描述其日常行为表现，但是，从其违纪的频率以及事后串通同学为其掩盖、隐瞒的行为来看，其自控能力很差，且并不把违纪当回事。

教育惩戒方法：处分。

教育惩戒效果：学生认识到错误，心服口服地接受了处分。

原理分析：这起三名女生违反校纪校规，趁夜翻墙去网吧至天亮，事后还串通同学为其掩盖说谎的事件，性质上比较严重，造成的影响也比较大。如果不果断处理，不仅不利于对住校学生的管理，更不利于三名违纪女生的身心健康，甚至会威胁到她们的安全。所以，针对这起违纪事件，学校教师予以了极高的重视。

违纪事件的主角是三名女生。从其违规出门的情况看，其自我约束能力很差，纪律意识淡漠，甚至被揭发之后还串通同学为其说谎掩盖。

这起事件的直接惩戒措施是给予三位违纪女生相应的处分。为了让违纪学生认识到自己的错误及其严重性，学校老师特地营造了一个严肃的氛围，让其在这样

---

① 杨永其.例谈惩戒的教育[J].现代教育科学，2006(4)：47.标题为笔者所加。

的情境中认识到自己的错误，接受惩戒。

三位违纪女生最终心服口服地接受了惩戒，学校对此事处理得很成功。分析其原因，最重要的就在于学校老师对该起事件的重视，及时惩戒并按照惩戒制度和程序严格执行。事件发生后，班主任先行找学生谈话，未果，学生还让其他同学说谎为其掩盖事实。班主任将此事上报德育处和校长室，引起了学校老师的高度重视。为了让学生能充分认识到自己的违纪行为，认识到自己的错误，学校领导起用了全校最为严肃的地方之一——圆桌会议室，且三名老师在会议室找三位违纪学生逐一谈话，已经从一个侧面暗示了学生此次违纪行为的严重性。此外，起用学校圆桌会议室这一场所，为学生营造了一个严肃的氛围，学生在这样一个严肃氛围中，自然会考虑到自己每说一句假话而可能带来的严重后果。所以身处在如此严肃情境中的学生，在坦白了违纪的全过程之后，自然而然也就认识到了自己所犯错误的严重性，对随之而来的处分，自然也就接受得心服口服。

案例 4

青春是一个自我修正的过程①

课间，小媛焦急地跑到办公室向我“报案”，她那部价值千元的音乐播放器丢了。在调查过程中，几个学生都证实，播放器一直在教室后墙的插座上充电，最有可能的“案发时间”就是课间操时段。然而，短短的 25 分钟时间，在人来人往的教学楼内，谁会这么大胆呢？

学校的安保记录显示，当天没有任何可疑人员出入。况且，每到课间操时间，值日生都会把教室门窗锁好。这一切都让我心底隐隐的不安得到了印证——拿东西的就是本班学生。

为了找出“窃贼”，我到学校保安室调出了监控录像：在此之前，种种蹊跷都指向一个猜测——东西是我们班某个学生“偷”的。然而，每次想到教室里那一张张青春洋溢的脸，我都不允许自己把这个可怕的字眼和他们联系起来。录像上的时间在一分一秒地走着，虽然屏幕上依然空无一人，但我分明听见了真相走近的脚步声，同时也在心里迅速地“排练”那一刻到来时自己的各种反应。10 点 28 分，教室的后门被打开了……

虽然早有心理准备，但从监控录像中看到真相的那一刻，我好像听到了自己紧绷的神经突然断裂的声音——怎么会是她？

拿东西的是我们班的学习委员、小媛的室友小谊。小谊学习努力，为人谦逊，堪称品学兼优，还曾被同学们评为最有品位的女生。可事实摆在眼前，我一时间被错愕、震惊、失望甚至愤怒的情绪弄得不知所措，只有强作镇定。在与保安师傅确

① 刘建勇，高红. 青春是一个自我修正的过程——一起班级失窃事件的处理及反思[J]. 班主任，2012(12)：11-14. 有删节。

认学生隐私不会被泄露之后，我心情沉重地离开了保安室。

怎么办？我一个人在校园里漫无目的地走了一圈又一圈，想找到一个合理的方式。

冷静下来之后，我查阅了一些资料，发现中学生“偷窃”行为的动机大致可以分为三种：心理疾病的表现、单纯为侵占财物、转移心中的其他情绪。小谊阳光开朗，人缘极好，而且家境殷实，前两种可能基本可以排除。但是，到底是什么原因让她作出了这么不理智的举动呢？

解铃还须系铃人，调查要从小媛开始。晚自习时，我主动找小媛谈心，从学习生活聊到个人爱好，师生相谈甚欢。我也再次说明会尽力找回她的播放器，让她不要为此分心。看到时机成熟，我故作随意地将早就准备好的问题提了出来。

“小媛同学，我觉得丢了这东西说不定也是好事。旧的不去，新的不来嘛！”

“呵呵，老师，您可真损啊，和我妈妈说的一样……”她笑着说，“不过也是，室友们这回再也不会嫌我晚上闹腾了，哈哈。”

从小媛的笑声中可以听出她的单纯和爽朗，但本能告诉我，她刚才的话极有可能与播放器失踪有关。果不其然，在调查走访其他几个学生之后，我的猜测得到了进一步的证实。虽然小媛所在寝室的同学关系一直比较融洽，但也难免有些小摩擦。由于小媛经常在熄灯后一边听歌一边哼唱，寝室同学对此都有些情绪。真相似乎呼之欲出，而我也暗下决心，要为事件画上一个圆满的句号。

“老师，同学们说你没收了我的镜子！”小谊焦急地跑过来说。

“对啊，有同学反映你上课经常照镜子，镜子反光会影响其他同学！”我的语气十分严厉。

“我哪有经常照镜子啊？再说我本来就坐在后排，怎么会影响别人呢？”她的言辞间流露出委屈和气恼。

“不用说了，其他同学已经说得很清楚了！”

“老师，您怎么能这样呢?！那是我姐姐送我的礼物，而且您怎么能只听一面之词呢？”一向深得老师信任的小谊显然没有受过这样的委屈，眼圈有点发红。

“你们寝室的同学都有这个毛病，影响了别人还找借口！”我语气更加严厉了，“你简直和小媛一样，明明影响了别人还狡辩！你们这播放器啊、镜子啊什么的都该没收！”

“老师，我真的没有……”小谊站在那里一动不动，眼泪在眼眶里打转。

这时，上课铃响了，我催促小谊回去上课。看着她转身离去的背影，我的心里久久不能平静。

整整一天，小谊除了上厕所外始终待在教室里，情绪十分低落。晚自习时，我再次把她叫到办公室，并告诉她我已经调查过了，上午的确有些冤枉她，况且小媛还愿意亲自为她作证。在我把镜子交还给她时，小谊紧紧地咬着下唇，道谢之后准备转身离开。

"小谊，今天该你做清洁吧？"我故意把她喊住。

"嗯。"她转过身来小声说。

"晚自习后，你把教室后边的储物柜好好清理一下，东西太乱了。"

"好的。"小谊答应了。

"哦，还有，清理的时候注意一下，说不定小媛那个播放器就是不小心掉在柜子后边了，你帮我看看——找到了的话我明天就不用去保安室看监控录像了。"我刻意顿了一顿。

"好。"小谊转身离开了。

第二天一大早，小媛就欢天喜地地向我报告："老师，您猜怎么着，我的播放器找到啦！"

"是吗？谁找到的啊？"我故作惊奇。

"小谊，我亲爱的小谊！是她在柜子下边找到的，哈哈！"她指着身后的小谊欢快地说。

"那你怎么感谢人家啊？"

"我，我亲她一个！"说完小媛冲着小谊俏皮地噘噘嘴。

看到这一幕，周围的学生都开心地笑了，那一天好像过得特别快。晚上回家，我收到一条匿名短信："老师，谢谢您！"那时候，我仿佛看到一个充满悔意而又单纯善良的孩子站在面前。我想，也许青春本就是一场教人不断犯错的"劫"，而化解它的方式，就是信任与宽容。

案例分析

失范行为：偷拿、藏匿他人物品。

失范程度：违反校纪校规和基本的道德规范。

失范行为主体：学习委员小谊，学习努力，为人谦逊，堪称品学兼优，还曾被同学们评为最有品位的女生。

教育惩戒方法："冤枉暗示法"——故意冤枉小谊，制造心理痛苦和矛盾，借机暗示。

教育惩戒效果：小谊认识到错误，物归原主，并向老师致谢。

原理分析：爱与智慧是教师成功处理音乐播放器失窃事件的关键。

本案例中，教师从接到"报案"起到查看监控录像一直不愿相信是自班学生偷了音乐播放器，当他在监控录像中看到是好学生小谊"作案"时更不敢相信。之所以"不愿"和"不敢"相信是因为他知道偷窃是一种严重的过错，处理不当会毁了学生学习的前途甚至她的一生。所以，对于这起事件，不仅要足够重视，还要谨慎处置。

这起事件的主角，是班里的学习委员小谊，她不仅学习努力，为人谦逊，堪称品学兼优，还曾被同学们评为最有品位的女生。她为何偷室友的音乐播放器呢？教师在发现事情真相后并没有贸然处置小谊，而是查阅资料分析她的动机，进而采取迂回的方式来调查研究。在基本弄清小谊的动机后，借用故意冤枉她的方式暗示她的错误所在并巧妙地指出了归还物品的方法。

对小谊的惩戒，教师是隐蔽的。这种隐蔽不仅表现在没有让全班同学知道被惩戒的人是谁(甚至还让全班同学以为播放器并没有失窃)，更表现在没有在小谊面前公开指出她的错误。但是，聪明的小谊很快明白了教师的用心良苦，而她也确实在教师故意冤枉她时受到了惩戒。这样的隐蔽惩戒，看起来似乎是对错误行为的姑息，其实恰恰最适合此类违纪行为。因为偷窃是最为大家所不齿的，若是公开处理，则违纪的同学在班里很容易被其他同学贴标签，成为小偷的代名词，这样，即使他有心悔过也没有人再会接纳他。隐蔽惩戒既及时纠正了学生的错误，又保护了他的尊严。

在教师对这起班内失窃事件的智慧处理中，浸润着他对学生满满的爱。他不仅在保护小谊尊严的同时教育了她，还利用美丽的假象(小谊帮小媛找回丢失的播放器)增进了学生间的感情。不过，小媛对小谊的感谢对小谊来说何尝不是另一种形式的教育呢？也许每一位教师都应该相信："对于犯了错误的青少年，教师的当务之急不是给错误定性，而是去理解问题背后的深层次原因。'偷窃'是一个道德批判色彩很浓的词，一旦背上这个包袱，当事人往往会留下终生的阴影。然而，只要教师能够明白，青春原本就是一个自我修正的过程，那么他就会知道，每一个错误都应该是修正的契机。"①

案例 5

一起伤害他人行为的惩戒②

记得有位日常表现较好但是脾气刚烈的女生，喜欢打篮球，但是因为个子矮，力气小，在活动过程中常受到男生的"欺负"，她自带的篮球常抢不到，而本班的男生也袖手旁观。几次下来，她的心里积怨难发，在晚自修的时候，用玩笑的口吻对同桌说：我心里不畅得很，真想拿把刀杀了我班的男生。同桌同样开玩笑地说：好啊，有没有刀？结果两个人居然真的拿了刀在一位男生的手臂上乘其不备划了一刀，口子很小，只划破了一点皮。

但是，这件事情的危害很大。我首先调查了事实真相、了解了当事学生的心

① 刘建勇，高红．青春是一个自我修正的过程——一起班级失窃事件的处理及反思[J]．班主任，2012(12)：14．

② 杨永其．例谈惩戒的教育[J]．现代教育科学，2006(4)：48．标题为笔者所加。

理，接着宣布校行政商定的惩戒的决定。一开始该学生始终认为这是玩笑，而且认为只是用刀背轻轻划了一下，够不上处分，拒不接受处分。后来在家长的配合下，通过对照学校的规定和反复的说理，使她认识了错误，还心服口服地接受了严重警告等级的惩戒。

后来，该生的表现特好，不到半年学校就同意了她的撤销处分的申请。

案例分析

失范行为：用刀在一位男生手臂上轻划了一刀。

失范程度：严重违纪，属于有动机的伤害他人。

失范行为主体：一名日常表现较好、但是脾气刚烈的女生。平日喜欢打篮球，但是因为身高和性别问题经常被男生欺负。

教育惩戒方法：严重警告处分。

教育惩戒效果：违纪女生认识到了错误的严重性，心服口服地接受了惩戒，受惩戒之后的表现更为积极上进。

原理分析：这起事件表面看起来并不十分严重，只是男生被轻轻划破一点皮而已，甚至被划破皮的男生都不会介意，但是仔细分析却不然，女生拿小刀划破男生手臂，是因为班里的男生在打篮球时没有帮她，任由她受欺负。她这么做是出于一种怨恨，并不是一种日常的玩笑打闹行为。出于怨恨而去伤人，不论伤得重不重，都算是有动机地去伤害他人，严格地讲，甚至可以构成故意伤害他人的罪状。所以，如果只是当成玩笑处理的话，会助长这位女生因怨恨而去伤害他人的行为。任其发展下去，其伤害的行为会越来越严重，最终的后果不堪设想。鉴于此，这起事件应该引起学校老师的高度重视。

这起事件的主角，是一位性格刚烈、平日表现较好的女生。这样的女生往往自尊心很强。由于在打篮球时总是受到男生的欺负，本来就是满腔委屈，同时，本班男生还对此袖手旁观，这使得她将满腔的委屈转化成了对本班男生满腹的怨恨。由于这些怨恨的不断积累，导致了她一时冲动，拿小刀去划其中一位男生的手臂。但是，可以看出，这位女生的本质并不坏，去划男生手臂的时候，也只是轻轻一划，下手并不重，只是想通过这样的方式来表达自己对男生在打篮球时不帮忙的怨恨而已。

校方研究决定，给违纪女生以严重警告的处分。这一惩戒措施，在违纪女生看来，似乎过于严重，她始终觉得自己这样做只是一种玩笑之举，自己也并没有想真的去拿刀害死男生，只是轻轻划了一下而已。鉴于违纪女生的这种认识，校方先是求得了家长的配合，一齐耐心地向她说理，使其充分认识到自己所作所为的严重性，最终让她心服口服地接受了惩戒。并且关注该学生的后续表现，在半年之内就又撤销了对其的处分。

这起惩戒成功地让违纪的女生认识到了自己错误的严重性，及时制止了她因怨恨而再去伤人的行为；同时，受惩戒的女生也没有因为被严重警告处分而产生任何身心方面不好的影响。其成功的原因何在？首先在于惩戒与说理的结合。惩戒要考虑到学生的想法，只有学生在思想上承认了错误，惩戒才会起到作用。宣布惩戒时不仅要告诉学生你为什么受到惩戒，你受到了什么惩戒，还应告诉学生学校惩戒的目的是什么，如何来撤销惩戒等。在本案例中，违纪女生起先拒不接受惩戒，认为自己的行为只是在开玩笑。经过老师和家长的耐心说理之后才心服口服地接受了惩戒。其次在于惩戒的后续工作得当。在对违纪女生给予严重警告处分之后，学校还告诉了该女生如何弥补自己的过错，如何可以撤销自己的处分。所以，在惩戒之后，又给了学生希望。这对于一名表现较好，且自尊心较强的女生来说，无疑是一个可以洗脱自己、重新开始的好机会。在经历了惩戒之后，违纪女生并没有怨恨重重或者自暴自弃，反而积极表现，争取早日撤销处分。

案例 6

学生犯错可自选惩罚方式①

学生犯错，很多学校可能都会按照校规，或者由老师来决定如何惩罚学生，但近日，记者从平洲三中实施的新规定了解到，该校学生犯错后却可以自己选择接受惩罚的方式。而学生自我选择的惩罚方式也花样百出，有的选择唱歌，有的选择请同学吃雪糕。学生认为，民主惩罚的方式照顾到学生的自尊心，相比起之前校方强制推行的规定更容易让学生接受。不过，对于校方推行的这种“民主惩罚”方式，有家长却认为“太儿戏”，学生不一定会记住教训。

民主惩罚：学生犯错可以自选惩罚方式。

什么是民主式惩罚？平洲三中校长龙海平讲述了一个案例。在该校，有学生对教官不满，于是趁着教官背对着班级时，在教官背后骂了一句。被骂的教官回身去追查骂人的学生是谁，最终学生被查出。不过和以往不同的是，教官没有硬下惩罚的指令，而是当着全班同学的面，问即将接受惩罚的学生，想选哪一种惩罚方式？“最终学生除了检讨道歉外，自己还选择了帮全班搞卫生作为致歉的方式。”校长称，最终教官没把事情上报给学校，学生也免于接受处分。

记者了解到，在该校，学生违纪可以自己选择受惩戒的方式。做错事一定要处罚，但是方式学生自选，比如说喜欢体育运动的，可以做几个俯卧撑；有唱歌天赋的，可以选择给同学表演节目；还有喜欢吃的，会为全班的学生买零食分享。“只要选择的惩罚方式可以被全班同学所接受，就能通过，至于如果惩罚太轻，则要重新选择其他可以让大家同意的方式。”龙海平说。

---

① 陈昕宇. 学生犯错可自选惩罚方式[N]. 广州日报，2013-01-28(FSA16).

效果：家长质疑效果，学生觉得容易接受。

“相比起之前学校规定的惩戒方式，现在的这种做法使得我们更加容易接受。”有学校学生称，民主方式选择惩罚，使得学生觉得有选择空间。

学生此前专门所做的一份调查问卷显示，66%的学生有过被老师惩戒的经历，其中有12%的学生觉得老师惩戒方式过于严厉。而以往的惩戒方式如果简单粗暴，也容易对学生造成影响。“64%的学生认为惩戒使得学生心情郁闷、低落，对大部分学生有负面影响。”

不过，有家长对这样的民主惩罚方式也抱质疑的态度。“如果让学生自己去选择，那么惩罚效果是否会大打折扣？”家住平洲的家长林女士称，学生在自主进行选择时，可能会“尽可能从轻”，“像买零食，或者唱个歌，很难会让自己记住为何会受惩罚，今后也可能会再犯。”

校方：实施后需要处分记过的学生少了。

“民主惩戒其实是我们学校让学生参与自主管理的办法之一。”校长龙海平表示，该校试行在班上让学生参与管理，分成小组制定出自己班上的班规，班上有几个小组轮流主持工作，班主任的角色只是负责监督，“包括相关的班规以及惩罚方式都是班上的学生商量出来的”。

该校校长认为，学生在校期间实际所犯的错误都是一些小错，例如抄作业、讲话等，并不是严重的错误，因此在处理时也会注重“小惩大戒”的效果，让学生自行选择方式，但学生犯错后，依然会扣掉集体的分。

“其实，我们是一直不提倡惩戒的，相对于实施民主惩罚方式前，动不动记过、处分、通报批评的方式，现在的办法把学生所犯的小错误化解在班级中，一年下来，我们发现要通过校方处理记过、通报处分的学生越来越少了。”龙海平认为，惩戒的效果关键是看犯错后，学生自己有没有触动，特别是看在所在团队里，大家有没有认为这是否已经接受惩罚。“如果学生已经意识到错误，那效果就已经达到了，无形中就把学生犯错的可能在其萌芽状态的时候就处理掉了。”

案例分析

教育惩戒方法：“民主惩罚法”——学生违纪可以自己选择受惩戒的方式。

教育惩戒效果：学生认同程度高，实施后学生不良行为减少，需要处分记过的少了。

原理分析：案例中的民主惩罚法与弹性惩戒法性质上相同，都是从尊重和理解学生的角度出发，促进了学生自主管理，提高了教育效果。

首先，民主惩罚法承认学生的自主权，学生即使是在被惩戒的时候，仍旧具有自主选择的权利。许多时候，惩戒教育是教师采用了他作为教师的权威对学生作出处理，在这样的关系中，学生处于被动地位，如果处理不好，很容易对处在弱势被动地位的学生造成身心上的伤害。而让学生自己选择惩戒方式，承认学生即使是在教师的权威面前，仍然具有自主选择的权利，保留了其主体地位。对于自主意识逐渐增强的中学生而言，这种方式容易让他们接受并认同惩戒，从而改正错误，避免再犯。从师生关系角度看，它避免了由教师个人强行“独断”的尴尬被动局面，促进了师生和谐关系的形成。

其次，民主惩罚法暗中激发了学生的自我管理、自我教育。学生在选择惩戒方式的时候其实是对自身错误的一种研判，他要衡量错误的性质、程度以及与之相匹配的惩戒，否则不被所在团队接受还得另作惩戒。在此过程中，他的认知、情感都在与犯错时的状态作斗争，他要否定错误的认知和消极、不良的情绪情感，提高自我控制的意识。

再次，民主惩罚法巧妙地利用了集体教育原则。犯错学生对惩戒方式虽然可以自己选择，但其选择要得到所在团队的认可。这就将犯错学生置于团队的影响之下，利用团队的力量对其进行教育，而在犯错学生接受惩戒的同时整个团队也受到了教育。民主惩罚法有效地调动了全体学生参与学生管理的热情，规范和约束了学生的不良行为习惯。

案例 7

一中学与家长签订“惩戒协议”①

旷课累计 4 节，被罚周末返校学习半天；在教室内外乱扔果皮纸屑，要做一次教室清洁……当多数学校对惩戒“谈虎色变”时，武昌区积玉桥学校在武汉市中小学校中率先试行惩戒教育。昨日下午，该校七(2)班的家长全部与学校签下了“惩戒协议”。

记者看到，家长们与学校签订的协议为一份学生管理条例，上面列出了对学生违纪行为采取的 11 条惩戒办法，包括中午留校教育半小时、周末返校学习半天、训导一节课、双倍完成集体活动、督促做一次功能教室清洁(或在某地值日一周并保持某地的清洁卫生)、中午留校补做作业或补考试题(并视情况巩固做 1～5 遍)、抄写《中小学生行为规范》3～10 遍、写情况说明书、做 3 件好事代替处罚等。对每种惩戒办法，还详细指出了适用的违纪范围。

班主任任红旭告诉家长，之所以要签订协议，主要是考虑到家长若对哪项教育方式有异议，认为不适合自己的孩子，可以在协议上写出来，那么该教育方式便不在其孩子身上试行。无一例外的是，该班 33 名学生家长都在协议上签下了“同意”。

“孩子总会有违纪的时候，口头说教有时没有效果，罚抄、罚做清洁更能让他吸

① 罗欣，吴银燕. 一中学与家长签订“惩戒协议”[N]. 楚天都市报，2010-03-25(A18).

取教训。"学生家长刘伟军说。另一名家长则认为，只要能教育好孩子，即使学校对孩子罚站、罚跑他也没意见。

谈及实施惩戒教育的初衷，该校校长祝正洲表示，这是为了让孩子们直面自己犯下的小过失和错误，及时改正，"说服教育也是有效的，但不是万能的，教育孩子需要鼓励、表扬，也需要适当的惩戒。只有让出错的学生为其错误受到必要的惩戒，认识到违反规章制度和纪律是要付出一定代价的，他们的不良行为才能被约束。"

记者采访发现，学生们既为这些惩戒感到害怕，又表现得非常认同。"不好好听课，就该接受留校教育半小时的处罚，这样的处罚很严，我可不敢违纪。"学生戟杜琪说。

案例分析

教育惩戒方法：协议惩戒法。

教育惩戒效果：学生认同协议内容，加强自控，不随意违纪。

原理分析："协议惩戒法"在争取家长支持、形成教育合力的同时很好地贯彻了惩戒教育的预防性原则。

在中小学教育中，很多教师不愿意或者不敢惩戒学生的原因很大一部分来自家长。一些家长得知自己的孩子在学校受到惩戒之后，更为关心的是惩戒重不重，而不是自己的孩子因何而被惩戒。但凡孩子受了惩戒，这些家长总是会先去找实施惩戒的老师的不妥之处，这样轻则找老师表达不满，重则上访教育部门投诉申告。所以即使学生所犯错误已经比较严重，有很多中小学老师也不敢惩戒学生。大多数老师只敢以说服教育、谈心等方式来助其改正，但是这样的效果往往微乎其微。

从这则新闻中不难看出，家长其实并不是排斥所有的惩戒，只是担心自己的孩子会受到不公正或者过重的惩戒。所以，教师实施的惩戒只要是在家长知情并认可的情况下进行的，便可以取得比较好的教育效果，并且也不会引起诸多问题。通过惩戒协议，学校不仅让家长了解惩戒措施，还取得家长的同意或授权，在学生惩戒教育中形成合力。

惩戒协议以预先告知后果的方式起到预防学生违纪的教育效果。通过签协议这一形式，学生们感受到了遵守校纪校规的严肃性：一旦违反了校纪校规，就要受到协议中的相应惩戒。因为协议受到法律的保护，所以协议的执行具有强制性。这种强制性给了学生一定的威慑力，让他们明白自己若是违纪，将要付出很大的代价，而不是以前那样由老师说服教育一通即可。正如采访中那位学生所言，"不好好听课，就该接受留校教育半小时的处罚，这样的处罚很严，我可不敢违纪"。这在一定程度上加强了学生的自控意识，起到规范学生日常行为、预防违纪的作用。

当然，惩戒协议也以制度的方式规范了教师的惩戒行为。

案例 8

要有勇气战胜自己①

十多年前，我在玉林中学教书，那时经常给同学们读小说。我给他们读过一部中篇小说，叫《在困难的日子里》。小说的副标题是“一九六一年纪事”。作者路遥，已经去世了。小说写的是大饥荒年代，在没有战争的情况下，活活饿死了三千万到四千万人。路遥就写他的经历，以自己的亲身经历为题材写成了这篇小说。其中有这么一个情节，主人公马建强很饿，课间休息，走路都是摇摇晃晃的。干脆就趴在桌子上，趴在桌子上都头晕眼花的。老师讲课他也听不进去，如果是语文课，他就会想到许多关于美味佳肴的诗文句子；如果是化学课，他就会想到这些化学元素如何组成各种食物；如果是数学课，他就会想如何用最精确的方法，分配每一天极其有限的食物，以维持生命。有一天傍晚，他摇摇晃晃地朝河边走去，然后躺在河边的草地上，突然他发现了一个铁盒子，打开一看，里面装着许多钱和粮票。他本能地想到用这些钱和粮票去买吃的。但他突然理智地问自己，这是你的吗？不是！不是你的为什么要用呢？他立刻感到一种赤身裸体般的羞愧。他终于控制住了自己。同学们，你们看，马建强在那么困难的时候，在生命都受到威胁的情况下，都坚守着做人的良知，坚决不要不属于自己的东西。

我读完这篇小说后，又给同学们读《悲惨世界》，我估计这本书有同学也读过，主人公是冉·阿让，他有一位亲人快饿死了，他就偷了一块面包，结果被抓进监狱，被判刑。他身强力壮，数次越狱，又被抓回来，再加刑，最后累计坐了 19 年牢。他走出监狱的第一个晚上，住在米里哀主教的家里。他当初走进监狱的时候是一个淳朴善良的人，现在出来却染上了一身恶习。第二天从米里哀主教家走的时候，他把人家的银器偷走了。他一走出去就被警察抓住了，押回米里哀主教家。警察对米里哀主教说，他偷了你的银器，我们给你送来了。米里哀主教平淡地说：“哦，那银器是我送他的。”就这么淡淡的一句，在冉·阿让的心中掀起了滔天巨浪。他完全没有想到主教会这么对他。米里哀主教盯着他，意味深长地说了一句话：“冉·阿让啊，我希望你永远做一个善良的人啊！”后来冉·阿让果真洗心革面，改变了自己。他出狱后，沙威警官一直在追踪他。这个沙威警官忠于职守，发誓一定要把冉·阿让缉拿归案。冉·阿让就假装跳海“死”了。后来他化名为“马德兰”，通过艰苦的奋斗，成了一个市的市长。可是有一天，他突然听到一个消息，在远方，一个长相像他的老人，被沙威警官误以为是他而抓进监狱。他想：“那个老人多不幸啊，怎么仅仅因为长得像我就要入狱呢？”他想到法庭去自首，这样才能解救那老人。但又一想：“不行，那样的话我一辈子都不能出来，迎接我的很可能是终身监禁，失去

---

① 李镇西.重要的是教育班集体——我对一起班级失窃案的处理（下）[J].河南教育（基教版），2009(6)：28-29.题目为笔者所加。

自由。”他犹豫不决。突然，他想到米里哀主教说的一句话，“我希望你永远做一个善良的人”，所以他毅然决然走向法庭自首。

冉·阿让的故事打动了大家。

我给学生读到这里，忍不住评论说，任何一个人都有两个自我，这两个自我在不停地打架，在搏斗。比如冉·阿让，在那一刻，他心里也有两个冉·阿让在较量，最后高尚的冉·阿让战胜了卑下的冉·阿让。对于同学们来说也是一样，高尚的你和卑下的你，坚强的你和懦弱的你，勤奋的你和懒惰的你，诚实的你和撒谎的你，等等，随时都在打架，关键是哪个你获得了胜利。我们每一个同学都要有勇气战胜自己！当时，我不过是随便这么有感而发地说，但没有想到，我的这一番话却触动了班上一个同学的心。第二天，我来到办公室，看见我的办公桌上有一个纸包。什么东西？我打开一看，里面是10元的纸币，总共22张。纸包里还有一封信，信的内容是这样的：

李老师：您好！

看到这封信您一定很奇怪，那么就请您慢慢往下看吧！

过去，我是一个非常卑鄙的人，但是我在老师和同学的眼里却是一个品德高尚的人。是的，同学们都认为我是好同学，老师也认为我是好学生，可是，他们哪里知道我这个公认的“可爱的人”，竟是一个小偷！

那是初一的时候，有一次班里收费，看到三小组的组长把本小组的钱放在了文具盒里，我心里十分高兴，认为一片肥肉就要到手了。第三节课下课了，同学们都要去操场做广播操，我等同学们走得差不多了，就开始了自己的罪恶。我走到三小组小组长的座位前，拿出文具盒，打开一看，里面有一叠10元的人民币！在那一瞬间，心灵中卑鄙的我战胜了高尚的我，我赶紧偷了那一叠人民币，匆匆下了楼。还好，没人发现！而且后来老师和同学们没有一个人怀疑我，因为我在大家心目中的形象一直很好。

那件事以后，我感到自己的童心在很快地堕落，又接着偷了好几次钱。尽管每次都没人发现，但事后我总是心虚，很不好受。

李老师，您是一位好老师。每次听您在班上苦口婆心地对我们进行正面教育，对我们讲做人要诚实、要正直，我的心里总是难过到了极点。记得您给我们读了路遥的小说《在困难的日子里》，并对我们说：“马建强在那么艰难的情况下，都绝不要不属于自己的钱物，这是多么的可贵！”

当时，我真想来向您坦白我的罪恶，但实在是没有勇气啊！昨天，您给我们念《悲惨世界》时，教育我们要向冉·阿让学习，向过去的罪恶告别，做一个人格高尚的人。您在说这些话的时候，并没有具体地批评谁，但我听了却总觉得是在敲打我可耻的心灵！

如果我不承认，别人也许不知道，但我就彻底堕落了。终于我决心鼓起勇气，承认我过去的偷盗行为，并且开了一张清单，写明我曾偷过的同学名字和所偷的金额，连同赔偿的220元钱，悄悄地放在您的办公桌上。请您代我还给这些同学。

本来我应该勇敢地找您当面谈，但请原谅我还缺乏冉·阿让那样的勇气。我非常感谢李老师在我危急的关头，把我从罪恶的深渊中拯救了出来，为我以后的人生点燃了一盏明亮的灯！

我给同学们讲完这封信的内容后说："信的结尾署名是'一颗曾经失落的童心'，但我一看笔迹就知道是谁，我当时很感动，为了这个同学敢于主动承认错误的勇气。"

案例分析

失范行为：偷同学的钱。

失范程度：违纪违法。

失范行为主体：一位不知名的在大家心目中形象良好的初中生，从未受到怀疑。

教育惩戒方法：受文学作品感染引发心理痛苦。

教育惩戒效果：主动承认错误，退回所偷钱款，感谢老师教导。

原理分析：案例来自著名班主任李镇西在一次班级发生失窃事件后在班会课上所讲的内容。初看起来，李老师并没有对偷窃事主进行惩戒，仔细分析，才体会到李老师高超的教育艺术，正是在温情脉脉的教育中，学生被引导着完成了对自己的剖析，在经历了痛苦的内心挣扎后迈出了自新的脚步。那种内心的痛苦与煎熬不正是最具教育意义的惩戒吗？

学生小偷小摸、偷同学的钱物是最令老师们头痛的不良行为之一。虽然偷盗属于犯罪行为，但学生作为未成年人及偷窃钱物数额较小，一般够不上犯罪，不能报请法律机关进行侦查定罪。虽然偷钱偷物属于违纪违法行为，可以处以行政处罚，但它们往往难以查实，即便是查实后给予了处分也未见得效果有多好。更困难的是，一旦班级中出现失窃，全班同学都会受到影响。

怎么办呢？李镇西老师说："班级发生失窃事件，我们一些班主任首先想到的是清查。但班主任毕竟不是专业侦破人员，要准确地查出'行窃者'，难度相当大。每次遇到这种情况，我的主要精力会放在对整个集体的教育上。巧妙自然地抓住突然发生的失窃事件，对学生进行必要的教育，也就是说，把它当作一次教育契机，这最能体现出班主任的教育智慧。换句话说，对班级失窃事件的处理，不能仅仅是教师对个别学生的教育和转化，更不能仅仅是经济损失的挽回。教师应该利用这一不期而遇的教育契机，对班集体进行自然而然、入耳入脑、震撼人心的教育。”①案例所选正是李镇西老师在班会课上对学生所讲的一段早年故事。在这段故事前面，李老师利用小说《谁生活得更美好》引导全班同学认识到班级失窃是全班的损失和耻辱，为弥补损失，需要大家一起努力。在这段故事后面，李老师进一步肯定了犯错同学承认错误的勇气，鼓励大家勇于知错就改。

李老师的教育很成功，究其原因，最核心的在于他充分调动和利用了每个学生心中善良美好的一面来克服不良的一面，也就是利用积极因素克服消极因素。身为语文老师，他充分利用了文学作品的美善熏陶功能，用文学故事替代了说教。他牢牢抓住学生心理，激发学生向上向善的信心，他对学生说：“高尚的你和卑下的你，坚强的你和懦弱的你，勤奋的你和懒惰的你，诚实的你和撒谎的你，等等，随时都在打架，关键是哪个你获得了胜利。我们每一个同学都要有勇气战胜自己！”学生的道德成长本质上是其已达到的水平与外界要求之间矛盾运动的结果。当学生克服自己诸如懒惰、贪婪之类的不足，达到外界诸如勤奋、自制的要求时，他就成长了。而这内心矛盾运动的过程往往是痛苦的，当老师巧妙地利用外部因素促成学生内部的这种痛苦的矛盾运动时，这正是一种智慧的惩戒教育啊！

---

① 李镇西.重要的是教育班集体——我对一起班级失窃案的处理(上)[J].河南教育(基教版)，2009(5)：28.

附　录

附录一　布赖恩独立学区惩戒制度[①]

一、2011—2012 学年学生行为准则

（一）总则

• 布赖恩独立学区保证为学生和员工提供一个安全的环境。

• 在任何情况下、任何校园范围内或任何校园活动中暴力活动都是不允许的。任何袭击教师、学生或学校员工的学生都将受到下列一项或更多项的惩处：

1. 学生可能接到布赖恩警察局的传票。
2. 该生可能被学校勒令停学。
3. 该生可能被学校安排为社区服务。
4. 不遵照本行为准则的按惩处政策处理。
5. 被控告在校园内袭击学校员工或志愿者的予以开除处理。

• 对教师、其他学校员工、学生使用任何亵渎的、淫秽的、粗俗的或侮辱性的语言的，将受到以下一项或者更多项的惩处：

1. 按照行为准则的惩处政策进行惩处。
2. 该生将被从常规的校园中挪移出来并安排到布赖恩惩戒替代性教育项目(DAEP)校园。
3. 该生将获得布赖恩警察局的传票。
4. 该生可能被学校勒令停学。
5. 该生可能由学校安排为社区服务。

• 非法武器在校园中、学校活动中是绝对禁止的，联邦法律[《德州教育法》TEC 37.007(a)]规定对违反者实施强制开除。学生在校园中或学校活动中持有非法武器的，将被勒令停学三天及开除。受到指控的，将报告给布赖恩警察局。

• 违禁药品在校园中和学校活动中是禁止的。销售、给予、传递给他人、占有、使用大麻、管制药品或危险药物的学生，未涉及重罪的要将被从校园中强制驱

---

① 资料来源：Bryan Indenpendent School District. 2011－2012 Student Code of Conduct and Electronic Communications and Date Network Guidelines [EB/OL]. (2011-08-01). http://www.bryanisd.org/default.asp? pageID=167. 朱映婷译，蒋一之校. 有删节。

除并安置在布赖恩DAEP校园，且可能被开除。所有毒品犯罪都将报告到布赖恩警察局。重罪级的违犯建议直接开除，而不进入DAEP安置。

- 酒精在学校范围和校园活动中是禁止的。销售、给予或传递给他人酒精饮料、酒后犯事，或占有、使用酒精或醉酒，将从学校中强制移除至DAEP校园并可能被开除。所有酒精犯罪将报告给布赖恩警察局。重罪级的酒精犯罪将直接进行开除并不诉诸DAEP安置。

《学生行为准则》是对《德州教育法》第37章要求的响应。法律要求学区建立学生行为标准，并鉴定学生是否要从班级、校园或其他教育过程中开除出去，是否符合转移（可选择DAEP）、停学和（或）开除的条件。

本准则被布赖恩独立学区董事会采纳。本准则为家长和学生提供的信息涉及对学生行为的期望、不良行为的后果，以及纪律管理的程序。

《学生行为准则》将在每个学校的校长办公室展示。副本在学年开始前发放到学生和家长手中。这份准则不是一项合同，因而可以由学区在任何时候进行修改。然而，任何的修改要获得董事会的批准，并在作出改动后以尽可能快的速度告知学生和家长。

违反《学生行为准则》的行为由教师和其他专业人员通过填写校园纪律参照表证明。当校长接到参照表时，他或她要将副本送到该生的家长或监护人手中。

因为《学生行为准则》是由学区的董事会采纳的，它具有强制实施的权利，所以当《学生行为准则》和学生手册冲突的时候，以《学生行为准则》为准。

教师和校长可以在《学生行为准则》后附加校园或班级规则。这些规则可以张贴在教室里或分发给学生，且不能违反《学生行为准则》的规定。学生违反班级规则，不需告知家长，但是违反《学生行为准则》的任何情况，要通知家长。

（二）学生和家长/监护人的责任

要创造一个积极的学习环境，需要学区内每一个成员共同努力，需要学生、家长和教育者共同努力，其要求是：

学生：

- 显示对他人的尊重，即使他人不在场也要如此。
- 以负责的态度表现，经常练习自律。
- 准时、规律地出席每一节课。
- 课前预习；携带合适的材料和作业到课堂。
- 装扮整齐并着装合适，符合布赖恩独立学区《学生行为准则》的要求。
- 遵守所有学区、校园和班级的规则。
- 尊重所有学生、教师、学区员工和志愿者的权利和特权。
- 尊重他人财产，包括学区的财产和设施。

• 协助、帮助学校员工保护学校安全，维持教学楼、操场、餐厅、公车和学校赞助的活动的秩序和纪律。

• 迅速地给予家长(监护人)各种通知的副本，包括惩戒通知。

• 及时将需要签名的文件返回学校。

• 及时付清一定的费用和罚款。

• 通过许可的渠道，有序地、负责任地为学校政策寻求改变。

• 避免违反《学生行为准则》。

家长(监护人)：

• 和学校员工、其他学生、志愿者进行交流的时候显示对他人的尊重。

• 提供给学校最新的家庭、工作和紧急联系电话，以及医疗信息。

• 和您的孩子一起学习《学生行为准则》并讨论。

• 确保孩子遵守学校的出勤规定，并对缺勤和迟到的原因进行及时说明和解释。

• 帮助孩子选择适合上学以及在学校相关活动中穿着的衣服，有关规定附在布赖恩独立学区的着装要求政策中。

• 关心孩子的学业或行为进步，及时和学校人员进行沟通交流。

• 每天及时送孩子上学，生病或实在情有可原的情况除外。

• 确保孩子接受了国家规定的最新的疫苗，且及时出示证明。

• 在家中为孩子提供一个适合学习的区域。

• 确保孩子在要求出席的课程中出席。

• 对孩子疏忽的、无意的或恶意的行为负责。

• 了解国家、学区、校园政策、规程和要求。

• 提供所有登记所需的信息。

• 参加关于孩子学业进步、行为或公共福利的会议。

(三)进行惩戒的一般授权

德州立法机关已经授权独立学区对学生行为进行管理，并由董事会和它的员工进行纪律惩戒。学生对他人(包括妨碍学习和安全的环境)的无礼行为将受到纪律处分。

学区的惩戒权适用于：

• 在校期间、学生乘坐学区交通工具上下学途中。

• 从学校不动产的任何一处起，在300英尺范围内的。

- 学生参加任何学校相关的活动，不管时间和地点。
- 午餐期间（不管是否在学校内）。
- 任何与学校有关的不当行为，不管时间和地点。
- 报复学校员工或志愿者，或进行威胁，不管时间和地点。
- 学生犯了《德州教育法》37.006 或 37.0081 规定的重罪。
- 学生参与校内或校外，或与学校相关的刑事破坏事件。
- 当学生被要求以性侵犯者进行登记。
- 当学生自己驾车来校并停在校园里，每当有合理的理由相信其中含有本学区禁止的物件或材料时，学区人员就有权进行搜索。

报告犯罪

每当管理人员怀疑校园中有犯罪情况的时候，学校管理人员根据法律要求向当地法律实施部门报告犯罪情况。此外，布赖恩独立学区管理人员将与法律实施机构官员合作，对校园进行情况调查。当法律实施机构联系学生的时候，学校要尽力和学生的家长或监护人取得联系。

对残疾学生进行的惩戒

本《学生行为准则》适用于所有学生，包括残疾学生。在《学生行为准则》与州或联邦法律产生冲突的情况下，以州或联邦法律为准。参照《德州教育法》，在对接受特殊教育和服务的学生的恃强凌弱、骚扰、袭击行为实施惩戒之前，需召开个人教育规划委员会会议，评估其不当行为是否受残疾影响所致。

（四）违犯行为的惩戒方式

总的来说，惩戒是为了纠正不良行为，以及鼓励所有的学生坚守他们作为学校教育集团公民的责任。当实施惩戒时，要公平和平等地对待学生。管理者在实施惩戒时要对环境进行仔细的评估和考虑。管理者实施惩戒时要谨慎。管理者审查要包括，但是不局限于下列因素：

- 过错的严重程度。
- 是否属于自我防卫。
- 参与行为时，学生是有意的还是无意的。
- 学生的惩戒记录。
- 法律要求。
- 学生的残疾是否削弱他对行为错误性的认识。

重复地犯错会增加惩戒的级别。所列示的每一级别的惩戒方式可以单独使用或综合使用，以禁止违反《学生行为准则》、校园或班级规则的行为。

评价惩戒方式的决策程序是基于：

- 《德州教育法》(TEC)第37章。
- 《德州刑事法》。
- 《德州健康和安全法》。
- 学区和校园的《学生行为准则》文件。
- 《残疾人教育法》(IDEA)。

除非法律另行规定，以上惩戒方式包括了低级别违犯的选择列表，在学校管理者的判定下可以执行。

二、2011—2012学年惩戒制度

(一)一般的行为违反及惩戒

下面几页中展示的行为类型在学校、学校发起的活动中、学校相关的活动中都是禁止的。当违反《学生行为准则》的行为被告知布赖恩独立学区员工的时候，就要展开关于不良行为的调查。作为调查程序的一部分，学生将以规定的程序进行诉讼。如果学生在被告知其有机会阐述他的或她的真实情况之后，教师(级别2)或负责人(级别2～5)认为违反《学生行为准则》的不良行为已经出现，学生就要受到一定的惩戒。布赖恩独立学区的员工在学生被惩戒过程中要与学生的家长/监护人进行沟通。

请注意：任何学生从布赖恩独立学区的一个学校转到布赖恩独立学区的另一个学校，都必须携带惩戒记录和惩戒方式。

布赖恩独立学区2011—2012学年《学生行为准则》禁止的行为种类是：

级别1——一般的不良行为：违反这个级别的，由课堂教师进行处理。

级别2——重要的不良行为：违反这个级别的交由学校负责人处理。惩戒方式可以结合级别1和级别2的方式进行。

级别3——严重的不良行为：违反这个级别的由学校负责人处理，并可能被安置在惩戒替代性教育项目(DAEP)中。惩戒可以结合1～3级别中列示的方式进行。

级别4——严重的不良行为：违反这个级别的学生要被安置在DAEP。惩戒可以结合级别1～4中列示的方式。

级别5——应开除的不良行为：违反本级别的学生将从本校的一般教育计划中被开除。违反本级别的学生要么被开除到学区的DAEP，要么到布拉索斯县的青少年司法替代性教育项目中(JJAEP)。这个级别的惩戒可以结合级别1～5中列示的方式进行。

下面的表格描述了以上提到的行为种类。

级别 1　一般不良行为

- 未经允许进行交易或者销售。
- 未经许可带参观者入校。
- 闲荡或在未经许可的建筑或校园内滞留。
- 不遵守班级或者学校规则。
- 违反安全规则。
- 违反着装或打扮标准。
- 违反课外活动行为标准。
- 未经使用许可而摆弄激光教鞭。
- 拒绝遵守教员的指令,包括但不局限于,与教员争吵。
- 戏弄、辱骂、中伤、奚落他人。
- 违反布赖恩独立学区的传呼机设备(包括手机和其他电力设备)使用规则。
- 未经允许、不是为了教学的目的而占有 CD/IPOD/MP3 播放器、耳机、电子游戏机或其他类似的电子设备。
- 随地吐痰。
- 拥有或者使用溜冰板、滑板车、轮滑鞋、有轮子的鞋子或者其他类似的设备。

级别 1　惩戒方式

级别 1 的违反行为和惩戒的选择并不局限于所提供的这些。

重复的违反将导致更严厉的惩戒和(或)实施级别 2 的惩戒。

- 口头改正。
- 致电或者通知家长。
- 冷静时间或"暂停"。
- 改变教室内的座位。
- 由教师、辅导员、负责人对其进行咨询。
- 家长会。
- 对打乱教育过程的物件进行暂时的没收。
- 记过。
- 行为契约。
- 把学生送到办公室或其他指定的区域。
- 放学后留校。
- 分配不是课堂作业的任务。
- 收回特权,例如参加课外活动、被选举的资格、担任荣誉职务和(或)参加学校举办的俱乐部或组织的资格。
- 由个别学生组织的课外活动行为标准所规定的后果或处罚。
- 政策许可的情况下进行降级。

级别 2　重要的不良行为

- 参与学术不端的行为，包括但不局限于，欺骗、伪造文件、篡改学校书信、伪造、剽窃或在准备书面作业的时候和他人一起完成(包括使用手机或其他媒体传输信息，不管是在测试还是在作业中)。
- 上学或者上课迟到。
- 不遵守校车上的行为规则。
- 旷课，如未经家长许可的逃学旷课。
- 参加任何可能对学生的身体或者财产造成损失的行为(包括未授权使用激光教鞭)。
- 参与的行为被认为有威胁的性质，但是不局限于口头评论、手势或其他吓人的身体行为。
- 提供不真实的信息，隐藏自己的或他人的信息(证据)、对成年人撒谎或作为目击证人而撒谎。
- 书写、出版、分发非法材料。
- 违反使用政策、规则或协议。
- 滥用或者伪造通行证。
- 未经批准离开班级、学校操场、学校发起的活动。
- 拖沓、推挤或推搡。
- 明显地或者重复地违反着装或打扮的标准，扰乱了学习环境。
- 拳击、拍打或击打。
- 参加任何类型的赌博(第一次违反)。
- 未遵守学校人员给予的合法指令。
- 偷窃财产价值少于 50 美元的。
- 使用猥亵的、下流的、粗俗的语言或猥琐的手势。
- 制造贬损民族的、种族的、宗教的评论。
- 参与对他人的口头谩骂、贬损、冒犯的评论。
- 参与的不良行为让学校官员有足够的理由相信已经对学校计划造成了实质性的扰乱或引发暴力行为。
- 损坏公共财物或他人财物少于 50 美元。
- 刑事行为造成的损害少于 50 美元。
- 未发生紧急情况而拨打“911”(除非该生被控告是重罪)。
- 以任何行为表现的扰乱学校环境或教育过程的。
- 拥有、吸食、使用烟草产品。
- 拥有或使用火柴、打火机。
- 参与不合理的身体接触。
- 不合理使用电子设备(包括但不局限于摄像机、手机等)。
- 参与恃强凌弱(包括电子的或网络的恃强凌弱)行为，不管是身体的、情感的还是社会的。
- 暴露或试图暴露自己的或他人的内衣。
- 重复违反级别 1 的行为。

级别 2　惩戒方式

级别 2 的惩戒方式不局限于提供的这些。

重复违反将导致更严厉的惩戒和(或)实施级别 3 的惩戒。

- 任何适用于级别 1 的惩戒方式。
- 撤回或者限制公车特权。
- 校级评估和学校负责人的查验。
- 撤回或限制其对学区电脑网络和(或)设备的使用。
- 行政拘留(午餐时间、放学后或周六)。
- 社区服务。
- 校内停学。
- 校外停学(一次停学不能超过三个教学日)。
- 少于 50 美元的赔偿。
- 其他。

级别 3　严重的不良行为(最严重的行为进行宽容的 DAEP 安置)

- 拥有、使用、释放、爆炸任何烟火装置。
- 占有军火。
- 成为会员、保证成为会员,或招募其他人加入到兄弟会、姐妹会、秘密社团或帮派。
- 穿着、拥有、使用、分发、展示、销售表示会员或者帮派身份的任何衣物、首饰、徽章、记号、标志、涂鸦或其他物件。
- 行为上或言语上犯错,例如手势或者类似的暗示帮派成员身份的动作。
- 勒索、敲诈(包括金钱或其他有价值的物件),或使用武力或威胁要使用武力强迫他人行动。
- 重复的或重大的欺负行为(包括但是不局限于骚扰、制作黑名单、电子的或网络暴力)。
- 戏弄。
- 发送或记录虐待的、淫秽的、性方面的、露骨的、威胁的、戏弄的或非法的信息。
- 对其他学生进行报复。
- 打架、打群架。
- 试图打架,或鼓励(促成)打架行为。
- 拥有非法刀具,包括小折刀。
- 分发或滥用非处方药或不需处方可以出售的药物。
- 严重扰乱学校环境或教育过程的行为,学生要从班级中开除出去。
- 通过文字的、手势的或任何其他方式对其他学生或者学区员工造成性侵犯或性虐待的行为。
- 拥有出版的或电子的色情材料。
- 拥有出版的或者电子的材料,或使用电子邮件,或通过网站,以促进或鼓励非法行为,或威胁学校安全的行为。

- 使用手机、相机、MP3 播放器、苹果播放器或电脑记录或发布不适当的照片、视频、音频、信息或会话。
- 袭击[按《德州刑事法》22.01(a)(3)的规定]学校员工或志愿者。
- 抢劫、偷窃、盗窃或帮助他人抢劫、偷窃、盗窃。
- 损坏或损毁他人财产超过 50 美元。
- 偷窃他人财产价值达 50 美元或更多。
- 参与任何形式的赌博(第二次及以上)。
- 刑事行为造成的损害超过 50 美元。
- 拥有或者销售仿真武器、玩具枪或金属链。
- 犯重罪(校园外,非《德州刑事法》第 5 章规定的重罪)。
- 6 岁或以下儿童违反联邦法律规定的火器规定。
- 使用或展示可以当作武器使用的学校物资(如铅笔、钢笔、剪刀等)或其他尖利的物件,或者以威胁的方式造成或真实地造成他人人身的伤害。
- 重复违反级别 2 的错误行为。
- 拥有、使用、释放或爆炸任何种类的烟火、烟弹或臭气弹,或任何其他的烟火装置。
- 拥有、使用、给予、销售吸毒用具(包括但是不局限于烟蒂夹、烟卷纸、小管、刀片等)。
- 拥有、使用、给予或销售罐装喷漆、固定剂或吸入剂。
- 拥有色情的和引起骚乱的材料。
- 未达到强制移除或开除级别的性行为。
- 拥有或销售看似毒品的物件,试图充作毒品或走私物。
- 拥有、给予、销售处方药,或在学校、学校相关的活动中醉酒或滥用处方药。
- 拥有剃刀或其他物件,用以威胁他人或对他人造成身体伤害。
- 拥有或使用子弹枪、BB 枪或其他类似的空气动力武器。
- 拥有或使用电枪。
- 拥有狼牙棒或胡椒喷雾。
- 使用武术器具(例如双节棍、木棍、棒、棍、大刀)威胁要伤害或事实上真的对他人造成伤害。
- 使用因特网或其他电子设备威胁学生、员工或对教育计划造成干扰。
- 参与口头的或书面的交易,威胁对其他学生、学校员工或学校财产造成损失。
- 占有书面的或电子的促进或者鼓励非法行为或威胁学校安全的。
- 损坏灭火器、自动体外除颤器(AED)或其他储存柜。
- 要求作为性侵犯者进行注册的学生(《刑事诉讼法》62 章),以及没有在法院监督下的学生,可以从常规的教室中移除并安置到 DAEP 中,正如在 TEC37.304 中详细阐述的一样。如果董事会认为学生在班级的表现属于下列情况,学生就不能被安置在常规的班级中了:①威胁到其他学生或者教师的安全;②不利于教育过程的进行;③不在学区学生最大利益范围内。
- 连续违反级别 2 或级别 3 的过错行为。

级别 3　惩戒方式

连续违反将导致更加严厉的惩戒。

- 任何适用于级别 1 或级别 2 的惩戒方式。
- 允许从校内移除，安排到校外的惩戒替代性教育项目(DAEP)中。
- 赔偿 50 美元或更多金额。

级别 4　严重的不良行为(强制的 DAEP 安置)

- 报假警或假报告(包括炸弹威胁)，或设计学校的恐怖袭击。
- 可作为重罪处罚的行为。
- 犯了《德州刑事法》22.01(a)(1)规定的袭击罪(例如，有袭击成分的行为导致了身体的伤害)。
- 销售、给予、传递给他人或占有、使用大麻、受控制药品、危险药品一定数量，但未构成重罪。
- 销售、给予、传递给他人酒精饮料，在醉酒情况下犯了严重的过错；占有、使用酒精或醉酒，如果行为没有作为重罪受到惩罚的。
- 滥用挥发性化学药品，例如胶或罐装喷漆。
- 含有公开猥亵、有伤风化的暴露行为。
- 6～9 岁儿童参加可被开除的行为。
- 任何报复学校员工、志愿者或者校内外人员的行为。
- 根据《德州刑事法》第 5 章规定可进行处罚的行为，且该行为发生于校外非学校发起的与学校无关的事件中：

1. 学生收到缓期起诉的通知。
2. 法院或陪审团发现学生有拖欠债务的行为。
3. 负责人有合理的理由相信学生有此类行为。

- 要求作为性侵犯者进行登记的(《刑事诉讼法》62 章)以及在法院监督之下(包括缓刑、社区监管、假释)的学生，应该从常规班级中移除出来，安置在 DAEP 中，如 TEC37.304 中具体阐述的一样。

级别 4　惩戒方式(强制的 DAEP 安置)

- 任何结合级别 1、2 或 3 的惩戒方式。
- 移出校园，到惩戒替代性教育项目(DAEP)中去。

级别 5　应开除的不良行为

学生在学校内或参加学校组织的活动或学校相关的活动时，出现下列行为就可以进行开除：

• 携带火器上学，按照联邦法律的定义，包括：

1. 任何武器，包括发令枪，设计成或可以被转换成自动推进式武器的。
2. 类似武器的框架或者接收器。
3. 任何武器的消音器或枪支武器。
4. 任何爆炸装置，例如任何炸药、燃烧弹或毒气弹，或手榴弹。

• 使用、展示、拥有下列由《德州刑事法》规定的：

1. 火器。
2. 非法刀具，例如刀片超过 $5\frac{1}{2}$ 英寸的，包括但是不局限于匕首、短剑、单刃长猎刀、剑、矛。
3. 棍棒，包括金属棍棒、警棍、狼牙棒、战斧。
4. 禁止的武器，例如爆炸武器、机关枪、短管火器、枪支消音器、弹簧刀、自制手枪、穿甲枪、钩爪或化学散发装置。

包含违反《德州刑事法》的行为：

• 加重的攻击罪、性侵犯或加重的性侵犯。
• 纵火。
• 试图谋杀或者犯谋杀罪。
• 猥亵儿童。
• 加重的绑架。
• 加重的抢劫。
• 一般杀人罪。
• 过失杀人罪。
• 连续对儿童或幼儿实施性虐待。
• 销售、给予或传递给他人，或拥有、使用大麻或管制药品、危险药物，可以作为重罪处罚。
• 按《酒精饮料法》104 节规定销售、给予、传递给他人酒精饮料，在醉酒情况下拥有、使用酒精饮料或犯重罪。
• 报复学校员工或志愿者，不管是否在学校范围内，和他人一起犯了应开除的罪。

学生在校园内、参加校园活动或(和)学校相关的活动中犯以下过错，可以被开除：

• 袭击(根据《德州刑事法》22.01 规定)学校员工或志愿者。
• 致命行为(在校园内或在距离学校 300 英尺范围内)。
• 按《德州刑事法》28.03 规定，可以进行处罚的刑事损害。
• 制造恐怖威胁。
• 制造炸药威胁、虚假的威胁或有关学校安全的恶作剧。
• 销售、给予或传递给他人酒精饮料；在醉酒的情况下犯了严重的错误；在犯了重罪的情况下拥有、使用酒精或在同一个学年中犯了第二次。
• 在惩戒替代性教育项目中重复违反其他学校或班级的行为标准(定义为持续的不良行为)。

如果学生出现了下列情况，不管何时、何地出现了违反 TEC37.0081 的行为，同样可以被开除：

1. 根据《家庭法》53.03，《德州刑事法》第 5 章中定义的重罪，已经接到缓期起诉的。
2. 根据《家庭法》54.03，《德州刑事法》第 5 章中定义的重罪，由法庭或者陪审团发现有违法和重罪行为的。
3. 被控告参与《德州刑事法》第 5 章中定义的重罪行为的；
4. 根据《家庭法》54.03，《德州刑事法》第 5 章中定义的重罪，因违法和重罪行为已经被交付青少年法庭的。
5. 根据《德州刑事法》第 5 章中定义的重罪，已经接到缓刑处理或者延期审理的。
6. 根据《德州刑事法》第 5 章中定义的重罪，已经被定为重罪的。
7. 违反了《德州刑事法》第 5 章中定义的重罪，已经被逮捕的或已经被控告为重罪的。

级别 5　惩戒方式

- 级别 1,2,3 或 4 中的任何惩戒方式都可以运用。
- 从学校开除。

(二)除上述表格中呈现的惩戒级别之外的惩戒

1. 没收

学生在第一声铃响之后到放学之前这段时间内,除了规定的午餐时间,学生不可以使用任何传呼设备或者手机。除了在规定的时间可以使用手机之外,其他时间必须关机。万一在教学活动中需要类似设备的使用,学生可以在经过教师和校长批准的情况下使用传呼设备或者手机。“使用”的定义是拥有设备的铃声、响声或者震动,允许其他人使用设备,或者向他人展示设备。首次违反规定的学生没收设备两天,罚款 15 美元。再次违反就要没收 30 天,罚款 15 美元。

因为使用手机而扰乱教育教学的,或者影响其他学生的,可以没收其手机。

学生是消防队员和(或)紧急医疗服务队的成员的,如果可以提供文件证明,在校期间也是他们执行任务期间的,可以不受学校规定的约束而使用手机。

2. 课后留校

违反《学生行为准则》或学校(班级)规定的,教师或者负责人可以在上学前或者放学后(或者在周六)对学生进行留校处罚,时间可以是一天或者更多。

在进行留校之前,要通知学生其过错行为,并给予学生机会解释他的(她的)理由。留校这段时间用于教育。

要实施留校时,应该通知学生的家长,告知留校的理由。除了 18 岁或者以上的学生,在没有通知家长之前不能进行留校处罚。如果学生是未成年人,要求学生的家长在学生留校期间安排好学生的交通。

3. 社会服务

违反《学生行为准则》或学校(或班级)规定的,负责人可以安排学生参加社会服务。布赖恩独立学区在整个学年间的每个周六提供社区服务项目。

被分配到社区服务的学生,要求在《社区服务分配表》上填写具体的时间和地点。在进行社会服务之前,学生必须呈交一份由家长或者监护人签字的医疗信息表。学生在户外作业的时候要着装合适并且携带午餐(包括买水的钱,如果需要的话)。

分配到社区服务的学生要求在指定的日期去完成。如果时间发生冲突,学生的家长或者监护人必须提前通知相关的负责人。未完成指定任务的将受到额外处罚。

4. 校内停学/SAC(特殊任务班级)

违反《学生行为准则》或学校(或班级)规定的,教师或者负责人可以对学生进行一天或以上的校内停学惩罚，学生必须在特定教师的监督下完成特定的任务。分配到 SAC 的学生在完成任务前不能参加课外活动。

学生什么情况下停学，停学的期限是多久？ 如果学生违反《学生行为准则》的第 2，3 和 4 级，可以由校长或者相关负责人对学生进行最多为期 3 天的停学处罚。学生在停学期间不能参加布赖恩独立学区内的课外活动，直到停学期满。

停学之前的程序是什么？ 在执行任何停学惩罚之前，要通知学生，并给予学生解释的机会。同时要通知家长停学的处罚。

学生可以被要求停学多少次？ 国家法律和《学生行为准则》都没有限制学生在一个学期或学年间的停学次数。如果停学日子达到 10 天，要召开个人教育规划委员会会议决定学生的安置问题。根据学校和班级规则，任何在停学期间错过的任务要补起来。

5. 惩戒替代性教育项目（DAEP）（3 和 4 级别）

什么是 DAEP？

DAEP 是学生犯了一定程度的错误所要接受的惩戒替代性教育项目：

（1）是在一个环境中而不是学生的常规教室内进行的；

（2）位于常规的校园中或者校园外；

（3）在 DAEP 的正常程序中把学生分开来；

（4）把小学的 DAEP 学生和中学的 DAEP 学生分开；

（5）关注英语语言文学、数学、科学、历史和自我修养；

（6）满足学生的教育和行为需要；

（7）提供监督和咨询。

小学的 DAEP 在哪里？提供交通吗？布赖恩独立学区小学的替代性教育项目位于小学校园内。惩戒期间由母校校长把学生转到那个校园环境中。第一次被分配到 DAEP 的学生，若是合格的公车乘客，可以乘坐提供的交通工具回家。家长负责每天把学生送到 DAEP 以及从 DAEP 把孩子接回家。家长必须确定学生是出勤的。

中学的 DAEP 在哪里？提供交通吗？中学的 DAEP 由布赖恩独立学区设立，在布赖恩 DAEP 校园中接受惩戒。第一次被分配到 DAEP 的学生，如果学生拥有乘坐资格的话，可以乘坐学校提供的交通工具回家。家长负责每天把学生送到 DAEP。接下来几天，家长负责送孩子到 DAEP 以及从 DAEP 把孩子接回家。

安置到 DAEP 的程序

学生有机会拒绝这项安置吗？学生被安置在 DAEP 之前，校长或者其他负责人应简要地告知学生所犯的错误，以及为什么会被推荐到那个项目中去，并告知学生有机会在学校负责人会议上解释其行为。会议应在一周内举行，除非双方都同意延迟。

家长有机会提供意见吗？在建议学生被安置之后，校长要与学生的家长、学生和相关的教师一起召开会议。会议同样在3天之内召开；无论如何，在接到安置DAEP建议之日起，5日之内一定要召开会议，除非双方都同意会议延期召开。

家长不能出席会议怎么办？只要已经通知家长参加会议的，如果家长或学生没有出席，会议可以继续进行。不管家长或学生是否出席了会议，学生都要接受来自负责人的口头的或书面的控诉理由并告知其过错行为。

会议期间将发生什么？校长或者负责人要告知学生其不良行为或对他或她的控诉。那时，学生有机会对其行为进行解释并要求取消移除计划。安置DAEP的决定制定后，要在两天之内以书面形式通知家长和学生。如果校长同意DAEP的建议，书面通知上要包括移除到DAEP的时间、关于DAEP的相关要求。同样地，命令的副本(以及《家庭法》52.04的相关信息)要提交到学生所在学区的青少年法院办公室。

紧急安置

学校负责人或监管人可以命令学生立即安置到DAEP中。DAEP安置是根据非紧急情况制定出来的，当紧急安置情况出现时，要口头通知学生被安置的理由。在安置后10天之内，要按把学生安置到DAEP的要求召开会议。

对DAEP安置的上诉

学生或学生家长可以就校长作出的DAEP安置决定上诉学区的听证官。上诉要求必须以书面形式提出，学区听证会必须在收到上诉书3天之内作出回复。学区的听证官要在5日之内安排和学生、家长的会议。会议期间，不运用严格的证据规则，不互相盘问。会议必须围绕不良行为及其结果进行。会后，要发布书面决定。任何由董事会或其代表作出的决定都是最终决定，不再允许上诉。

6. 开除(级别5)

开除程序：在被开除之前，学生有机会出席负责人和校长召开的开除听证会，其包括：

(1)至少提早3天准备书面通知和建议的处罚，以提供机会准备，包括邀请学生的家长或监护人参加开除听证会(通知要包括日期、时间，以及听证会地点)。

(2)在负责人和负责人指定的审讯官员面前，有完整、公平参加听审的权利。

(3)在他或她的辩护中，有机会证明并呈现证据和目击证人。

(4)有机会检查由学校负责人提供的证据，且可以对校方的目击者进行提问。

代表：在听审期间，学生有权利邀请可以提供指导的成人代表或法律顾问，但是不能是学区的雇员。不管学生、学生家长、监护人或其他的成人代表是否出席会议，学区仍旧可以举行听审会，学区出于诚信，尽力以书面形式通知学生、学生的家长或监护人关于控告的信息、听证会的时间和地点。

证据：在开除听审期间，学区可以依据学校负责人通过调查获得的证据。这意味着学校负责人可以呈现来自学生的匿名证据。决定根据在听审会上呈现的证据作出。

开除命令：学校负责人要将开除文件的副本交给学生的家长或者监护人，以便在开除期间对学生进行监督。在听审结束后两天内，除了通知家长，根据《家庭法》52.04 规定，负责人也要将一份开除副本交给学生居住区的青少年法庭的授权官员。

学生可以就学校负责人提出的开除建议向负责人或者其他被任命者提出上诉。在开除命令发出后 10 天内，必须以书面的形式向负责人或其他被任命者办公室提出上诉。负责人或其他被任命者要安排听审会，要求按照最初的开除听审会一样的程序进行。上诉听审会不能迟于随后的两天举行，负责人或其他被任命者要以书面形式通知学生的家长或监护人，以及学生居住区青少年法庭的授权官员。

开除期限：开除的期限与过错的严重程度、学生的年龄和年级、不良行为的频率、学生的态度、法定要求有关。开除期限根据个案具体分析决定。

开除期限不能超过一年，除非在复审之后，学区认为：

(1)学生对其他学生或者教师来说是一个安全威胁，或

(2)延长开除期限符合学生的最大利益。

根据国家和联邦法律规定，携带火器上学的学生，至少从常规的班级中开除出去一年。然而，负责人或其他相关负责人可以根据具体情况修改开除期限。被开除的学生在本学年不能完成开除期限的，可以在下个学年继续开除。

向董事会提出开除上诉

由负责人根据《德州教育法》37.007 的规定作出的开除决定，学生可以向布赖恩独立学区董事会提出上诉。上诉必须以书面形式在开除命令下达后的 10 天之内上交给负责人。上诉要在下一次的例会中以秘密形式听审，除非家长要求召开公开会议。

在会上，董事会要复审开除听审的记录并给学生和(或)家长机会向董事会陈述事实。同样要求行政人员发言。若没有新的证据，包括目击证人，就确认事实。董事会可以限定陈述时间。听审结束后即宣布结果。

紧急开除

学校行政人员或负责人在认为有足够的理由相信即将面临财产或者人身安全的时候，可以实施紧急开除。在实施紧急开除的时候，要以口头形式告诉学生被开除的理由。随后，正式的法定程序要在合理期限内完成。

7. 由教师实施的——从班级中驱除

“被送到办公室”和“教师正式的驱除”之间有什么区别？违反《学生行为准则》

的学生可以被送到校长办公室。然而，当出现下列情况的时候，可以把学生从教师的课堂上驱除出去：

(1)学生已被证实再三扰乱教师和其他学生在课堂上的有效沟通，或者影响这些学生的学习，或

(2)教师认为学生的行为方式是十分不守规矩的、制造混乱的或恶言谩骂的，严重扰乱教师和其他学生在课堂上的有效沟通，或者影响这些学生的学习。

把学生从教师的课堂上驱赶出去的程序是什么？校长在收到教师把学生驱除的报告后的24小时之内，要把一份报告的副本送到学生家长或者监护人的手中。在3个教学日内，校长要召开由学生、学生家长、与本案有关的教师参加的会议，就驱除事项进行商讨。在会上，按照《德州教育法》37.009规定的程序对学生进行诉讼。会议期间，校长可以把学生安置在其他合适的教室、校内停学或DAEP中。会后，校长要命令安置学生。未经教师同意，校长不能让学生回到教师的班级中去，除非安置复审委员会认为这样的安置是最好的或者是唯一的选择。

如果学生参与了不良行为，《德州教育法》要求把学生安置到DAEP，教师或者负责人必须把学生从教室中驱除出去。当教师把学生从课堂上驱除出去了，且会议待定，校长可以对学生实施校外停学、校内停学，或者安置在其他相关的教室中。

如果学区认为学生的行为违反了《学生行为准则》，教师或负责人可以把学生从班级中驱除出去。

附录二　教师惩戒教育问题访谈提纲

1. 您认为教师有权力惩戒学生吗？为什么？

2. 通常在何种情况下，您会惩戒学生？惩戒的目的是什么？

3. 您所在的学校是否支持惩戒？您对此有何看法？

4. 对学生实施惩戒，您觉得有哪些注意事项？

5. 在教育过程中，您依据什么来惩戒学生？

6. 您经常使用的惩戒方法是什么？

7. 您认为在惩戒中应该坚持公平合理和因人而异原则吗？您如何处理不同学生所犯的相同错误？

8. 您能分别提供一个您认为成功的惩戒案例或失败的惩戒案例吗？

9. 您知道未成年人有哪些权利受到法律的保护吗？

附录三　中小学惩戒教育问题调查问卷

教师卷

尊敬的老师：

您好！为了解学生教育的状况，寻找更好的教育方法，我们就惩戒问题设计了本问卷。感谢您参与回答，您的答案对教育研究和推进教育实践具有非常重要的价值。答题采取匿名形式，不会影响您本人及学校的名利，请务必填写您的真实观点。其中惩戒教育是指教育者在教育过程中对学生的不当行为进行制裁，以避免不当行为再次发生。再次衷心感谢！

一、您的基本情况（请在符合您情况的选项上打“√”）

1. 性别：　A. 男　　B. 女

2. 您所从教的学校是：　　　A. 小学　　　B. 初中　　　C. 高中

二、单选：请阅读每一陈述，选择您最认同的答案，在相应方框中打“√”。

观　点	完全 赞同	比赞 同较	不确定	比较 不赞同	完全 不赞同
1. 惩戒教育是教育的一种方式，在学校教育中是必要的。					
2. 惩戒给学生带来痛苦，负面影响大，不应该使用。					
3. 在提倡赏识教育的今天，惩戒不应该存在。					
4. 惩戒学生有违师德。					
5. 惩戒就是体罚，应该被禁止。					
6. 惩戒的目的是使学生提高学习成绩。					
7. 惩戒的目的是改变学生的不良行为。					
8. 惩戒的目的是树立或维持教师的权威。					
9. 学生违纪应当受到惩戒。					
10. 学生学习态度不好应该受到惩戒。					
11. 学生没有完成规定的学习任务时应当对其进行惩戒。					
12. 教师有权惩戒学生。					

（续表）

现象或行为	完全符合	比较符合	不确定	比较不符合	完全不符合
13. 在(我所在)学校，我所理解的惩戒非常普遍。					
14. 依照师生共同商定的规则实施惩戒能取得最好的教育效果。					
15. 有时(我校)惩戒教育是由学生、班干部或班集体执行的。					
16. (我校)有些老师惩戒学生没有什么根据，很情绪化。					
17. (我)实施惩戒之后一般会找受惩者谈话。					
18. (我所在)学校惩戒教育已制度化。					
19. (我)进行惩戒教育时力求公正。					
20. 老师经常惩戒学生。					
21. 教师在惩戒学生时，存在不公平现象。					

三、多选：请选择相应选项，将其序号填在横线上。选“其他”的，请在其后横线上写出具体内容。

1. 您在考虑是否使用惩戒时，受到下列哪四项因素的影响较大？__________

①社会媒体对惩戒的态度；②所在学校对惩戒教育的态度；③家长对惩戒的态度和反应；④学生相关权益的规定；⑤赏识教育理念等相关教育思潮；⑥惩戒本身的度难以把握；⑦学生对以往类似行为受到惩罚时的反应；⑧学生对当前行为或事件的判断及是否支持惩戒；⑨其他__________________________________。

2. 在您所在学校中，教师们使用最普遍的惩戒教育方法是(限填 10 项)__________。

您认为教师个人在惩戒教育中可以使用的较好方法是__________________。

①言语责备；②作业没做的罚做作业，值日没做的罚劳动；③写检查或公开检讨；④请家长；⑤没收财物，如没收手机、漫画书或游戏机等；⑥受全班师生冷落、不理睬；⑦罚为集体做事；⑧讥讽、挖苦、嘲笑、责骂、中伤、威胁；⑨上报学校相关部门处理；⑩不让吃饭一顿；⑪罚长时间跑、坐、走、站、跪；⑫轻轻敲头、扯耳朵、打手心等；⑬罚短时的晒、冻；⑭剥夺活动权利，如罚停课、不得参加游戏；⑮罚钱；⑯罚抄写学生能接受的遍数；⑰罚抄写学生不能接受的遍数；⑱其他______________。

3. 世界上共有 17 个国家实施类似鞭刑(如新加坡)。新加坡法律规定，校长可以鞭打或授权教师鞭打违纪学生(女生除外)。韩国《教育处罚法》允许校方用长度不超过 100 厘米、厚度不超过 1 厘米的戒尺打学生小腿(男生 10 下，女生 5 下)。我国近来也有人主张使用这些方法加强对青少年的管理，您对此的意见是______。

①赞成，这样教师们实施惩戒时就有法可依了。

②赞成，这种方法不会对学生身体上造成多大的伤害。

③赞成，对有些学生其他教育方法无效，只有躯体的惩罚才有效。

④不赞成，这本质上仍是体罚，而体罚是明文禁止的。

⑤不赞成，它没法控制鞭打的轻重，仍可能对学生身体造成大的伤害。

⑥不赞成，鞭打会留下痕迹，会伤害学生的自尊。

⑦说不清楚，可以先试点实验一下。

家长卷

亲爱的家长：

您好！为了解学生教育的状况，寻找更好的教育方法，我们就惩戒问题设计了本问卷。感谢您参与回答，您的答案对教育研究和推进教育实践具有非常重要的价值。答题采取匿名形式，不会影响您和您孩子的名利，请务必填写您的真实观点。其中惩戒教育是指教育者在教育过程中对学生的不当行为进行制裁，以避免不当行为再次发生。再次衷心感谢！

一、您的基本情况（请在符合您情况的选项上打"√"，没提供选项的请在横线上填写）

1. 性别：A. 男　　B. 女

2. 学历：A. 小学　B. 初中　C. 高中　D. 大专　E. 本科　F. 研究生　G. ________

二、单选：请阅读每一陈述，选择您最认同的答案，在相应方框中打"√"。

观　点	完全赞同	比赞同较	不确定	比较不赞同	完全不赞同
1. 惩戒教育是教育的一种方式，在学校教育中是必要的。					
2. 惩戒对孩子会造成伤害，不能对孩子进行惩戒。					
3. 惩戒就是体罚，应该被禁止。					
4. 教师有权惩戒学生。					
5. 学校各种规则，特别是惩戒条例的制定应征询家长的意见。					
6. 惩戒的目的是改变学生的不良行为。					
7. 教师总是惩戒那些成绩差的学生。					
8. 教师惩戒学生存在不公平现象。					

三、多选：请选择相应选项，将其序号填在横线上。选"其他"的，请在其后横线上写出具体内容。

1. 就您了解，教师们使用最普遍的惩戒教育方法是（限填 10 项）____________。您认为教师个人在惩戒教育中可以使用的较好方法是____________________。同教师卷中三、2 下所列选项。

2. 同教师卷中三、3 题。

学生卷

亲爱的同学：

你好！不知道你们在学校学习知识、长身体的过程中，是否听说过“惩戒”一词？不过没有关系。你们即将作答的这份调查问卷，主要目的是了解惩戒教育在当前中小学的现状如何，你们的答案会对学校改进教育方法有重要的价值。

本次问卷采取不记名的方式，请根据你在学校所亲身经历的，按照题目中的要求如实选答。本次问卷不是对你的鉴定和评分，不会对你的学习有任何影响，请放心作答，不要漏答任何一题。祝学习进步，天天快乐！

一、基本情况(填写方法：只需要在你认为最符合情况的选项序号上划“√”)

1. 性别：A. 男　B. 女

2. 年级：A. 一年级　B. 二年级　C. 三年级　D. 四年级　E. 五年级　F. 六年级　G. 七年级　H. 八年级　I. 九年级　J. 高一　K. 高二　L. 高三

二、选择：请阅读每一陈述，选择你最认同的答案，在相应方框中打“√”。

观　点	完全 赞同	比赞 同较	不确定	比较 不赞同	完全 不赞同
1. 惩戒教育是教育的一种方式，在学校教育中是必要的。					
2. 老师有权惩戒学生。					
3. 老师经常惩戒学生。					
4. 老师经常惩戒学习差的同学。					
5. 有的老师惩罚学生完全看心情。					
6. 老师惩戒学生，要做到公平公正，不能偏心。					
7. 教师在惩戒学生时，存在不公平现象。					
8. 很多老师惩戒学生后会找学生谈心。					
9. 改正错误后，老师最好能表扬鼓励一下，这样我才会有动力。					
10. 老师偶尔会体罚学生。					
11. 惩戒的目的是改变学生的不良行为。					
12. 惩戒就是体罚，应该被禁止。					

三、请选择符合情况的答案序号填在空格内，选择“其他”的请写上具体内容。

1. 在你们学校，最普遍的惩戒教育方法是(限填 10 项)____________________。你认为可以接受、效果又比较好的惩戒教育方法是(可多选)________________。同教师卷中三、2 下所列选项。

2. 同教师卷中三、3 题。

附录四 中小学惩戒教育制度现状访谈提纲

惩戒教育是指以教育为目的、以惩戒为手段、以戒除学生不良行为为目的的教育活动。

惩戒教育制度，是指学校以条文的形式对学校成员在惩戒教育方面必须遵守的共同行为准则作出的规定。

访谈对象：

中小学校长、负责人、一线教师。

访谈问题：

1. 在现实教育中，您认为学校在教育过程中有没有必要实行惩戒教育？为什么？

2. 在目前的学生管理工作中，在惩戒教育方面您感觉最棘手的是什么问题？

3. 您在教育工作中惩戒过学生吗？用什么方式惩戒？家长对您的这种教育方式持什么态度？

4. 对目前相关法律中“禁止教师体罚和变相体罚学生”、“班主任有批评权”的条文您有什么看法？

5. 对目前媒体报道的教师恶性体罚学生事件您有什么看法？

6. 目前学校有惩戒教育制度吗？

7. 您认为惩戒教育制度化对教育来说有什么意义？

8. 学校制定惩戒教育制度的依据来自哪里？

9. 您认为惩戒教育制度化有哪些顾虑？

10. 您眼中的制定惩戒教育制度的目的是什么？

附录五　中小学惩戒教育制度现状调查问卷

教师卷[①]

·问卷编号

惩戒教育是指以教育为目的、以惩罚为手段、以戒除学生不良行为为目的的教育活动。

亲爱的教师： 　　您好，衷心感谢您百忙之中抽出宝贵时间参与此次问卷调查。本问卷的目的是为了了解当前中小学惩戒教育制度的情况。您所填写的内容仅供学术研究总体统计之用，不记名且绝对保密，不会涉及您个人的名利，请您放心作答。最终研究结果将对日后学校制定合理的惩戒教育制度有很大的帮助。 　　敬祝教安！ 《惩戒教育理论与实践研究》课题组

一、基本资料

【填写说明】请根据您的实际情况，在(　　)内填入对应的数字或在________上填写。

(　　)1. 您的性别：　(1)男　(2)女

(　　)2. 是否曾经接受师范训练：(1)有　(2)否

(　　)3. 您所教学科(请务必填写)：________。

(　　)4. 主要任教年级(请务必填写)：(1)小学________年级　(2)初中________年级　(3)高中________年级　(4)其他

(　　)5. 从教时间：(1)1～5年　(2)6～10年　(3)11～15年　(4)16～20年　(5)20年以上　(6)其他

(　　)6. 您的年龄：(1)20～29岁　(2)30～39岁　(3)40～49岁　(4)50岁以上　(5)其他

(　　)7. 您的学历：(1)高中/中师　(2)专科　(3)本科　(4)硕士　(5)其他

二、学校惩戒教育制度现状调查

【填写说明】请根据您和学校的实际情况，在符合的选项数字上打"√"。除非特别说明，均为单选题。选择"其他"的请在________上写出具体内容。

---

① 中小学惩戒教育制度现状调查另设学生卷。学生卷与教师卷除基本资料部分及有些问题的提问方式不同外，其余基本相同。

1.“惩戒教育与赏识教育一样，是不可偏废的”，您同意这种说法吗？

(1)非常同意　(2)同意　(3)中立　(4)不同意　(5)非常不同意

2.“制定惩戒教育制度是必要的”，您同意这种说法吗？

(1)非常同意　(2)同意　(3)中立　(4)不同意　(5)非常不同意

3.在您的学校，主要由哪些人参与规章制度的制定？(本题多选)

(1)教育局　(2)学校领导　(3)教师代表　(4)学生代表　(5)家长代表

4.在您的学校，惩戒教育制度的改动状况如何？

(1)每学年都有大幅改动　(2)每学年某些条款部分改动　(3)基本不改动　(4)不清楚

5.学生的违规行为能否在校规中找到相应的惩戒措施？

(1)都能找到　(2)多数能找到　(3)中立意见　(4)多数找不到　(5)完全找不到

6.您所在学校，教师或领导在什么情况下会惩戒学生？(本题多选)

(1)成绩、作业方面表现不佳　(2)对老师态度不好　(3)上课调皮　(4)跟同学吵架或打架　(5)欺负同学　(6)无故不参加集体活动　(7)行为违反学校日常规定(迟到、仪容不整等)　(8)其他________　(9)没有这方面规定

7.对违规行为的惩戒，您一般采取的方式是：(本题多选)

(1)罚抄作业　(2)罚站　(3)口头警告　(4)冷淡、不理　(5)留堂、隔离、取消玩耍权利　(6)大声训斥　(7)与学生讨论什么才是正确的行为　(8)其他________

8.您一般在什么场合惩戒学生？(本题多选)

(1)教室　(2)办公室　(3)操场　(4)走廊　(5)某个隐蔽墙角或房间　(6)其他________

9.对学生实施惩戒教育之前，您会让学生、家长明白他(她)违反了哪条规定吗？

(1)反复强调　(2)偶尔强调　(3)一般提醒　(4)偶尔提及　(5)从来不提

10.您所在学校采取哪些措施宣传学校规章制度？(本题多选)

(1)新生到校人手一册　(2)每个班级一份校规　(3)教师人手一份校规　(4)教师给学生讲校规　(5)家长会上宣讲校规　(6)让学生带给家长，将家长意见带回学校　(7)其他________

11.您怎么看待学校对违纪学生给予警告、记过处分的教育效果？

(1)效果非常明显　(2)有点效果　(3)中立　(4)效果不明显　(5)完全没效果

12.您对目前学校在惩戒教育制度方面的规定满意吗？

(1)非常满意　(2)满意　(3)中立　(4)不太满意　(5)完全不满意

三、惩戒教育制度态度调查

【填写说明】下面是一些陈述，填答时，请根据您的实际，选出最接近您心中的答案，在选项□上打“√”。

陈　述	非常同意	同意	中立意见	不同意	非常不同意
1. 学校需要惩戒教育制度。	□	□	□	□	□
2. 学校赋予了教师足够的惩戒权力。	□	□	□	□	□
3. 学校不允许教师有任何形式的惩戒行为。	□	□	□	□	□
4. 学校有权制定惩戒教育制度。	□	□	□	□	□
5. 学校制定惩戒教育制度违背教育精神和理念。	□	□	□	□	□
6. 我对惩戒教育制度化表示支持。	□	□	□	□	□
7. 如果学校有惩戒教育制度将更好地教育学生。	□	□	□	□	□
8. 教师不敢惩戒学生，因为怕惹麻烦。	□	□	□	□	□
9. 不应该有惩戒教育制度，只要赏识就行。	□	□	□	□	□
10. 我期望国家、学校规定具体的惩戒教育方式。	□	□	□	□	□
11. 我觉得法律应建立、完善惩戒教育制度。	□	□	□	□	□
12. 政府应重视对惩戒教育制度的研究与探讨。	□	□	□	□	□
13. 教师培训中应该增加对惩戒教育制度的学习。	□	□	□	□	□
14. 建立、规范惩戒教育制度势在必行。	□	□	□	□	□
15. 目前出现过度体罚的根本原因是制度的缺失。	□	□	□	□	□
16. 惩戒教育制度是对学生利益的保障。	□	□	□	□	□
17. 我可以理解教师惩戒具有教育意义。	□	□	□	□	□
18. 按照制度进行惩戒会增加学生的法制意识。	□	□	□	□	□
19. 惩戒教育制度有利于培养学生的敬畏感。	□	□	□	□	□
20. 学生身心发展规律需要惩戒教育制度来规范。	□	□	□	□	□
21. 制定惩戒教育制度时应该考虑到家长的态度。	□	□	□	□	□
22. 家长能够理解为惩戒教育制定制度这一举措。	□	□	□	□	□
23. 基于舆论的压力，需制度保障教师的惩戒权。	□	□	□	□	□
24. 社会对教师惩戒教育学生在认识上存在误区。	□	□	□	□	□
25. 舆论偏向学生，对教师惩戒行为持否定意见。	□	□	□	□	□

索　引

（以拼音为序）

图书在版编目(CIP)数据

惩戒教育的理论与实践 / 蒋一之等著. —杭州：
浙江大学出版社，2016.1(2022.6 重印)
ISBN 978-7-308-15279-2

Ⅰ.①惩… Ⅱ.①蒋… Ⅲ.①惩罚—教育方法—研究
Ⅳ.①G44

中国版本图书馆 CIP 数据核字(2015)第 252421 号

惩戒教育的理论与实践
蒋一之　等著

责任编辑　阮海潮
责任校对　杨利军　董凌芳
封面设计　杭州林智广告有限公司
出版发行　浙江大学出版社
(杭州市天目山路 148 号　邮政编码 310007)
(网址：http://www.zjupress.com)
排　　版　杭州星云光电图文制作有限公司
印　　刷　广东虎彩云印刷有限公司绍兴分公司
开　　本　710mm×1000mm　1/16
印　　张　13
字　　数　255 千
版 印 次　2016 年 1 月第 1 版　2022 年 6 月第 2 次印刷
书　　号　ISBN 978-7-308-15279-2
定　　价　39.00 元

浙江大学出版社市场运营中心联系方式：0571－88925591；http://zjdxcbs.tmall.com